신승행 시론집

바람 따라 구름 따라

나두야 저 해를 보리라

구산 신승행

천년 살결에 옷 한 벌 없이도
체온 맞대는 저 해를
나두야 보리라
저 해를 보리라.

깊은 밤 취해 있던 왜가리 떼들도
떼 아파트에 건방을 떨던 비둘기 떼들도
훔친 도둑의 죄목까지
몸을 틀면 갈증을 푸는 저 해를
나두야 보리라
저 해를 보리라.

한 때는 불을 뿜던 불기둥으로 솟아나
반백 년 목줄을 타던 그 눈물들을
4·3까지도, 차마 잊을 리야

당신은
쇠사슬을 벗는 함성으로 다시 태어난
피닉스의 벅찬 환상곡
나두야 보리라
저 해를 보리라.

길 먼 무거운 옷은 벗어던져라
한 줌 넉넉한 옷은 갈아입어라
하여 천년을 걸어갈
엄숙한 당신의 말씀은,
"설익는
저녁노을 진토밥까지 무르익게 하여라."
나두야 보리라
저 해를 보리라.

차 례

시론(詩論 Poetics)

시 론(詩論)

Poetics

찢기도록 가난에 시달리던 시절을 살아왔다.
그렇지만,
4각모를 쓰고 싶어서…
그래서 59학번.
시인이면서 문학평론가인 문덕수 교수님을 만난다.
구수한 경상도 말씨와 강의흐름, 말끔히 다듬는 머리솜씨까지
지금도 인상적인 분이다.
어느 날이었을까?
같은 학과생인 스님 한 분이 있었다. 그는 "원(園)"이라는
시원고를 들고 있었다.
교수님 댁을 함께 찾았다. 시(詩)는 종교가 아니라는 논리에
입씨름이 있었다.
결국 시는 메타포(metaphor 隱喩)가 없이는 문학이 될 수 없다는
이론이다.
원고지를 던진다.
귀를 심하게 자극했다.
이러한 정황들이 지금이 "나"를 만든 것이리라.
비평의 논리도 바로 이것이 아니던가?.

문학은 언어예술의 공간개념

1. 문학이란

문학산책은 언제나 여유가 있어 한가로운 것이다. 그러나 문학이란 도대체 무엇인가(?)라고 물었을 때 대답은 달라진다. 역사와 전통에 따라서도 다르고 작가들의 시각과 세인들의 견해에 따라서도 서로 다르기 때문에 일반적인 개념 정립은 매우 어렵다는 것이다.

그러나 공통점이 없는 것은 아니다. 그것은 바로 '언어예술' 이라는 논리인데, 그래서 문학은 언어의 숲을 통하여 새로운 집을 짓는 형상화의 세계라 감히 말할 수 있다. 문학을 가리켜 언어예술이라 정의하는 이유도 여기서 가치를 지닌다. 언어는 결국 인간과 자연과의 교감 속에서 새로운 세계를 만끽할 수 있도록 매개 역할을 담당하고 있는 것이다. 문학을 놓고 언어의 산책로라 비유하는 이유도 여기에서 의미를 찾을 수 있다.

그러나, 문학의 주된 표현 수단인 언어는 오직 문학의 전유물로만 여길 수도 있겠지만 그러나 언어는 사회적 약속이면서 모든 분야에 있어서 없어서는 안 될 의사소통 기능을 감당하고 있기 때문에 언어는 곧 우리들의 일상적인 삶 바로 인생 자체인 것이다.

그래서 문학이라 정의할 때는 가볍게 '문자로 기록된 인생' 이라 정의하는 것도 좋을 것이다. 영어에서 literature는 라틴어 litera에서 기원된 영어의 letter(편지.서한)의 뜻이기 때문에 이와 다를 바 없는 것이다. 동양에서 '문학' 이란 용어가 처음 사용된 것은 〈論語〉 先進篇에 '..... 文學 子遊子夏' 가 그것인데 그러나 우리 나라에서는 이런 용어를 찾아보기란 어렵고 일반적으로 '文章' 이란 말로 써 오다가 갑오경장 이후에 literature의 역어인 '문학' 으로 통용되면서 지금에 이른 것이다. 결국, '文章' 이란 어사가 낯설고 '文學' 이란 말의 세력권이 우세한 이유는 여기에서도 기인하고 있다. '文字的 기록' 이라는 의미와 '학문' 이라는 의미로 함께 사용되어 왔음을 알 수 있다는 대목이다.

M . Arnold(1822~88) 역시 맥을 같이 하면서 다음과 같이 말한다. 구인환〈문학개론〉p36

「문학이란 거대한 말이다. 그것은 문자로 기록되거나 책으로 인쇄된 모든 것을 의미한다.」(Literature is a large word. It may mean everything written with letters or printed in a book.) 즉 언어와 문학과의 관계설정에서 문학은 바로 '언어예술' 이라는 점을 선행시킨다.

최재서 〈문학원론〉(1957. p.102~)에서도, 문학은 언어를 수단으로 삼는 점에서는 과학과 일치하지만 사용하는 법이 서로 다르다. 또 한 문학은 예술이라는 점에서 미술이나 음악과 일치하지만 언어를 표현 매체로 삼는 점에서 자매예술 등과 구별된다는 것이다. 이와 같이 언어의 매개와 용법은 한편에서는 과학과 또 한편에서는 자매 예술들과 문학을 구별하는 표준이 된다고 말한다. 이것은 결국 언어의 의미해석을 요구하는 궁극적인 목표는 결국 문학에 준하고 있음을 강조하는 것으로 보다 많은 관심을 요구하는 대목이 아닐 수 없다.

그리고 I. A. Richards도 그의 저서 〈문학비평의 원리〉 Principles of Literary Criticism (London. 1970. pp. 206~214)에서도 이와 비슷한 견해를 피력하고 있다.

즉 언어의 성질을 구별하면서 제시하는 특성은 바로 정서적 용어(emotive words)와 비 정서적 용어(unemotive words)로 나누면서 과학은 추상적인 후자로 표시되지만, 문학은 정서적인 전자로 표현된다고 말한다. 지시(指示)에 의한 언어의 과학적 용법과 허구(虛構)에 의한 언어의 감정적 용법을 대비시켜 정서에 의한 이미지의 속성이 얼마나 중요한가를 강조한다.

또한, A. Warren 〈문학이론 Theory of Literatue〉 (Penguin Books. 1970.pp23~)에서도 과학용어는 순수하게 외연적(denotation)표시인데 비하여 문학어는 내포적 (connotation) 즉 함축이라고 전제하면서 용어가 지닌 음의 상징성을 강조하고 있다.

어쨌든 문학이라는 영역은 언어를 매개로 형성된 형상화의 세계임을 잊어서는 안 될 것이다. 이것은 곧 설화나 민요 판소리 등 민중문학에 해당하는 구비문학 할 것 없이 이에 해당할 것이며 고전문학이나 현대문학 할 것 없이 언어를 떠나서는 생각할 수 없는 것이다. 다만 언어의 상징성이나 비유 여타 표현 기법에 대한 수준과 깊이는 어떠한가(?)라는 비평적 시각만이 독자들에게는 올바른 눈이 될 것이다. 문학적인 생명과 예술적 여운을 감화적 이미지(image)로 선물하게 되는 것이다. 왜 창작을 하고 왜 작품을 읽는가? 이 자체가 바로 새로운 세계를 접하는 기쁨 내지는 미(美)의 추구 등 여러 가지 요인들이 서로 작용하고 있기 때문이다. 이를 도해하면 다음과 같을 것이다.

문학적인 생명
(감화)
⇑
(내포적 언어-환기적 기능) ——→ 형상화의 세계 ←—— (외연적 언어-사전적 의미)
Connotative language　(調和)　Denotative language
⇑
인생과 체험
(구상)

2. 언어심리(Psycholinguistic)의 모토(motto)

인간이 받은 선물 중에 가장 훌륭한 것은 언어(言語)와 손(手)이라 말한다. 또 이것은 많은 작가들에 의하여 여러 가지 정서(情緖)를 생산하면서 모든 사람들에게 유익한 삶을 선물하고 있기 때문에 언어를 이용한 심리적 작용이나 이에 대한 문학적 시각은 다변적일 수밖에 없는 것이다. 결국 심리적으로 묘사되는 형상화의 기대치는 아주 큰 것이다.

이것을 가리켜 문학이라는 울타리 속에서 유영하는 언어적 활동 즉 의존관계의 원리라 생각해 두자. 부연하자면, 언어로 표현되는 인간의 제반 사상과 감정 그리고 행동은 아주 다양하고 복잡하다는 논리일 수도 있다. 독자들로 하여금 어떠한 시각으로 문학을 접근 이해하느냐(?) 여부에 따라 예술성에 대한 수위는 달라질 것이다. 즉 부정적인 측면 아니면 긍정적인 측면이냐 여부에 따라서, 또는 남성적 아니면 여성적이냐 여부에 따라서도 분명히 달라질 것이다. 더욱 중요한 것은 그 사회가 안고 있는 환경이나 문화 전통이 어떠하냐 그 여부에 따라서 심리의 울타리는 크게 달라지는 것이다. 이와 같은 언어의 포용범주와 심리적 발상을 일부 작품을 접하면서 살펴 볼 필요가 있다.

머언 들에서
부르는 소리
들리는 듯

못 견디게 고운 아지랭이 속으로
달려도
달려가도
소리의 임자는 없고

또 다시

나를 부르는 소리,
머얼리서
더 머얼리서
들릴 듯 들리는 듯 .....

윤곤강 〈아지랭이〉 전문

이 작품은, 낭만적이면서 환상적인 의식 세계를 '소리' 라는 청각요소와 '아지랑이' 라는 시각적 요소를 조화 있게 이미지(image)화 시키는 데 성공한 작품이다. 특히 첫 연에서 '들리는 듯' 그리고 마지막 연에서 '들릴 듯 들리는 듯 ...' 수미관계(首尾關係)의 표현 기법이 또한 우리 마음을 끌고 있는 것이다. '아지랑이' 이라는 제재(題材) 속에 전개되는 이미지의 세계 즉 상상력 시점 그의 정체는 도대체 무엇이란 말인가? 어쩌면 젊은 날 작가 자신의 위기의식이나 절망 같은 당시의 시대적 상황을 언어적 심리를 통하여 형상화하려는 시도일 수도 있다. 이를 정서적 동작(Emotional act)이라 하여 작가의 순수 감정을 의존시키는 것이다.

그리고, 소설에서는 주인공의 운명을 암시하는 배경 즉 대리경험 역시 심리적으로 중요한 역할을 담당하고 있다. 이효석의 〈메밀꽃 필 무렵〉의 장터와 달빛 그리고 주인공의 밀회 장소인 방앗간 같은 경우도 이와 다를 바 없다. 사실적인 농촌보다는 애수와 서정을 아름답고 시적인 무대로 설정하여 독자들에게는 안정된 심리를 투영시키는 것이다. 이를 의사 전달적 동작(Communication act)이라고 하겠지만 여기에도 역시 언어를 통한 유기적 체험이 더욱 효과를 얻을 수 있었다.

이와 유사한 예는 프랑스 문학에서도 나타난다. 곧 콜레트(Gabrelle-Sidonie Colette)는 7세 때부터 발작크(Balzac), 유고(Hugo), 졸라(zola) 등을 탐독하여 문학에 대한 꿈을 가꾸면서 인생을 성숙시킨 여류작가다. 그는 여성의 고독과 불안을 그린 〈방황하는 여인〉(1911)과 같은 이른바 애정과 심리를 해부한 그러한 작품들이 유명하다. 또 무용가인 순진한 여성과 젊은 대위와의 사랑을 스토리화한 작품이 있다. 심리적 메카니즘(Mechanism)에 의하여 감탄을 불러일으킨 〈설익은 보리〉(1923) 등을 한 예로 들 수 있다. 그 줄거리를 접해본다.

「바닷가에서 여름을 보내는 필르와 방카는 16세와 14세라는 어린 소년 소녀이다. 그들은 활발한 장난꾸러기의 친구라는 생각으로부터 사춘기의 이성이라는 감정에의 이행의 시기에 있다.

그 해 여름, 필르는 아름다운 피서객 다브레 부인에게 귀여움을 받고 뜻밖에 쾌락의 상대역을 맡는다. 그 부인이 가버린 다음 방카는 필르의 변화를 느끼고 분을 이기지 못하여 자기도 그의 상대역을 할 수 있다고 말한다.

드디어 필르와 방카는 헛간에서 두려움과 부자연스러움이 뒤섞인 마음으로 기묘하지만 자연스러운 결합이 행해진다. 그 행위가 끝난 후 홀로 고민하는 필르의 귀에는 밖에서 쾌활하게 부르는 방카의 노래 소리가 들려온다.」

사춘기의 첫 경험! '사랑' 이기 보다는 차라리 '설익은 보리' 처럼 그렇게 체험하는 것으로 충분한 것이었을까? 사춘기의 감정에 호기심이 전부였던 필르는 미모의 피서객 다브레 부인에게 결국 첫 경험을 치르고 말았다. 14세의 어린 소녀 방카는 이를 알고서 분을 이기지 못하여 그도 역시 필르와는 두렵고 부자연스러웠지만 그런 대로 첫 경험을 성공시킨다.

다브레 부인과 필르, 방카와 필르 사이에서 나타나는 미묘한 감정이나 심리적인 메카니즘은 이렇게 문학 아니면 엿 볼 수 없는 것이다. '설익은 보리' 라는 제재 속에 설정된 '헛간' 이라는 공간이 더욱 인상적이며 또한 필르의 고민 앞에서 부르는 방카의 노래 소리에도 귀를 돌려 볼 필요가 있다. 마치 〈메밀꽃 필 무렵〉에서의 '방앗간' 의 추억과 다를 바 없는 것이다.

문학 속에 등장되는 언어심리(Psycholinguistic)는 이렇게 유아심리 내지는 아동심리로 출발하여 성장기의 성격 발달과정까지 주시하려는 언어 예술로서의 중요한 이론으로 자리잡게 된다. 때문에 어린이들은 순수 언어의 천재요 작가들은 각종 언어사용의 마술사로 비유하는 경우에도 설득력을 얻고 있다. 때문에 언어를 통해 전달되는 심리적 서정이나 아름다움 같은 효과는 기대치 이외로 크게 나타나는 것이다.

(A)

나의 마음은 고요한 물결
바람이 불어도 흔들리고
구름이 지나도 그림자 지는 곳

김광섭 〈마음〉에서

(B)

내 마음은 湖水요.
그대 저어 오오.
나는 그대의 흰 그림자를 안고, 玉같이
그대의 뱃전에 부서지리다.

내 마음은 燭불이요.
그대 저 門을 다다 주오.
나는 그대의 비단 옷자락에 떨며, 고요히
최후의 한 방울도 남김없이 타오리다.
내 마음은 나그네요.
그대 피리를 불어 주오.
나는 달 아래에 귀를 기울이며, 호젓이
나의 밤을 새이오리다.

내 마음은 落葉이요.
잠깐 그대의 뜰에 더무르게 하오
이제 바람이 일면 나는 또 나그네같이, 외로이
그대를 떠나리다.

김동명 〈내 마음은〉에서

이 시들은 하나같이 '마음' 이라는 평범한 관념의 세계를 보조관념을 통해서 미화시켰다.

김광섭의 〈마음〉에서 (A)는 '고요한 물결'과 '구름이 지나도 그림자 지는 곳'이라는 아주 약한 듯 하면서도 아주 예리한 심리적 정서를 이미지화 시키는 데 성공한 작품인 것이다. 또한 잔잔한 이미지를 안겨 주는 것처럼 느끼겠지만 그러나 '유혹'이라는 잔잔한 흔들림 역시 돋보인다. 김동명의 〈내 마음은〉 (B) 역시 '마음(心)'을 놓고, '호수' '燭불' '나그네' '낙엽'으로 각각 묘사되어 나타나고 있기 때문에 혹 사랑의 실상을 노래하는 낭만적 서정적 또는 감상적인 단순한 경향으로 접근할 수도 있겠지만 그러나 여기에는 어느 누구도 접근치 못하는 보이지 않은 심리적인 표현 기법인 메타포어(Metaphor)의 원관념이 숨어 있는 것이다.

Shakespeare 역시 이와 비슷한 묘사를 시도한다.

인생은 다만 걸어가는 그림자(Life's but a walking shadow)라 했을 때의 초조함이라든가 죽는 것은 자는 것, 자는 것은 아마도 꿈꾸는 것이지(To die, to sleep: perchance to dream) 이렇게 '인생'을 '잠시'라는 자연법적인 섭리의 흔적으로 이미지를 접근케 하고 있다. 시어들 역시 삶과 죽음이라는 심리적 갈등 내지는 '순간'이라는 존재가치에 그 속성을 지켜보게 만든다.

어제는 참으로 긴 하루였습니다.
그렇게 맑았던 하늘은 황사로 덮여 있고
삼의벌 산자락에는
왕 벚꽃 꽃잎 지는 소리에
저 놀란 산 노루는

침묵, 침묵 .....
참으로 긴 하루였습니다.

- 생략 -

신승행 〈왕 벚꽃 꽃잎은 떨어지고〉에서

이 작품은, 제자 교수의 갑작스런 '죽음' 앞에서 잠시 침묵한 시의 일부다. 인생이란 결국 싱그러운 젊음만도 아니었다. 아름다운 추억이나 사랑만을 즐기는 그런 것만도 아니었다. 인간사들 그것들은 역시 속절없는 그 자체뿐이다. 흐르는 세월 앞에서는 어쩔 수 없는 두려움 그것뿐이었다. 잠시 머물다가 이렇게 사라지는 '이슬' 그것이다. 모든 것은 순간에 불과하다는 자연의 섭리이거나 아니면 숙명적 심리를 그대로 형상화시켜 보려는 것이다. 또 아니면 카론(chalon) 이론에서 등장하는 늙은 뱃사공 공간인 "강물"은 인간의 지혜나 능력으로서는 전혀 막을 수 없는 "세월"이 존재한다. 이 공간 속에는, 중앙 아시아 우주베키스탄의 고도(古都)에서 전승되고 있는 사마르칸드(Samarkand)의 전설처럼 삶과 죽음 이승과 저승을 대비시키는 어떤 숙명론이 심리적 갈등으로 재현되어 나타난다. 문학은 이를 묘사라는 기법으로 처리하겠지만 그러나 여기에는 언어를 통한 제반 심리가 충격적으로 작용하고 있다는 사실이다. 때문에 인간은 인간 자신의 이해와 섭리 현상이라는 큰 범주를 체험하기 위해서는 오직 문학을 통한 간접 접근법이 가장 필요한 것이다. 그래서 문학에는 묘사를 통한 인간심리 사회심리 내지는 여타 종교나 철학에까지도 영역을 넓혀 역할을 수행하는 것이다.

3. 철학(哲學)이 존재한다.

"너 자신을 알라."는 Socrates의 철학이 되었고, "그래도 지구는 돈다."는 Galileo의 천문학으로 탄생된 것이다. 작가의 상상력 역시 주로 왜(?)를 통하여 형상화되어 나타난다.

왜(?)는 자신에 대한 재발견이며 모든 철학에 있어서 기발한 성숙을 의미한다. 곧 사고(思考)의 원천이면서 제반 삶을 이끌어 가는 지침이 될 수 있다는 논리다. 이와 같이 문학은 우리 인간들이 접근하지 못하는 새로운 삶의 철학을 언어예술을 통하여 형상화할 수 있도록 조명하고 있다. 가끔은 미완성된 언어이론을 통하여 잘못된 사고방식이나 논증방식들이 우리를 만족스럽게 이끌지 못하는 경우도 생긴다. 되레 모호함이나 애매함 모순 그리고 많은 역설로 난제의 해결을 얻지 못하여 지탄이 대상이 될 수도 있을 것이다. 통속성 그렇지만 문학이라는 숲을 통하여 우리는 새로운 철학을 수용하는 것이다. 그래서 비평은 이를 설득력 있게 추적해 가는 것이다.

이러한 경우, 〈학문의 진보〉(The Advancement of Learning)에서 Francis Bacon의 말을 인용하면 이러한 논지를 더욱 이해할 수 있을 것이다.

「우리는 우리가 쓰는 말은 스스로 통제하고 있다고 생각하지만, 말이란 난폭하고 사나운 Tartar 사람들의 활과 같은 것이어서, 말은 현자를 알아차리고서 되쏘아지며 우리의 단을 강하게 뒤얽히게 하고 왜곡시키는 것이 분명하다. 따라서 많은 논란과 논쟁이 있어서 수학자들의 지혜를 따라 처음부터 우리가 쓰는 단어와 용어들의 정의에 대해서 못박고, 다른 사람들이 우리가 그들을 어떻게 받아들이고 이해하고 있는지 아닌지를 알 수 있도록 하는 일이 필요하다. 그러기 위해서는 우리가 시작해야 되는 곳 즉 단어에 대한 의문과 개념 차이들부터 확고히 하여야 한다.」- 해석 차이로 문맥이 잠시 흔들리고 있습니다. -

우리가 사용하는 말에 대한 통제 능력을 철학적이면서 호의적인 금언으로 접근하고 있다. 특히 말을 가지고 난폭하면서도 사나운 Tartar사람들의 활과 현자(賢者)에 대비시켜 이해나 해결책을 모색하고자 하는 것이 또한 인상적이다.

이러한 경우는 명심보감(明心寶鑑)에서도 이를 잘 접근하고 있다.

"口舌者 禍患之門 滅身之斧也" 즉 말 때문에 근심과 재앙의 원인이 되면서 결국은 몸을 파괴시키는 '도끼' 와 같다고 진언을 한다. 또 "利人之言 煖如綿絮 傷人之語 利如荊棘"이라 하여 '참 사람' 과 '거짓 사람' 을 놓고 따뜻한 '솜' 과 사납고 예리한 '가시' 에 대비시키고 있다. 어떤 면에서는 교훈적인 의미도 강하게 나타나지만 그러나 생활 철학적인 이미지가 더욱 강하게 작용하고 있다.

시(詩에) 있어서도 한용운의 〈알 수 없어요〉는 종교적이면서도 심오한 경지의 철학적인 동경을 버릴 수 없는 그러한 작품이다.

바람도 없는 공중에 수직의 파문을 내며
고요히 떨어지는 오동잎은 누구의 발자취입니까?
-생략-
무서운 검은 구름의 터진 틈으로
언뜻 언뜻 보이는 푸른 하늘은 누구의 얼굴입니까?
-생략
고요한 하늘을 스치는 알 수 없는 향기는 누구의 입김입니까?
-생략
가늘게 흐르는 작은 시내는 굽이굽이 누구의 노래입니까?
-생략
떨어지는 해를 곱게 단장하는 저녁놀은 누구의 시입니까?
-생략
나의 가슴은 누구의 밤을 지키는 약한 등불입니까?

여기 매연 각운(脚韻)에 해당하는 '...입니까?' 대한 대답은 결국 '알 수 없어요' 그것뿐이다. 이 세상의 온갖 형상과 갖가지 변화의 의미는 우리 인간으로서는 도저히 다 알 수 없기 때문에 종교적이면서 철학적인 절대심상(絶對心象)으로 토로할 수밖에 없는 것이다. 〈님의 침묵〉에서 '님' 의 정체나 '침묵' 이 지니는 불교적이면서 철학적 관점 역시 그러한 것이다.

이렇게 문학에 있어서 어떠한 의미나 이론은, 처음에는 단순하고 순수 그 자체에 머물다가도 결국 예술이라는 세계로 접근하면 과감하게 변신을 하게 된다. 즉 작품 속에서 유영하고 있는 형이상학적인 공간은 현실 자체에서 머무는 것이 아니라 비현실 내지는 초현실 세계에까지도 과감한 이동을 구사하면서 작가는 언어의 한계를 체험하게 된다.

"흰 구름 흘러가는 곳 ...."이라 했으니 그 곳은 도대체 어디란 말인가? "구름 나그네 ..." 우리 인생은 저 나그네의 신세와 무엇이 다르단 말인가? 어차피 우리는 떠도는 저 구름과 같은 인생 그렇게 흐르다가 정처 없는 저 나그네처럼 훌쩍 떠나버리는 것이 우리네 인생이 아니던가? 왜(?)의 흐름은 이렇게 언어를 통해서 묘사되었을 때 독자들에게 주는 감동은 형상화 된 철학으로서 더욱 큰 것이다.

특히, 소설이라는 장르를 통해서 이야기 할 때 Maupassant은 다음과 같이 접근한다.

「작가의 목적은 우리를 즐겁게 한다던지 감동시키기 위하여 얘기하는 것이 아니고, 우리로 하여금 그 사건 속에 숨어 있는 깊은 의미를 생각케 하고 이해케 하기 위하여 말하는 것이다.」라고 말한다. 즉 작품 속에 나타나는 인간 문제와 인생의 탐구를 통해서 인생에 관한 해석을 찾고 그에 대한 가치부여를 하자는 데에 큰 의미를 두고 있는 것이다.

또 Hamilton 역시 그러한 것이다.

「소설의 목적은 일련의 상상화 된 사실 속에 어떤 인생의 진실을 구체화시키는 것.」이라고 힘을 주어 말한다. 즉 왜(?)를 통하여 제 인생의 내면을 재조명하는 역할이 바로 문학이라는 것이다.

그리고 Hudson도 유사한 주장을 마다하지 않는다.

「소설가의 주제는 인생이다. -생략- 위대한 작가는 인생에 대한 관찰자임과 동시에 인생에 대한 사상가이다. -생략- 소설에 내포된 인생관을 평가하는 데는 두 개의 과정이 있으니 그것은 곧 진실의 문제와 모랄리티(Morality)의 문제다.」라고 고 강조한다.

말하자면, 진실의 실체는 무엇이며 윤리 도덕적 관점에서 찾으려는 인생의 가치란 도대체 무엇이란 말인가? 작가는 이를 찾기 위하여 문학이라는 그릇을 들고 고민하는 것이다.

4. 문학에는 '사랑'이 살고 있다.

인간들은 문학이라는 또 다른 세계를 통하여 제 인생을 관조하게 된다. 여기서 찾고자 하는 것이 무엇일까? 역시 '사랑' 일 것이다. 교육에도 사랑, 종교도 사랑 그리고 철학(哲學)이란 용어 역시 사랑과 지혜를 경험하기 위하여 존재하기 때문에 문학의 주된 모토(motto) 역시 사랑일 수밖에 없는 것이다. 그래서 문학은 사랑을 체험할 수 있는 간접공간이라 감히 말하는 것이다.

독일 최고의 문호인 Goethe의 〈Faust〉에서 접할 수 있는 명예와 사랑도 그것이겠지만 이 작품을 통하여 체험하는 인생의 회의(懷疑) 같은 것들 역시 그러한 예가 될 것이다.

주인공 파우스트는, 모든 지적인 탐구는 '박사(博士)' 라 하는 데 인생 목표를 설정하여 그는 이를 달성시킨다. 그는 결국 세계적인 인물이 되어 존경과 갈채 속에서 남부럽지 않은 명성을 떨치고 있었다. 그러나 그는 내심의 욕구를 충족시키지 못하여 일차적인 회의를 체험하게 된다. 결국 그는 절망하여 악마 메스토페레스와 계약을 하면서 제 인생의 최고 지표인 '사랑'을 획득하려고 몸부림을 친다. 그러나 그것 역시 인간의 욕구에는 한계를 느낀다. 그래서 마음의 유토피아(utopia)를 선택하는 내용으로 끝을 맺고 있는데 결국은 '사랑' 때문에 나타나는 인생의 희비극인 것이다. 그리고 그는 이웃에 사는 어느 목사의 순진한 딸과의 진정한 사랑으로 인해서 이미지화 된 〈만남과 헤어짐〉〈5월의 노래〉라는 영혼의 리듬이 생생하게 약동하는 새로운 서정시를 탄생시키는 계기도 되어 지금의 시인 괴테도 탄생된 것이다.

그는 1974년 소설 〈점은 베르테르의 슬픔〉으로 해서 그의 이름은 세상에 널리 알려진다. 이 작품 역시 주된 테마는 자연과 자유에의 사랑, 풍속이나 권위에 대한 반항의 의지가 전부이지만, Goethe로서는 자신의 절망적인 사랑의 체험을 작품화하여 자신의 마음속에서 다시 한 번 감정의 위기를 뛰어넘는 것이다. 즉 친구의 약혼녀를 사모한 일로 괴로워 한 나머지 그 곳을 빠져 나온 후 권총으로 자살하는 것이다. 젊은 베르테르의 내부의 갈등과 고통이 이렇게까지 강하게 표출되어 있었다. 숨막힐 듯한 문학적인 정황은 세계 젊은이들의 마음을 뒤흔들어 놓는다. 결국 사랑 때문에 '자살' 그렇다 권총으로 자살하는 행위까지 유행을 일으킨 그런 작품인 것이다. 또 일각에서는 감정 해방의 논리로도 접근하는 경향이 일고 있었던 것도 사실이다.

프랑스의 여류작가인 콜레트(G.S Colette 1873~1954)는 동물들을 대상으로 사랑을 묘사한 작품들이 많았다. 즉 〈동물의 대화〉(1904) 〈동물의 7개의 대화〉(1905) 〈동물들의 평화〉(1916) 등 이러한 작품들인데 이 역시 동물들의 순수성을 통하여 우리 인간들의 '사랑'의 정체를 고발코자 하는 시도가 뚜렷한 것이다. G.S Colette가 이러한 부류의 작품들을 통하여 찾고자 하는 문학적 시각은, 다름 아닌 순수한 사랑을 목마르게 찾고 있다는 사실이다.

때를 같이 하면서 부연하고 싶은 것은, 철학 즉 'Philosophy'란 어사 역시 어원적인 차원에서 접근해 보면 검증이 가능한 것이다. 즉 Philosophy는 바로 '사랑'과 '지혜'라는 어의(語義)의 복합어이기 때문에 이에 대한 이해는 더욱 선명해질 것이다. 지혜의 개념은 어떤 이론이거나 학문도 아닌 오직 일상적인 경험을 통해서만 터득할 수 있었던 인생체험의 결과인 것이다. 그리고 이를 통하여 인간들의 찾고자 하는 '사랑'을 조명한 것이다. 때문에 '사랑'을 체험할 수 있는 공간은 결국 문학일 수밖에 없다는 논리에 접근되는 것이다.

이를 도해하면 다음과 같을 것이다.

사 랑
⇑
(변화) (자극)
행복 ――――→ 문 학 ←―――― 불행
⇑
시행 착오
(인간)

이렇게, 미완성된 사건에서 대두되는 주인공의 사랑은 크게 두 가지 갈등으로 구분될 것이다. 행복(幸福)과 불행(不幸)이 그것이다. 이 두 개의 축은 바로 사랑이라는 환상적인 주체가 중심이 되어 조화를 이루고 있는데 이것은 결국 언어를 매체로 하여 형상화되어 나타나는 것이다. 떠나 보내고 그리워하는 심정이나 잃어버리고 아쉬워하는 정분 아니면 실패한 인간의 푸념이나 천박하고 야비한 인간의 그물까지도 모두가 진실한 사랑을 검증코자 하는 언어의 마법공간이라 생각해 보자. 이것이 바로 문학인 것이다. 사랑 때문에 자살도 결행한다. 저주도 하면서 살인까지도 가능한 것이다. 인간들은 이러한 것들을 통하여 삶의 간접 체험을 답습하게 되고 또한 잡다하게 접근되는 모든 갈등이나 이물들을 걸러내어 순수한 사랑의 울타리를 만들려는 시각도 가능할 것이다. 사랑은 결코 추한 모습으로만 나타나지 않는다. 서로 모순되는 이원론적인 정서를 통하여 재현되는 마음의 홍분 그 자체인 것이다.

1924년 '개벽' 지에 발표된 현진건의 〈운수 좋은 날〉을 통해서 이를 접근해 보자.

「이 날이야말로 동소문 안에서 인력거군 노릇을 하는 김첨지에게는 오래간만에도 닥친 운수 좋은 날이었다. 문안에 들어간답시는 앞집 마나님을 전찻길까지 모셔다 드린 것을 비롯으로 행여나 손님이 있을까 하고 정류장에서 어정어정하며 내리는 사람 하나 하나에게 거의 비는 듯한 눈결을 보내고 있다가 마침내 교원인 듯한 양복장이를 동광 학교까지 태워다 주기로 되었다.

첫번에 삼십 전, 둘째 번에 오십 전 - 아침 댓바람에 그리 흉치 않은 일이었다. 그야말로 재수가 옴 붙어서 근 열흘 동안 돈 구경도 못한 김첨지는 십 전 짜리 백동화 서푼, 또는 다섯 푼이 찰깍하고 손바닥에 떨어질 제 거이 눈물을 흘릴 만큼 기뻤었다. 더구나 이날 이 때에 이 팔십 전이라는 돈이 그에게 얼마나 유용한지 몰랐다. 컬컬한 목에 모주 한 잔도 적실 수 있거니와 그보다도 아내에게 설렁탕 한 그릇도 사다 줄 수 있음이다.」

인력거군 김첨지는, 어느 날 이외의 큰 벌이를 해서 기뻐한다. 돌아오는 길에 친구인 치삼과 어울려 술을 마시면서 오늘은 운수 좋은 날이라고 좋아한다. 그러나 가난 때문에 나타나는 돈에 대한 억울한 복수심이나 병든 아내가 혹하면 죽었을 수도 있다는 불길한 예감은 언제나 버릴 수 없었다. 술김에 하소연하는 하나의 푸념일 수도 있었지만……

추적추적 내리는 궂은 비를 맞으며 취중에도 아내가 먹고 싶다던 '설렁탕' 을 사들고 집으로 들어섰지만 그러나 그의 아내는 불길한 예감 그대로 싸늘하게 죽어 있었다. 어린애만이 빈 젖꼭지를 빨고 있었다. 돈과 가난, 신분과 제도 술과 금기사상 이러한 것들은 모두 '설렁탕' 한 그릇이라는 '사랑' 에 이어져 있다. 아내에 대한 관심과 걱정은 결국 "설렁탕" 한 그릇이라는 제재를 모토로 하여 "사랑"을 사건화 시킨 사실주의 경향의 작품이다. 말하자면 '설렁탕' 과 '가난' 을 놓고 행복과 불행을 객관적으로 체험하고 있는 것이다. 이렇게 소설에서 재현되고 있는 주인공의 운명 즉 이별이나 그리움, 자살·질투·고통이나 갈등 같은 이런 것들도 결국은 모두 '사랑' 때문에 나타나고 있다는 사실을 입증하는 대목인 것이다.

그리고 '사랑' 은 윤동주의 시 〈별 헤는 밤〉에도 간절하게 나타난다.

-전략-
별 하나에 추억과
별 하나에 사랑과
별 하나에 쓸쓸함과
별 하나에 동경과
별 하나에 시와
별 하나에 어머니, 어머니

어머님, 나는 별 하나에 아름다운 말 한 마디씩 불러봅니다. 소학교 때 책상을 같이했던 아이들의 이름과, 패(佩), 경(鏡), 옥(玉), 이런 이국 소녀들의 이름과, 벌써 아기 어머니 된 계집애들의 이름과, 가난한 이웃 사람들의 이름과, 비둘기, 강아지, 토끼, 노새, 노루, '프랑시스 잼' , '라이너 마리아 릴케' 이런 시인의 이름을 불러봅니다.

-중략-
어머님,
그리고 당신은 멀리 북간도에 계십니다.

-생략-

이 작품은 어느 누구에게도 난해함 없이 직서적 표현 기법으로 동경과 사랑을 이미지화 시켰다. '별' 은 결국 윤동주가 설정한 동경 즉 이상적인 이미지의 세계이겠지만 '어머니' 이 자체는 어디까지나 사랑이라는 큰그릇인 것이다. 물론 시대적인 배경으로 볼 때 어머니는 조국이 될 수도 있고 아니면 실제의 모정도 될 수 있겠지만 그러나 전체적으로는 일상적인 '사랑' 임에 틀림없는 것이다. 그것은 결국, 이국의 정서도 망국의 설움도 내재되어 순수한 면도 있었으나 그러나 상징적 . 암시적 감동을 느끼게 하는 것은 역시 '사랑' 이란 시적 이미지가 작용하고 있었기 때문에 그런 것이다.

그리스 신화에 나오는 미소년(美少年) 나르시스(Narcisse)는 에코(Echo)의 사랑에 응하지 않았기 때문에 벌을 받아 물에 빠져 죽는다는 내용도 있다. 이것 역시 제 자신에 대한 순수 그 '사랑' 인 것이다. 호수에 비치는 아름다운 제 모습이 혹시 사랑 때문에 오염될 것을 두려워했었을까? 도취한 듯 자신을 바라보다가 일생을 마감하는 것이다. 그 혼이 바로 수선화(水仙花)가 되었다는 것이다. 나르시스는 결국 '사랑' 을 두려움의 대상으로 간주하였기 때문에 오염되지 않은 제 자신을 지키기 위하여 '죽음' 을 선택했다는 데에 의미가 큰 것이다. 사랑은 이렇게 아름답고 환상적인 것이지만 행복과 불행 사이에서 발생하는 인간들의 시행착오가 전제되기 때문에 우리 인간들에게는 두려운 존재도 되는 것이다.

5. 정서(Emotion)가 주를 이룬다.

의식의 흐름 기법은 언어의 숲을 통하여 인간들의 심리와 정서를 환기시키는 것이다. 한 인간의 마음속에는 언제나 느낌과 의식의 숨길이 끊어지지 않고 연속되고 있다. 그것은 곧 우리들 내부에서 발원되어 또 다른 이미지의 세계로 형상화되어 나타나는 흐름을 예리하게 암시하고 있다는 것이다. 황순원의 단편 〈소나기〉 일부를 보도록 한다.

「소녀는 소년이 개울둑에 앉아 있는 걸 아는지 모르는지 그냥 날새게 물만 움켜낸다. 그러나, 번번이 허탕이다. 그대로 재미있는 양, 자꾸 물을 움킨다. 어제 마냥 개울을 건너는 사람이 있어야 자리를 비킬 모양이다.

그러다가 소녀가 물 속에서 무엇을 하나 집어낸다. 하이얀 조약돌이었다. 그러다가 홀 일어나 팔짝팔짝 징검다리를 뛰어 건너간다.

다 건너가더니만 홱 이리로 돌아서며,

"이 바보"

조약돌이 날아왔다.

소년은 저도 모르게 벌떡 일어섰다.

단발머리를 나풀거리며 소녀가 막 달린다. 갈밭 사잇길로 들어섰다. 뒤에는 청량한 가을 햇빛 아래 빛나는 갈꽃 뿐.

이제 저쯤 갈밭머리로 소녀가 나타나리라. 꽤 오랜 시간이 지났다고 생각됐다. 그런데도 소녀는 나타나지 않는다. 발돋움을 했다.」

이 단편은, 청량한 가을 햇살 속에 놓여진 개울을 사이에 두고, 청순한

한 소녀와 소년의 순수한 사랑 그리고 그들의 운명을 지켜보게 되는 것이다. 예고도 없이 쏟아 붇는 비 '소나기' 때문에 대지는 갑자기 몸살을 앓게 된다. 즉 검붉은 흙탕물이 감싸 돌고 있다. 즉 갑자기 퍼 붇는 소나기 때문에 대지는 온통 흙탕물이 되는데 소녀 역시 몸살 그리고 안타깝게도 죽음을 접하게 된다.

결국 개울물이 지니는 정서는 삶과 죽음이라는 운명을 만들어 놓았고, '조약돌' 이라는 자극적인 정서는 우리 인간들에게 남기는 또 하나의 심리적 기법으로 성공하게 된다. '소나기' 라는 비의 특성으로 인하여 발생한 대지의 몸살 즉 '검붉은 흙탕물' 은 한 소녀의 운명을 암시하면서 '죽음' 이라는 정서로 등장되어 우리 마음을 안타깝게 만든 것이다.

흔한 말로, 문학을 가리켜 인생의 표현이요 사회의 거울이라 말하는 이유도 그래서 문학은 체험의 산물 즉 객관적인 정서와 주관적인 정서의 조율을 통하여 형상화시키는 경우만을 뜻할 수도 있다. 때문에 정서(emotion)는 경험의 한 예이면서 어떠한 상황에 부딪쳐 나타나는 그때그때의 심리상태 즉 작품을 통한 갖가지 마음의 느낌을 표출하는 언어의 도구로 말할 수도 있다.

시(詩)에 있어서도 마찬가지다. 내심의 소리들을 상징적 이미지를 통하여 묘사라는 테두리에서 처리하는 것이다. 김광균의 몇몇 작품들을 통해 들어보기로 하겠다.

하이얀 모색(暮色) 속에 피어있는
산협촌(山峽村)의 고독한 그림 속으로

파아란 역등을 달은 마차가 한 대

-중략-

우두커니 서 있는 전신주 위엔

지나가던 구림이 하나 새빨간 노을에 젖어 있었다.

-전략

한 낮에 소녀들이 남기고 간

가벼운 웃음과 시들은 꽃다발이 흩어져 있었다.

-전략-

퇴색한 성교당(聖敎堂)의 지붕 위에선

"분수처럼 흩어지는 푸른 종소리 ......"

김광균 〈외인촌〉 중에서

이 작품은 제 3연으로 구성된 주지적 자유시다. 한 폭의 그림을 보는 듯한 시각적 묘사가 뚜렷한 것이다. 시는 감성으로 쓰는 것이 아니라 지성(知性)으로 써야 한다는 이론도 있다. 이른바 "노래하는 시(Melopaeia)"가 아니라 "생각하는 시(Phanopaeia)"로 전이된 느낌으로도 가능할 것이다. 그러나 시는 분명히 영상의 색채와 율동을 중시하는 이미지즘적인 회화성(繪畫性)의 정서가 빼어남을 잊어서는 안 될 것이다.

'분수처럼 흩어지는 푸른 종소리' 시각적인 정서와 청각적인 정서 조율이 이채로운 것이다.

그리고, 김광균의 〈秋日抒情〉 역시 이와 같은 영상적 이미지가 그대로 부각되고 있음을 발견할 수 있다. 즉 '낙엽' 을 '망명 정부의 지폐' 로 비유시키면서 하나같이 '가을' 에 대한 서정성은 숨가쁘게 만들어 놓았다. '풀벌레 소리' 의 조화 역시 이미지의 회화성을 충족시키는데 충분한 것이었다.

낙엽은 폴란드 망명정부의 지폐
포화에 이지러진
도룬 시의 가을 하늘을 생각하게 한다.
-생략-
"자욱한 풀벌레 소리 발길로 차며 ...."

김광균 〈추일서정〉 중에서

하나같이, 시각적인 이미지와 청각적인 이미지의 조화를 통하여 시인은 독자들에게 그 무엇을 자극하고 있는 것이다. 마음에 와 닫는 내심의 소리 바로 정서를 선물하고 있다는 것이다. 박목월 〈나그네〉에서는 "구름에 달 가듯이 가는 나그네" 이것 역시 '나그네' 와 '구름' 이라는 비유적 이미지 속성에서 작가는 '인생' 이라는 자극적인 마음의 정서를 선물하고 있는 것이다.

Aristoteles는 그의 시론에서, 비극의 구조와 효과의 설명에서 서로 모순되는 두 개의 정서를 지적한다. 즉 고통이나 어떤 재앙의 정서인 공포

(恐怖)와 연민(憐憫)같은 것을 통하여 독자의 마음을 흥분시키고 그리고 안정을 시도한다. 결국 공포에 눌린 우리 감정을 해방시켜 쾌감을 얻으려는 작용을 감당하고 있는데 그는 이를 가리켜 카타르시스(Catharsis)라고 지적한다. 전쟁 역시 실제로는 살벌하고 폭력적인 상황이지만 그러나 문학에서는 이러한 스토리와 묘사를 통하여 즐거움을 선물한다는 것이다. 실제로는 추악한 상황이지만 정서는 이를 미학으로 탄생시키는 것이다.

최재서의 〈문학 원론〉(p.172~)에서는, 「예술가는 평소의 정서를 내부에 축적해 두기 때문에 보통 사람보다 풍부하고 다양한 정서를 지닌다」라고 말한다.

결국 작가는, 다양한 인생체험을 통하여 다져진 정서와 사고(思考)에다 언어의 옷을 입히는 행위를 실재와 진실성 있게 독자들에게 선물하는 것이다. 심리적으로 보면 언어를 가지고 관념에 봉사하는 행위 즉 정서적인 호소력 자체에서의 의미로 간주할 수 있을 것이다.

또한, William James도 그의 저서 〈심리학〉(Psychology)에서 「자극(刺戟)이 되는 사실을 지각(知覺)한 뒤를 따라 신체적 변화들이 나타나는데 그 변화의 의식이 곧 정서인 것이다.」라고 말한다. 복잡 미묘한 내부의식의 세계는 결국 언어예술을 통하여 다채롭게 돌출 되어 나타나는 것이 바로 정서라는 논리다.

그래서 문학적인 정서는 일상적인 체험과 일정한 심리적 자극과정을 거치면서 언어를 통하여 재현되기 때문에 우리는 감상 차원에서 이를 가리켜 소위 미적 정서(aesthetic emotion)라 정의하기도 한다. 전통성 역시 도외시 할 수 없다.

예를 들면, 행상 나간 남편의 밤길을 염려하는 아내 마음이 잘 묘사된 〈정읍사〉나, 강물처럼 도도하게 흐르는 이별의 슬픔을 전통화 시킨 〈가시리〉 그리고 김소월이나 박목월 등에 이르기까지 작품을 통한 정서는 예술적 정서로 승계 되어 그 맥락을 유지하고 있다.

달님이시여 높이높이 돋아서
멀리멀리 비치게 하여 주십시오
- 여음 생략 -

(임께서는) 시장에 가 계시옵니까?
(밤길에) 진쿠렁을 밟으실까 두렵습니다.
- 여음 생략 -

〈정읍사〉 중에서

한글로 구전되어 내려온 민간전승의 백제(?) 가요인데 조선시대 들어와서 〈악학궤범〉에 정착된 작품이다. 그 내용 하나는, 행상을 떠난 남편이 늦도록 돌아오지 않자 그 아내가 이를 걱정하여 지은 작품이다. 남편의 안위를 걱정하는 아낙네의 소박한 마음이 담겨져 있어 우리 민족의 전통적인 정서가 있어 의미가 큰 것이다. 또 하나는, 임은 어느 시장에 가서 어떤 여인에 빠져 있는지(?) 울분과 하소연이 심리적으로 돋보이는 부분이다. 말하자면 부글거리는 질투심 곧 원망 서린 한숨의 토로로 간주할 때 이 작품은 분명히 세속적인 한 여인의 마음이 응어리로 나타나고 있음을 알 수 있다. 결국 보이지 않은 마음의 갈등을 노래한 것이다.

가시리 가시리잇고 나는
브리고 가시리잇고 나는
　위 증즐가 大平盛代

날러는 엇디 살라ᄒᆞ고
브리고 가시리잇고 나는
　위 증즐가 大平盛代
-생략-

〈가시리〉 중에서

고려속요 중에서 널리 알려진 작품인데 작자와 연대 미상으로 〈악장가사〉에 실려 있는 노래다. 떠나가는 임을 붙잡고 할 말이 무엇이란 말인가. '진정 떠나시렵니까?' 이렇게 꼭 가야만 하느냐고 물어 볼 수밖에 많은 말이 필요 없었을 것이다. 결국 이별의 아쉬움과 정한(情恨), 기나긴 기다림 속에 정절을 지키고자 하는 한 여인의 간절한 마음의 정서가 가시적으로 잘 묘사되어 나타난다.

이렇게 마음이 아프고 쓰린 심정이 절묘하게 그려진 애절한 노래는, 김소월의 〈진달래꽃〉에서도 그러한 정서를 접근할 수 있을 것이다. 어쩌면 예나 다름없이 일관되게 그 흐름을 같이하고 있는 민족정서가 바로 이런 것들이 아닌가(?)하는 생각이다. 이별의 슬픔을 극복코자 하는 서정적 자아와 내면세계는 우리 나라 전통적인 사상과도 맥을 같이 하고 있다.

그래서, 우리 문학의 특질을 가장 먼저 거론한 학자인 조윤제(趙潤濟)님은 세 가지 측면에서 우리 문학의 고유한 특성을 말하고 있다. 즉, '은근과 끈기의 문학', '가냘픔과 애처로움의 문학', '두어라와 노세의 문학' 이렇게 논의하는 저의도 어떻게 보면 문학의 묘미가 되는 '정서' 그 자체를 의식한 데서 거론된 결과로 정리할 수 있다.

문학을 통하여 인간의 사상과 정서를 표현한다고 할 때 사상은 객관적일 수 있지만 그러나 정서는 분명히 주관적이기 때문에 작품에 있어서 주관적인 정서가 어떻게 표출되느냐 여부에 따라 문학의 속성은 달라지는 것이다. 또한 장르별 문학의 특성도 달라지는 것이다.

이처럼 문학에 있어서의 정서(情緖)는 정적인 요소와 동적인 요소의 조화로움 속에서 또 하나의 미묘한 이미지의 세계로 발전케 하는 분위기가 있다. 즉 뉴앙스(nuance)라는 언어 범주로 간주할 수도 있을 것이다. 문학은 이렇게 언어의 숲을 통하여 어떤 산책을 하느냐 여부에 따라 그 가치는 달라질 것이다.

예술은 물의 상상력과 恨의 美學

1. 개요

물은 생명을 만들었고 인류 문명을 탄생시켰다. 또한 물은 섭리의 상징적 존재이기도 하다. 때문에 문학에 있어서 물의 상상력은 대단한 것으로 나타나 심리적으로나 정신적으로 그 형상화의 개념은 다변적인 정서로 나타날 수밖에 없는 것이다.

그래서 강물은 시간과 세월 아니면 한탄의 이미지(image)로 형상화될 수 있었으며, 호수는 추억이나 고독이라는 서민적 정서로 형상화되기도 하고, 빗물은 슬픔이나 그리움으로, 안개나 이슬은 사색이나 자기 성찰로 각각 나타날 수 있는 것이다. 이것들이 심리적 자극이나 정신적 충격으로 발전되었을 때 그것은 결국 한숨이나 눈물로 개현(開現)되는 것이다. 이러한 현상들을 포괄시켜 물의 "숨골심리"라 지칭하면 어떨까(?)하는 생각이다. 상상력에 의해 형상화된 마음의 소리도 이러한 정서에서 발원되고 있음을 알 수 있다. 한(恨)의 정체는 결국 심리적 정신적으로 가슴에 사무친 묘한 것들이 복합되어 나타나기 때문에 이에 대한 개념이나 그 해석은 그렇게 단순하지가 않다.

그래서 한의 소리는 한을 낳고 한의 응어리는 다시 절규가 되어 죽음을 부르기도 한다. 때문에 놀라움이나 부르짖음 같은 탄성들을 만나게 되는 것이요 또 하나의 인간심리에 정신적 콤플렉스(Complex)를 만들고 있는 것이다. 결국 한의 원류를 만들고 있는 것이다. 우리 문학에 있어서 은근과 끈기 · 가냘픔과 애처로움 · 두어라와 노세를 제시하고 있는 조윤제 학설이 그것이요, 체념과 아리랑과 흰 옷의 개념으로 접근하고 있는 김용숙의 문학이론 역시 이러한 모습으로 그 일상을 유지하고 있는 것이다.

이러한 차원에서, 물과 세월과 자기 몸부림이 서로 어우러져 형상화되고 있는 물의 상상력과 한의 미학을 우리 시문학을 통하여 분석코자 하는 것이다.

2. 물의 상상력과 이미지(image)의 속성

우리 문학에 있어서 물의 힘은 존재의 근원을 파고 들어가 원초적인 것과 영원적인 것을 물의 상상력에 의하여 형상화되고 있는 것이다. 시냇물이나 강이 흐르는 곳에서 태어난 사람은 그 물에 의하여 그의 의식이 변화된다는 논리다. 원초적인 정서가 물에 의하여 새로운 상상력으로 이미지화될 때 또 하나의 성숙된 세계가 창조되는 것이다. 즉, 인간은 물과 직접 접촉을 가지게 되면서 자연적으로 어떤 관능미를 느낄 수 있게 되어 있으며 또한 무의식의 세계가 근원적으로 물에 의해 그 속성이 새롭게 형상화된다는 것이다.

인간은 태초부터 불완전한 존재로 태어났기 때문에 완전을 위하여 일생을 바친다. 이상과 현실 사이에서 모든 불안과 좌절감, 고독과 도피 이러한 상황속에서도 삶을 유지하는 이유가 바로 여기에 있는 것이다. 또한 그리스 신화에 나오는 탄타로스(Tantalos)신(神)처럼 가능성과 불가능성 사이에서 온갖 고통이나 갈등을 감수하면서 살고 있는 것이다.

괴테(Goethe, Johann Wolfgang Von)는 이러한 분열 현상을 두 개의 혼이 내 생명속에서 서로 싸우고 있다고 파우스트 (Faust)에서 말한다. 인간 내면에 지니고 있는 욕망 때문에 우리 인간은 항상 마음의 불(火)을 품고 산다는 것이다. 그래서 "물"이 필요한 것일까? 때문에 "한"은 숙명적일 수도 있는 것이다.

일상적으로 물과 한의 속성에는 체념적인 정서와 비애와 애상 등의 정서로 유착되는데 특히나 이별이나 고독 · 체념과 비애같은 허무주의(Nihilism)와 감상주의(Sentimentalism)에 바탕을 두는 것이 일반적인 현상이다. 마음속에 맺혀 있는 좌절감과 응어리 그것에 따른 증오심같은 것들이 형상화되어 나타나고 있는 것이다. 이러한 관점에서 물의 이미지는 바슐라르(Gaston Bachelard)의 4원소론과 접목시켜 생각할 수도 있다. 바슐라르의 이 원소론은 물 · 불 · 공기 · 흙의 조화를 통하여 이미지화되는 경우를 말하고 있는데, 예를 들면 물과 흙이 결합되었을 때 지진이나 홍수로 나타나서 그 이미지의 세계는 공포와 두려움이 되는 수도 있고, 물과 공기의 결합은 파도나 물보라 아니면 안개 그 자체에서 머물 수도 있을 것이고, 물과 불의 결합은 어쩌면 흥분 아니면 예상치 못했던 잠재의 그 어떤 콤플렉스(Complex)로 이미지화하면서 형상화될 수 있다는 것이다.

시인 노자영의 〈물결〉을 접해 본다.

[A] 물결이 바위에
부딪치면은
새하얀 구슬이
떠 오릅디다.

물결 + 바위 = 새하얀 구슬
(자연의 물결)

[B] 이 맘이 고민에
부딪치면은
시커먼 눈물만
솟아 납디다.
(생략)

마음 + 고민 = 시커먼 눈물
(고뇌의 물결)

이 시는 인생의 고뇌를 주제로 삼고 있는 작품이지만 앞에서 보았듯이 아주 소박한 시어로 비극적인 인생을 집요하게 묘사하고 있다. 자연의 물결과 인간이 갖는 고뇌의 물결을 적절히 대비시켰다. [A]에서 자연의 물결은 "새하얀 구슬"이 되어 구원되고 있지만, [B]에서 인간이 갖는 고뇌의 물결은 비극적인 이미지로 "시커먼 눈물"이 되어 감상적으로 다루고 있다. 이러한 상황을 이해하기 위하여 우리는 넓은 바다를 생각해 볼 수 있다. 이것은 그 넓은 바다를 직접 접촉해보거나 감지할 수 없는 한계가 있기 때문에 부드러운 물인 시냇물이나 강만큼은 그 상상력의 세계를 지배하지 못한다는 것이다. 그래서 바다에 관한 이미지는 먼 바다로부터 돌아 온 사람들의 이야기나, 아니면 알 수 없는 죽음의 영역을 관념적인 시점에서 허구적인 것으로, 다시 말하면 구체적인 형상화의 영역에 돌아오지 못하는 물의 형이상학(形而上學)일 뿐이다. 부드러운 물에 의해 형상화되는 물의 상상력의 세계는 그것이 아니다. 몇 가지 경우를 놓고 살펴 보기로 한다.

첫째, 물의 상상력은 인간이 직접 물과 접촉을 가지고 그렇게 함으로써 근원적으로 물에 의해 또다른 세계로 형상화되는 경우를 말한다. 흐르는 물은 시간과 세월 아니면 단절이나 어떤 한계선으로 비유될 수도 있다. 여기에는 후회와 안타까움이 서려 있기 때문에 자연히 한탄 아니면 한숨으로 표출되는 것이다. 봄의 물은 꿈과 사랑과 희망적이어야 할 것이며, 맑은 물 그 자체에서는 거울의 이미지나 이상화 작용으로 인하여 고독한 상태의 범자연적인 나르시스(narcisse)로 이미지화 될 것이다. 변화에 대한 예민성을 강조하는 깊은 물은, 알 수 없는 침묵속에 어둡다는 데에 그 특징이 있을 뿐 아니라 잠자는 것처럼 보이지만 그 존재는 어둡고 깊이를 알 수 없는 심연, 즉 죽음에 대한 이미지 바로 깊고 움직이지 않는 죽음의 명상으로 나타날 것이다. 때문에 그 세계는 무궁무진한 상상의 세계가 될 수밖에 없는 것이다. 복합적인 물은 다른 요소와 결합의 이미지로 형상화되는데 그 범주는 다양한 것으로 나타날 것이다.

둘째, 물과 콤플렉스의 관계는 현세적이거나 신화에서 비롯된 이야기를 통하여 이해하는 것도 좋을 것이다. 여기에는 두 가지 콤플렉스 즉 Charon Complex와 Ophelia Complex를 들 수 있다.

먼저 카론(Charon)의 콤플렉스(Complex)를 들어본다. 명부(冥府)로 가는 길에 있는 삼도천(三途川) 나루터를 지키는 늙은 뱃사공 카론이 사람을 나룻배에 태워 가지고 저승으로 데려간다는 신화인데, 결국은 죽음에 의한 이별의 이미지를 가리키는 콤플렉스인 것이다. 깊은 물에 있어서의 어둠의 이미지는 조용하고 고독한 관조속의 죽음의 이미지가 되겠지만 그러나 이 카론의 콤플렉스에 개현된 죽음의 이미지는 흐르는 물을 사이에 두고 이승과의 영원한 이별 또는 떠남의 의미라는 점에서 특이하다 할 것이다. 그러나 오필리아(Ophelia) 의 콤플렉스(Complex)는, 현세적인 실상속에서 갈망하는 심리적 혼란의 이미지 요소라는 점에 그 차이가 있을 것이다. 다시 말하면, 살해된 부왕의 죽음을 놓고 복수의 사명을 지니게 되는 햄리트(Hamlet)는 도덕적이고 내성적인 성격때문에 많은 갈등과 회의와 번민으로 결행을 주저하게 된다. 여기서 햄리트의 연인 오필리아가 등장되면서 보다 더 심각한 심리적 상황과 비극으로 전개되는 것이다. 햄리트의 성격과 오필리아의 여성적 행위 사이에서 형성되는 현세적 콤플렉스인 것이다.

셋째는, 물의 상상력은 무의식의 세계에서 단순히 머물러 있지 않고 더 한층 인간의 의지력을 지배한다는 논리다.

한 예로써, 맑은 물 그것 자체는 순수화에 대한 의지 말하자면 윤리적으로나 도덕적으로 순수화에 대한 그 시대의 양상을 더욱 깊은 곳까지 접근하고 있는 것이다. 물론 처해 있는 상황에 따라서는 이외의 상상력으로 돌출될 가능성도 있겠지만 일반적으로는 순수와 윤리 도덕 속에서 그 이미지는 문학의 정도(正道)를 갖추고 있는 것이다.

넷째는, 모성적인 물의 이미지 속성에서 상상력을 말하고 있다. 이것은 어머니 또는 다른 여성에 대한 추억이 무의식 속에 은밀하게 살아남아 물에 대한 갈망을 더욱 자극하는 것을 의미하고 있다. 어머니의 모유에 의해 알게 된 부드러움 또는 유동성의 이미지가 무의식에 스며들어 상상의 세계를 지배하게 되다는 이론이다.

프랑스의 상징주의 시인 말라르메(Mallarme)의 단편적인 시행(詩行)을 접해 본다.

"잠자고 있는 물 속에서 세계가 휴식한다"

이 작품은, 형상화된 물의 이미지 속성을 이해하기 위한 그 한 예에 불과하겠지만, 물의 상상력은 이렇게 포용과 미래가 함께 존재하면서 아름다운 울림을 거느린 시적인 이미지 세계로 발전하고 있는 것이다. 결국 물의 이미지는 원초적이면서 우리 문학에 있어서는 절대적인 상상력의 요소로 언제나 살아 있는 것이다. 이러한 관점에서 우리 문학에 있어서의 물의 상상력과 한의 뿌리는 어쩔 수 없는 관계속에 상존할 수 밖에 없는 것이다. 때문에 우리 시가 문학을 통해서 그 원류를 고찰하려는 것이다.

3. 물의 상상력과 한의 원류

〈공무도하가〉는 우리 나라에서 가장 오래된 시가이면서 최초의 서정시라는 의미에서 우리 서정문학에 있어서는 아주 소중한 의의를 지니고 있다. 먼저 이 작품을 통하여 형상화된 물의 상상력과 한의 원류를 살펴보기로 한다.

(원문생략)
당신은 물을 건너지 마오. / 당신은 물을 건너다가
물에 빠져 죽어지면 / 당신은 어히 하잔 말이오.

고금주(古今注)에 전하고 있는 이 노래의 배경 설화를 보면,

"조선 땅 뱃사공 곽리자고가 새벽에 일어나 배를 저어갈 때 머리가 센 한 미친 사람이 머리를 풀어 헤친 채 술병을 들고 물을 거슬러 올라가고 있었다. 그 때 그의 아내는 뒤따라가며 애써 말렸으나 미치지 못하고 드디어 그 늙은이는 물에 빠져 죽어버렸다. 이에 그 아내는 공후를 타며 이 노래를 불렀는데, 마디마디가 구슬프고 몹시 서글펐다. 노래를 마치고 그녀도 또한 몸을 물에 던져 목숨을 끊었다. 곽리자고가 집에 돌아와서 아내 여옥에게 아침에 본 광경을 이야기하였다. 그 말을 들은 여옥은 서러워하며 공후라는 악기를 가지고 그 소리를 본받아 타며 노래하였다. 이것을 듣는 이는 모두 슬피 울며 눈물을 흘렸다. 여옥은 이웃에 사는 여용에게 전하여 널리 퍼지게 하였는데 이 노래를 공후인이(箜篌引)라 부

른다"라고 기록되어 있다.

이와 같이, 아내의 간곡함 또는 오직 당신만을 위한다는 심리적인 공간에는 분명 물이 있었으며 물과 인간과의 모색 차원 즉 죽음 앞에서는 당연히 시간과 세월이 상존하고 있었던 것이다.

"머리를 풀어 헤친 남편 + 고통과 한탄 = 한의 죽음" 여기에서 한의 실체도 나타나기 시작한다. 우리 나라 시가문학에서 물로 형상화된 한의 원류는 이렇게 복잡 미묘한 정한의 모습으로 우리 문학에 깊게 자리하고 있는 것이다. 남편의 죽음을 보고 그 슬픔을 이기지 못하여 뒤따라 죽는 아내의 한을 노래한 이 작품이 오늘날까지 이어지고 있는 이유도 여기에서 찾을 수 있는 것이다. 한국적인 정서와 한의 원류가 되고 있음을 발견하게 된 것이다. 아내가 공후를 타며 노래를 불렀다는 것은 정서적 요소요, 구슬픈 사연을 안고 그 아내도 죽음을 택한 것은 한국 여인네들의 지조(志操)요 한의 근간인 것이다. 모든 것은 하나같이 "물"이라는 공간속에서 형상화되고 있으며 그 정서가 바로 한의 원류라 말할 수 있는 것이다. 그리고, 이 작품 원문에 제시된 운을 따라 접근하면 "물"과 "한"의 모습은 더욱 선명해 질 것이다.

公無渡河 / 公竟渡河 / 墮河而死 / 當奈公何

이 원문에서 보는 바와 같이, "공무도하(公無渡河)"에서 "하(河)"자와 "當奈公何"에서 "하(何)"자를 운(韻)으로 잡고 생각해 볼 필요가 있다. 바로 "물 하(河)"자와 "어찌 하(何)"자는 그대로 "타하이사(墮河而死)"로 인하여 나타나는 인간의 현실적인 슬픔과 몸부림이 애절하게 한으로 개현되고 있음을 발견한다. 말하자면 남편과 아내와의 갑작스런 그 통한의 사별은 결국 강심에서 사랑과 함께 통곡으로 이어지고 있다. 강물 즉 흐르는 물은 이 쪽과 저 쪽을 갈라 놓고 있는 것이다. 바로 카론(Charon)의 콤플렉스(Complex) 이론 역시 이러한 상황으로 접근했을 때 유사점이 보일 것이다.

강물은 이렇게 남편과 아내의 사랑을 슬픔과 통곡으로 바꾸어 놓았다. 강물은 결국 서로를 헤어지게 만드는 이미지적인 역할로 등장되었음을 쉽게 알 수 있는 것이다. 그리고, 남편의 죽음을 보면서 뒤따라 죽는 아내의 모습은 바로 전통적인 한국 여인상이 아닐 수 없다. 설령, 어쩔 수 없는 이별이라 할지라도 여인들의 기본적인 삶의 공간은 역시 냇가나 강물이었던 것이요 또한 그것은 시간이나 세월로 엮는 시름 그 자체였던 것이다. 그러다가 지쳐지면 죽음을 선택하던지 아니면 망부석이 되어지곤 하였다. 이것이 바로 물과 심리적 관계속에서 형상화되는 우리네 정서인 한의 모습인 것이다. 이처럼 이별과 기다림, 체념과 한숨이 몰입되는 곳에는 언제나 물의 요소가 공간 소재로 등장되어 나타난다. 이러한 경우는 "물 하(河)"자와 "어찌 하(何)"자 사이에서 형상화되는 현세적인 아픔과 심리적인 마음의 응어리가 어우러져 주종을 이루고 있는 것이다. 결국 물을 앞에 놓고 "어찌하랴 …"의 상관 관계가 함축성 있게 표현되어 문학으로서의 생명을 지니게 하였다.

다음은, 한글로 기록되어 전하고 있는 작품 중에서 가장 오래된 〈정읍사(井邑詞)〉를 통해서 살펴 본다. 이 작품은 백제시대에서 구전되어 내려 온 민간 전승의 가요로서 조선시대에 들어와서 〈악학궤범〉에 정착된 작품인데 백제가요 중에서는 유일하게 가사가 전해지는 현존 작품이라는 데에 국문학적 의의를 찾을 수 있다. 그 내용을 보면,

정읍현(井邑縣)에 사는 한 행상인의 아내가, 행상나간 남편이 돌아오지 않으므로 높은 뫼에 올라 먼 곳을 바라보며 남편이 혹시 밤길에 위해(危害)를 입지 않을까(?) 염려하는 마음을 서두로 꾸민 작품이다.

그러나 다음 연으로 이어지는 작품의 양상은 "물 + 흙 = 진흙"에 빠져 있는 어떤 상황을 비유하여 부른 노래이기 때문에 필자는 이 부분에 주목하자는 것이다. 분명한 것은 걱정과 기다림의 애절함 속에는 시장통의 질퍽한 곳 내지는 진 땅이라는 물과 흙의 공간이 놓여 있음을 발견하게 된 것이다. 둥글고 하얀 달의 이미지 속성과는 아주 멀리 떨어져 있는 문학적 공간인 것이다.

원문에 가까운 통석으로 접근해 본다.

A] 달님이시여 높이높이 돋아서
멀리멀리 비치게 하여 다오 (달 + 님 = 아내의 마음)
어귀야 어강됴리
아으 다롱디리

B] 시장에 가 계시옵니까?
진쿠렁을 밟으실까 두렵습니다. (시장 + 진쿠렁 = 남편의 마음)
어귀야 어강됴리
아으 다롱디리
〈이하 생략〉

이렇게 물과 흙이 어우러진 진쿠렁 즉 진 땅·질퍽한 곳 때문에 둥근 달 하얀 색감은 간 데 없고 오직 아내의 시름과 질투심이 마음의 응어리로 형상화되어 나타나고 있다. 좀더 구체적으로 접근한다면, 대략 다음과 같은 방향으로 그 의미를 집약할 수 있을 것이다.

하나는, 작중화자인 남편의 신변을 걱정하고 진심으로 남편의 무사 귀가만을 달에게 기원하는 갸륵한 아내의 심성을 나타낸 알뜰한 사랑의 노래로 보는 방향이 그것이요, 다른 하나는, 이와는 반대로 집을 나가 오래도록 돌아오지 않는 남편이 시장통 내지는 사창가에서 다른 여인들을 껴안고 놀아나고 있지 않을까(?)하는 걱정과 질투에 젖을 뿐 아니라 자신의 앞날에도 어둠과 같은 불행이 있을 것을 두려워하는 한갓 속된 여인의 노래로 보는 방향이 그것이다.

전자는, 행상 나가서 오래도록 돌아오지 않은 남편을 두고 아내는 오직 무사하게 귀가할 수 있도록 학수고대하는 마음으로 가득차 있다. 때문에 산에 올라가 임께서 거닐고 있을 밤길을 멀리멀리 비춰 달라고 기원하는 것이 A]연의 뜻이고, B]연에서는, 그 임이 혹시 도둑에게 위해를 당하지나 않을까(?) 하고 안타까와하며 조바심을 치고 있는 것이다. 진쿠렁에 빠질까 두렵다라는 것은 비유적으로 표현한 것이기 때문에 그렇게 되면 어쩌나 하는 평범한 걱정과, 물건과 돈까지 가지고 있기 때문에 혹시나 하는 불길한 생각으로 걱정을 하는 경우로 음미할 수도 있다.

이러한 측면으로 접근한다면, 이 작품은 남편을 걱정하는 따뜻한 애정과 더없이 순결한 마음의 여인으로 승화되는 동시에 작품 역시 차원 높은 부부의 사랑을 노래한 애정시가 될 것이다.

그러나 후자의 시각은 이와는 정반대인 것이다. 오래 돌아오지 않는 남편이 술집에서 다른 여자들과 주색에 빠져 놀아나고 있을 것을 한탄스럽고 원망하는 한의 노래로 보는 견해이다. 이렇게 보는 이유로는, 남편을 진심으로 걱정하는 순결한 아내의 노래라면 음사로 규정될 까닭이 없었을 것이고, 또 작가는 상류계급 부덕이 갖추어진 교양있는 여인이 아니라 하류층 행상인의 아내에 지나지 않는다는 시각도 고려하지 않을 수 없다. 이와 같은 기초에서 음미해 본다면, A]연에서 달에게 기원하면서 멀리 비추어 주기를 비는 행위는 임의 신변을 걱정하는 정성에서가 아니고 남편을 보내 놓고 마음놓지 못하는 자신의 불안과 초조를 달에게 호소하면서 남편의 비밀을 알려달라는 청원을 나타낸 것이 될 것이다. 비유하는 시각으로 볼 때 달은 아내의 순결한 마음으로, 어둠은 남편의 비밀로 나타나기 때문이다. 그리고 B]연은, 이 노래의 풀이에서 가장 중요한 열쇠가 되는 "진 곳"은 바로 "질퍽한 곳" 이것은 결국 한의 공간으로 설정된 것이다. 도둑의 위해를 걱정하고 근심하는 그러한 선의(善意)가 아니고 창녀들의 세계에 빠져 주색(酒色)에 탐닉(耽溺)되는 세계를 비유한 데 지나지 않을 것이다. 그러므로 임은 어느 시장에 서 어떤 女人들에 빠져 놀아나고 있는지, 다시 말하면 가슴속에 부글거리는 질투심이 발전하여 한을 만드는 강도 있는 표현이라 생각할 수 있다. 이러한 상황을 뒷받침할 수 있는 대목은 마지막 연이다. 여기 인용은 없지만 둘째 연의 질투심과 의구심(疑懼心)이 더욱 짙어지면서 어느 여인에게 마음을 두고 있기에 이렇게 돌아오지 않는가(?)라는 절규가 강하여 원망서린 한숨으로 토로하고 있는 것이다. 결국 남편을 빼앗긴 나의 앞날에 불행과 어둠이 있을까 두렵다는 뜻으로 여인다운 한탄으로 형상화 되고 있는 것이다.

이렇게 본다면, 소위 "진쿠렁"이라는 비유적인 공간을 설정해 놓고 화류계에 빠져 있을 것을 의구한 것이 마침내 질투심으로 바뀌고 그것이 다시 마음의 응어리가 되면서 한을 만들고 있다. 자기의 앞날에 어두운 그림자가 될 것을 염려하는 세속적인 여인의 마음을 노래한 것이 되는 것이다. "정읍"이라는 제목 자체가 곧 "샘골"이라는 뜻으로 접근하면 그 샘골은 바로 여성의 음부와 관계있는 것이라 할 수 있다. 그래서 그 이하의 시각은 모두 음사와 관련시켜 해석할 수도 있는 묘한 흐름이 된 것이다.

다음은 고려속요 〈서경별곡(西京別曲)〉의 일부를 통하여 살펴 볼 것이다.

(1)
西京이 아즐가
西京이 셔울히 마르는
위 두어렁셩 두어렁셩 다링디리

이렇게 시작하는 이 노래는, 작자와 연대를 알 수 없는 14연으로 된 속요이지만 반복구와 후렴구를 빼면 전체적으로 단 3개의 시적 단락으로 압축시켜 생각할 수 있는 작품이다. 여기서 최장수의 고시가해설을 참고하면서 셋째 단락만을 예문으로 선택하여 물의 상상력과 한의 이미지를 살펴 볼 것이다.

(3)

대동강이 넓은 줄을 몰라서
배를 내어 놓았느냐, 사공아　　　　(대동강 + 배 = 뱃사공)
네 아내가 음란한 줄을 몰라서
떠나는 배에 얹었느냐? 사공아　　　(아내 + 떠나는 배 = 나그네)
대동강 건너편 꽃을
배를 타고 가면 꺾을 것입니다.　　(물 + 건너편 꽃 = 인생)

예로부터 강을 이미지화시킬 때는 세월과 한탄 아니면 단절이나 절망 그 어떤 한계선의 개념으로 비유하거나 형상화되었음은 앞에서도 논한 바 있지만, 대동강 물을 앞에 놓고 임은 소망도 애걸도 다 뿌리치고 배에 오른다. 이 여인에게 있어서 이 강은 임과 자신을 영원히 갈라 놓는 한없이 길고 넓은 강이 되어 버렸다. 이처럼 우리 시문학에서 이별을 이미지화시킬 때면 대부분은 강물을 배경으로 하여 형상화되고 있음을 볼 수 있다. 그래서 강물은 단절이요 절망이요 인간이 부딪치는 세월 속의 눈물이나 한숨의 공간이 되고 있는 것이다. 때문에, 강물 앞에서는 절망도 느끼고 체념(諦念)도 배우면서 살아 온 세월들이 존재하고 있는 것이다. 이것이 바로 우리 조상들의 정서인 것이다. 이 여인도 이렇게 기가 막히는 강물 앞에서 드디어 자기와는 손이 닿을 수 없는 먼 세계로 떠나는 임을 보고 본능적인 애원(哀願)을 하다가 그 임을 다른 여인에게 빼앗길

것을 상상하고 치정(痴情)까지 느끼고 있는 것이다. 그러나 누가 그것을 추하다 할 것이며 삶의 의미를 더럽힌다고 하겠는가? 오히려 뜨거운 정과 솔직한 감정에 살아 있는 한 여인의 시름만을 보고 있는 것이다.

대동강 나루터까지 뒤좇아 온 여인은 먼저 사공을 나무란다. 어쩌자고 당신은 이런 엄청난 짓을 하느냐고. 그러나 임이 배에 오르는 것을 보고는 "너의 아내는 품행이 나빠 바람이 나돌아 치는데 그것이나 살필 것이지 어찌 남의 임을 배에 싣느냐?고 사공에게 엉뚱한 투정을 한다. 그러나 배는 힘차게 기슭을 떠나는 것이다. 그 때 이 여인에게는 강 건너에 있을 그 어떤 아름다운 여인을 생각하게 되고 그래서 한 여인에게는 마음에 응어리 곧 한을 만들고 있는 것이다. 인간은 결국 사공도 되고 나그네도 되었다가 이것은 다시 시드는 꽃이 되어 한숨을 토하는 인생이 된다. 때문에 농밀된 애정(愛情) 앞에서 인고의 세월로 전이된 한의 온상으로 인식하는 것이 타당할 것이다.

4. 물의 상상력과 이미지의 시론

우리는 물을 제재로 하여 전개되는 심리적 · 정신적 또는 상황적 상상력의 세계를 여러 가지 모습들로 접근하고 있다. 앞에서는 우리 나라 고시가에 나타난 물의 상상력과 한의 원류를 분석해 보았지만 이것은 결코 당대의 배경 속에서만 존재했던 것은 아니고 지금도 우리 나라 현대시의 흐름 속에서 그대로 이어지고 있음을 발견하게 될 것이다. 비록 우리 나라 현대시의 시사가 짧다고는 하지만 그러나 1908년 최남선의 신체시 〈해에게서 소년에게〉로 출발하여 다시 새 천년을 맞이하고 있다. 이러한 시점에서 우리 현대시에서 형상화되어 나타나는 물의 상상력과 물의 이미지(image)를 고찰한다는 것은 매우 큰 의미를 지니고 있다.

그러면, 여명의 물결을 타면서 등장된 육당의 작품 〈海에게서 소년에게〉를 접해 본다.

1)
처얼썩 처얼썩 척 쏴아아.
때린다 부순다 무너 버린다.
태산같은 높은 뫼, 집채같은 바윗돌이나,
요것이 무어야, 요게 무어야.
나의 큰 힘 아느냐 모르느냐, 호통까지 하면서,
때린다 부순다 무너 버린다
처얼썩 처얼썩 척 튜르릉 꽉.
2) - 6) 연은 생략

"요것이 무어야, 요게 무어야 …" 여기에는 힘의 논리도 잠재되어 있겠지만 그러나 심리적인 그 어떤 마음의 분통과 억울함이 응어리가 되어 통한의 역사와 함께 개현(開現)되고 있음을 알 수 있다.

이 작품은 〈소년〉 창간호에 실린 우리 나라 현대시의 개막을 알린 여명의 작품인 것이다. 물론 새로운 세대들에게 꿈과 희망을 심어주는 공간으로 바다와 파도가 설정되어 나타나고 있지만 그러나 바다는 깊고

넓고 그리고 알 수 없는 어둠의 세계까지 포용하고 있다는 데에 시적인 이미지를 지닌다. 특히나 우리 민족의 독립사상과 그 젊은 의지를 바다 그리고 파도를 통하여 그 어떤 기대를 상징하고 있으면서 순진무구한 새로운 세대들을 통하여 우리 민족의 미래가 희망차게 전개될 것을 염원하고 있다. 혹하여 바다는 난폭한 존재로 아니면 죽음의 세계로도 이미지화 할 수 있다는 논법이다. 한탄과 미래가 바다와 함께 상존하고 있다는 것이다.

"처얼썩 처얼썩 척 쏴아아"
"처얼썩 처얼썩 척 튜르릉 꽉"

특히 이 작품은, 전통적인 시의 외형률을 깨뜨린 최초의 신체시로서 구어체의 사용과 의성어와 의태어를 적절히 사용한 점인데 어쩌면 흥분도 한탄도 함께 흐르고 있다는 점이 특이한 것이다. 그리고 인간의 의지력에 대한 적 또는 대립자로도 나타나고 있는 것이다. 노아의 홍수처럼 약한 자는 모두 죽고 강한 자만이 산다는 논리로 결국 파괴되면서 강해진다는 교훈도 우리에게 남겨 주고 있는 것이다. 물과 공기의 결합에서 나타나는 파도는 소리를 동반하면서 새로운 시적 메시지를 우리에게 전달하고 있는 것이다.

그러나 김동명의 작품 〈내 마음은〉은 그것이 아니다. 각 연에 있는 첫 행만을 인용하여 보면,

1연 첫 行은, 내 마음은 "호수"요

2연 첫 行은, 내 마음은 "촛불"이요
3연 첫 行은, 내 마음은 "나그네"요
4연 첫 行은, 내 마음은 "낙엽"이요

가곡으로도 작곡되어 애창되고 있는 작품이지만, 호수는 사랑에 대한 기쁨 · 추억 · 그리움 · 애달픔같은 평이한 매체로도 형상화되어 나타나고 있다. 그러나 이 작품에서 제시하는 독특한 기법은 마음을 형상화시키는 데에, 각 연 첫 행에는 "호수"와 "촛불"과 "나그네" 그리고 "낙엽"이 바람에 일면서 뱃전에 부서지는 눈물의 미학으로 개현되고 있음을 발견하게 된다.

문제는, 그 흐름 자체는 아주 평온한 것 같은 이미지 집합으로 여길 수도 있겠지만 사실은 그것이 아니다. 루마니아의 심리학자 바르부(Zevedei Barbu)는 이와 같은 현상을 집합적 정동체험(情動體驗 Collective emotions)이라고 말한다. 즉 인간은 여러 가지 자극을 받게 될 때 경험하게 되는 집합적인 공포와 불안 또는 분노나 어떤 두드러진 감정들 곧 마음속에 맺혀 있는 복합적인 정서들을 지니고 있다는 것이다. 좌절과 희망과 그것에 따른 증오심, 원상회복에의 열망까지도 하나로 묶어서 한의 원류로 볼 수 있다는 논법이다.

그리고 그의 시 〈밤〉을 접해 본다.

밤은
푸른 안개에 쌓인 호수 (안개 + 호수 = 밤)
나는

잠의 쪽배를 타고 꿈을 낚는 어부다.　　　(쪽배 + 어부 = 나)

이 시는 결국 고독과 자기성찰을 주조로 하는 낭만과 인생의 허무를 형상화시킨다. 비록 전체가 4행에 27자로만 이루어진 단시이긴 하지만 밤과 호수, 나와 꿈을 낚는 어부의 이미지화 그 속성에는 무엇이 잠재되어 있다. 안개에 쌓인 그 공간은 우리들 마음에 어떤 혼란으로 가득한 것이다. 결국 "밤"과 "나"라는 두 개의 시점을 나열한 데 불과하지만 그러나 밤은 푸른 안개에 쌓인 호수로 비유하고 있기 때문에 그 호수가 지니고 있는 심리적 요인이 문제가 될 것이다. 심리적 갈등이나 시각적 혼란을 심연의 신비로 형상화시키고 있는 것이다. 여기서, "심연의 신비"가 만들어 내는 여러 가지 시적인 이미지가 바로 우리 마음을 자극하고 있는 것이다. 이 자극의 시점은 어떻한 콤플렉스(Complex)로 발전할 것인가(?)를 생각하게 될 것이다.

그리고 유치환의 작품 〈그리움〉을 보자.

파도야 어쩌란 말이냐
파도야 어쩌란 말이냐
임은 뭍같이 까딱 않는데
파도야 어쩌란 말이냐
날 어쩌란 말이냐

"파도야! 날 어쩌란 말이냐 …" 사랑하는 임을 뭍에 대비시켜 파도에 그 시름을 달래보려는 기대와 애정이 보인다. 이 작품은 유치환의 초기 작품으로서 불과 5행밖에 안 되는 시이지만 "파도야 어쩌란 말이냐… 날 어쩌란 말이냐" 중복되는 특이한 구성법 때문에 결국 바다와 파도라는 시적 공간으로 하여금 그리움에 대한 애절한 사랑이 잘 드러내고 있는 것이다. 고독과 슬픔, 체념을 터득하면서 걸어가는 사랑 그리고 부서지는 저 파도소리, 저미는 마음의 갈등 이것들이 관용과 상실감 사이에서 한의 정서로 발전하고 있다.

다음 시는, 민족문학의 정설로 등장된 변영로의 〈논개〉를 접해 본다.

임진왜란 당시 왜군들에게 진주성까지 빼앗긴 우리 겨레는 울분을 토하고 있었다. 이 때 논개는 촉석루 술자리에서 왜장(倭將)을 껴안고 남강으로 투신 함께 떨어져 죽는다. 민족적 저항 의식인 것이다. 이러한 통한의 역사와 함께 설움과 제반 억압에서 연유한 일종의 출현적(emergent)인 형식으로만 등장된 것이었을까? 그 억울한 아픔과 부당한 박탈 의식은 바로 한의 표본을 만든 것이다. 그 통한의 설움이 강한 어투로 강물에 투사되어 문학적으로 승화된 것이리라.

시

거룩한 분노는
종교보다도 깊고
불붙는 정열은
사랑보다도 강하다.
아, 강낭콩꽃보다도 더 푸른

그 물결 위에

양귀비꽃보다 더 붉은

그 마음 흘러라

B]

아리땁던 그 아미

높게 흔들리우면

그 석류 속 같은 입술

죽음을 입맞추었네

아, 강낭콩보다도 더 푸른

그 물결 위에

양귀비꽃보다도 더 붉은

C]

흐르는 강물은

길이길이 흐르리니

그대의 꽃다운 혼

어이 아니 붉으랴,

아, 강낭콩보다도 더 푸른

그 물결 위에

양귀비꽃보다도 더 붉은

〈논개〉 전문

논개의 숭고한 애국 정신을 제재로 삼아 우리 민족의 쓰리고 아픈 울분을 통한의 시로 승화시킨 유명한 작품이다. 남강(南江) 그렇다! 그 통한의 물결은 지금도 흐르고 있다. 그의 거룩한 혼(魂)은 지금도 그 곳에 살고 있는 것이다. 그의 참담한 분노는 종교보다도 더 강하게 돌출된다. 왜장의 술자리에는 벌써부터 준비된 죽음이 도사려 있었던 것이다. 지금도 흐르고 있는 남강에는 그러한 그의 숭고한 넋이 살아 있는 것이다. 이와 같은 통한의 설움을 미학적인 정서로 형상화시킨 작품이 〈논개〉인 것이다. 민족문학의 정설은 그렇게 뚜렷하지는 않지만 그러나 우리 민족만이 지니고 있는 그러한 한의 작품들은 우리 민족문학으로 평가되어야 마땅할 것이다. 논개의 순국을 엄숙하고 거룩하게 여기는 이유는 바로 여기에 있는 것이다. 남강, 그 유구함이 그의 헌신적인 애국심을 영원한 문학으로 발전시키고 있는 것이다. 종교보다도·사랑보다도·강낭콩꽃보다도 더 푸른, 양귀비꽃보다도 더 붉은 그러한 민족적 절규가 역사를 상징하는 푸르른 그 물결 위에 더욱 강하게 흐르고 있다. 우리 민족 전체가 안고 있는 한탄과 원망이 함께 어우러져 언제나 흐르고 있는 것이다.

5. 결 론

이상에서 필자는, 시문학을 통하여 형상화되어 나타나는 물의 상상력과 이미지(image)의 세계를 살펴 보았다. 그리고 작품이 지니고 있는 한의 모습과 원류도 접근해 보았다. 결국, 한의 미학적인 실마리를 찾을 수 있었던 것은 심리적 갈등이나 정신적 충격에 의해 나타나는 긴장과 연민의 정서에서 비롯되었으며 여기에는 슬픔을 노래한 것이거나 탄식 아니면 어떤 상황에 대한 욕구이거나 모순에서 비롯되는 경우가 일반적인 현상이었다. 특히나 물은 생명을 만들었고 인류문명을 탄생시켰기 때문에 이로 인하여 이어지는 심리적 정신적인 마음의 응어리도 이러한 정서에서 발원되고 있음을 발견할 수 있었던 것이다. 바슐라르(Gaston Bachelard)의 물의 이론에서, 시냇물이나 강이 흐르는 곳에서 태어난 사람은 물에 의하여 그의 무의식이 지배된다고 하였다. 즉 물의 상상력은 인간이 물과 직접 접촉을 가지게 되면서 자연히 생활 감정에 다가와 문학으로 상존하게 된 것이다. 이러한 관점에서 문학에 있어서의 물의 이미지 분석은 당연한 논리로 등장하는 것이다. 시문학에 나타나는 애한이나 정한은 막연히 눈물의 미학으로만 처리되는 것이 아니라 외로움이나 슬픔의 현실에서는 체념도 배우게 된다. 그래서 증오와 원망도 함께 어우러지면서 한을 만들게 되는 것이다. 때문에 한은 마음의 사슬로 맺힘하는 상징적인 이름으로 존재하는 것이다.

이렇게 물을 제재로 하여 전개되는 심리적 정신적 상상력의 세계는 여러 가지 모습들로 형상화되기 때문에, 소극적인 의미에서는 마음의 상처이지만 적극적인 의미에서는 심리적 정신적 어혈로 나타나는 것이다. 때문에 우리 시문학에 있어서 물의 상상력과 그 이미지 속성은 특이한 정서로 언제나 상존하게 될 것이다.

섬과 고독, 도지는 고질병 다시 그리움

- 시인 고성기의 〈가슴에 닿으면 현악기로 떠는 바다〉 -

1. 머리말

시인 고성기의 섬(島)은 소유도 대가도 바라지 않는다. 오직 바다가 있기 때문에 애정과 그리움으로 존재가치를 지니게 한다. 그러나 그것들은 외로운 것처럼 고독한 것처럼 보이지만 그의 정체는 사랑이라는 보이지 않는 작은 서정으로 한결같은 것이다. 조율된 선율로 마음속에 살아 움직이고 있다는 사실이다. 어쩌면, 시문을 잘 짓는 사백(詞伯)들이 잠시 걸었던 귤빛 시심에 불과할 수도 있을 것이다. 그러나 섬과 고독은 그렇게 단순한 정서일 수가 없다는 논리다.

시인 고성기의 첫 시집 〈섬을 떠나야 섬이 보입니다〉라는 시제가 떠오른다. 시인은 섬을 가리켜 마음의 고향 곧 유토피아(Utopia)적인 문학세계로 점지하고 있으면서 더 나아가 형이상학적인 낮은 음계의 현악합주(String Orchestra) 속성으로 받아드리고 있는 것이 특징이다. 이와 같은 현상은 그의 정형시 〈섬사람 섬에 살아도〉에서 각 종장에 처리된 형상화의 기법들을 통해서 그러한 예를 맛보게 될 것이다.

A) $\dfrac{\text{섬사람 / 섬에 살아도 / 섬 하나 묻고 삽니다.}}{\text{(또 다른 섬 - 유토피아의 정서)}}$

B) $\dfrac{\text{섬사람 / 바다 한 복판 / 등불 들고 삽니다.}}{\text{(마음의 등불 - 이미지의 정서)}}$

이 작품은, 3장 6구의 기본적인 정형을 바탕으로 두 수로 구성된 전형적인 현대시조 종장 부분들이지만, 첫 수(首) 초 . 중장에서 형상화된 파도소리와 산새소리를 통해서 정서의 유영을 표출시켰는가 하면, 둘째 수(首) 초·중장에서는 원혼 굿 속에 피고 지는 갯가의 동백으로 삼십 년 세월을 노래하고 있다. 외롭고 안타깝게 숨을 죽이고 서 있는 고독의 실체를 발견케 하는 대목이다. 각 수(首) 종장 A)와 B)에서 내딛는 섬과 고독에 대한 정서와 존재의 가치는 여기서 그 의미를 지니게 한다. 어쨌든 섬과 고독 그 자체는 단순한 그리움이나 외로움의 정서가 아니고 사랑의 속성을 전제로 하는 다변적 내심의 소리들로 꽉 차 있는 것이다.

필자는 이러한 상황들을 두 번째 시집 〈가슴에 닿으면 현악기로 떠는 바다〉를 접하면서 그 소리들을 듣고자 한다. 소리들을 듣고자 한다.

2. 섬 고독, 버릴 수 없는 연가

시인 고성기는 섬과 고독을 내심의 동화처럼 데생(dessin)하면서 이미지(image)화 시켜 나아간다. 그리고 마음속 사랑의 연가로 모티브(Motive)화 시키는 데 성공한 작가다. 그리고 그의 작품에는 바다라는 시적 공간을 많이 설정하고 있는데 그것은 결국 섬의 실체를 입증케 하자는 이원성의 기법으로 이해하고자 한다.

바다는 바로 이미지의 세계다. 바다는 생명의 원천이면서 또한 알 수 없는 깊은 형상화 세계인 것이다. 벤야민(Walter Benjamin)이 말하는 예술의 원천적 기능을 함께 구유하고 있는 그러한 세계가 될 것이다. 가시적이면서도 비가시적인 리듬과 침잠, 적막까지도 포용하고 있다는 신비주의적 원리로도 접근되고 있는 대상이 바로 바다인 것이다.

결국 섬은 바다가 있기 때문에 존재가치를 지닌다. 그리움의 이정표이면서 삶의 버팀목인 것이다. 고독은 외로움이나 소외됨 아니면 인생의 뒤안길 그러한 심리적 정신적 실상들이 아니라 바로 사랑 그 자체로 내면을 꾸미고 있기 때문에 고독이라는 어사는 여기서 진가를 발하고 있다. 사랑이 전제되지 않고서는 고독이란 어사는 존재할 수 없는 것이다.

그의 작품 〈파도〉를 통해서 접근해 본다.

부서질 줄 아는 사람
외로운 섬

파도 됩니다
바다, 그 아무리 넓어도
발끝까지 어루만져
그리움
보석처럼 빛나
별로 뜨는
섬 하나
섬 둘.

〈파도〉 전문

이 작품은 자유시의 정서를 갖춘 현대시조이다. 섬의 정체는 역시 인간 내심의 소리로 형상화 된 파도소리로 존재하고 있다. 때문에 섬은 생명을 지니고 있다. 섬과 파도와의 관계는 버릴 수 없는 숙명적인 관계로 이미지화 되었을 것이다. 그렇다. 숙명은 뒤에서 날아오는 화살이요, 운명은 앞에서 날아오는 화살이라 했던가. 우리들 인간은 이 두 개의 화살 사이에서 언제나 방황하고 있다. 또한 삶과 죽음을 헤아리면서 많은 갈등과 고통까지 체험한다. 섬(島)과 또 하나의 섬(나) 사이에 놓인 그리움 역시 숱한 시련과 인고의 세월을 거쳤기 때문에 보석의 빛으로 개현(開現)되어 결국 불변의 원리인 별(星)로 승화되어 나타난다.

그리움은 곧 사랑이 전제되어 있고 섬은 또한 고독을 만들어 놓고 말았다. 과거는 괴롭지만 추억은 아름다운 것이라 했던가. 실로 제한된 음수를 통해서 외로운 섬 하나가 이렇게 고독과 별이 되어 또 하나의 섬으로 형상화된 것이다.

다가가 밀물이거나 돌아서 썰물일 때도 / 항상 그 깊이 그 높이로 노래했거늘
그대를
가슴에 넣으면
현악기로 떠는 바다.

파도야 네가 언제 내 가슴을 친다 했나 / 모랫벌 깊이 묻은 상처까지 붉게 덧나
하루를
부둥켜안고
타악기로 우는 바다.

〈내 마음의 바다〉 전문

첫 연에서는 순리의 상징적 존재로 등장시킨 밀물과 썰물의 리듬을 통해서 바다는 아스라하게 떨고 있는 바다로 의인화 시켰음이 특이하다. 마치 심포니(Symphony)의 선율 앞에서 유연하게 춤을 추는 발레(Ballet)를 접한 것 같은 느낌마저 외면할 수 없는 것이다.

그런데 둘째 연은 그렇지 않다. "파도야 네가 언제 내 가슴을 친다했나" 아주 절박한 심회가 괴로움과 고통으로 나타나 바다는 결국 우는 타악기로 면모를 바꾸고 있다. 어떻게 보면 형이상학적인 이론과 실제의 상황적 정서를 조화시키는 기법으로 볼 수 있다. 시는 순수성의 확대 즉 서정과 현실을 상반된 시각으로 조화시켜 시도할 수도 있고 또한 그것을 소리와 색채, 부재와 환치의 개념을 통하여 주목을 끌 수도 있다.

다음은, 〈무인도〉라는 연시조 각 종장에 나타난 형상화의 시상들을 통하여 "자아(自我)"의 성찰시점을 감상차원에서 접근할 필요가 있다.

A)

파도에 / 제 살을 깎아 / 좌선하는 수도승 .... 좌선(坐禪) 禪道의 길

B)

무언의 / 긴 설법으로 / 날게 하고 잠들게 하고.......... 무아(無我) 沈默의 길

C)

고독은 / 타고난 죄업 / 인간만의 굴레인 걸 .... 업보(業報) 省察의 길

D)

둥둥 떠 / 뿌리조차 없이 / 흘러가는 섬이네 .... 윤회(輪回) 攝理의 길

시인이 의도하는 절실한 고향은 어디란 말인가. 잠시 바람 따라 구름 따라 나그네가 된 기분으로 무인도를 찾아 본 것이다. 좌선을 통해서 얻은 선도(禪道)의 길이란 도대체 어떤 길이란 말인가? 침묵을 통해서 터득한 무아의 경지란 도대체 어떠한 곳인가? 인간만의 굴레인 그 많은 업보들은 성찰을 통해서 과연 고해가 된다는 말인가? 작가는 이러한 고민 속에서 상당한 고통을 체험한 흔적이 여실히 포착되는 작품이다. 누가 찾아주지 않는 무인도 곧 작가 자신은 마치 인생론적인 짧은 에세이에 잠시 머물고자 하는 나그네의 존재가 되기도 하지만 그렇다고 그냥 단순한 여행자로 생각하기에도 미안스러울 정도다. 그래서 현실을 중시하면서도 불교적 관점에 입각하여 형상화 된 시상으로 이해하고자 한다.

이러한 형태의 시는 〈오늘은 강물로 흐르겠습니다〉라는 작품에서도 찾아 볼 수 있었다.

솔밭 사이로 흐르면 솔향이 묻는 답니다 / 억새, 그 발 밑을 흐르면 질긴 삶이 다가서고
활활 타
당신 곁에선
저녁놀로 흐릅니다.

물의 상상력은, 인간이 직접 물과의 접촉을 통해서 또한 그렇게 함으로써 물의 근원적인 이해 내지는 또 다른 세계로 형상화되는 것을 발견할 수 있다. 이것은 단절이나 한숨 그리고 안타까움으로도 나타나기도 하고 아니면 고독한 상태의 범 자연적 나르시스(narcisse) 와 같은 이미지의 세계로 승화될 수도 있다. 강물은 인간의 삶과 죽음을 가늠하는 선(線)의 개념이나 세월이나 시간으로도 표출된다. 때문에 눈물이나 갈등 구조 속에서 우리들 마음을 항상 지배하는 카론 콤플렉스(Chalon complax) 이론 역시 존재하는 것이다. 인연이라는 질긴 끈을 놓고 그대로 점지되고 있는 것은 바로 "저녁놀" 그것이다. 문학에 있어서 "노을"이 지니는 이미지의 속성은 노을은 결국 "짧다"라고 하는 데 의미부여를 많이 할 것이다. 마찬가지로 억새와 솔향 사이에서 형상화된 '저녁 노을' 과 같은 존재, 그것은 한 폭의 그림 속으로 빠져들고 말 그러한 존재일 따름이다. 그 의미가 깊고 다변적 공간인 것이다.

프랑스의 상징주의 시인 말라르메(Mallarme)의 단 한 줄로 된 단편적인 시를 연상시킨다.

"잠자고 있는 물 속에서 세계가 휴식한다"

이 작품은, 물을 통한 일상적인 범주이거나 아니면 그를 떠난 고도의 상상력의 세계를 의식할 수 있도록 돕고 있는 작품의 한 예가 될 것이다.

3. 시는 고향같은 사랑

시는 짧은 글이다. 시는 언어를 통해서 일상의 탈출을 시도하려는 데 통일성을 지닌다. 그렇기 때문에 갈고 다듬는 정성이 필요한 것이리라. 여문 어휘들의 넓은 공간인 문학적 이미지 세계로 탄생되도록 노력해야 한다. 여기에는 알게 모르게 흐르는 숨길과 체온이 살아 움직인다. 이것이 바로 예술적 여운이요 문학적 생명이 되는 것이다.

넓은 들 잘 여문 어휘
질근질근 밟고 털어

푹 삶아
항아리 가득
꼭꼭 눌러 익혀두고

놋수저 허리 휘게 떠다
한 편 한 편 맛을 내다.

〈詩集같은 사람〉 중에서

중장에서 처리된 시적 분위기는 초장에서부터 이어지고 있지만, 종장인 주제 연은 풍요로움과 환희까지 포함된 분위기를 주고 있다. 그러나 한 편의 작품으로 완성되는 순간은 엄숙함과 정성 됨됨이 있어 마치 혼돈(混沌)과 카오스(Chaos)의 어두운 밤에서 새롭게 탈출한 환원된 공간이 되는 상징적 원의(原義)를 지니게 하고 있다.

그래서 시심은 독백을 이겨내고 겨울을 참으면서 마음의 여유를 다스리고 있는 것이다. 또한 넉넉한 산하 역시 따라비 오름 앞에서 된바람도 녹게 만들고 회오리바람도 쉬게 만드는 여유를 명상으로 표출시키고 있지 않는가. 또한 섬에서 태어난 운명의 고리들을 일출을 통하여 해갈시키고 있는 것이다. 어찌 그 뿐이랴. 파도에 씻겨 가는 작은 전설들까지도 버리지 못하고 있다. 제주는 이렇게 시집(詩集)같은 고향으로 마음을 달래면서 줄곧 많은 전설을 만들고 있는 것이다.

그래서 이모님의 따스한 정을 설정하여 팔 남매의 사랑을 만들었고 또한 수저 여덟 개의 시적 공간을 서정적으로 노래하였던 것이다. 이것이 바로 지금의 구좌읍 지경의 대천동, 별장 아닌 별장인 것이다. 이모님은 그렇게 외진 곳인데도 마다하지 않고 금잔디 풀을 고르면서 삼나무 숲을 지키고 있지 않는가. 팔 남매를 키운 정은 삼나무 시심으로도 잘 나타난다.

나누면
거칠어도 좋은
둘러앉은 수저 여덟 개.

〈삼나무 숲에 서서〉 중에서

시는 작가의 내면적 혼이 살아있는 정서가 필요한 것이다. 혼과 내면적인 정서들이 시심의 세계로 조화를 이루지 못한다면 그 작품은 독자들로 하여금 큰 감화를 얻지 못할 것이다. 가장 순수한 영혼으로 서정적 시어들을 통하여 끊임없이 흘러가는 것이 시인 것이다.

괭이밥, 질경이, 클로버, 피막이처럼 잎 넓은 놈에서부터
쑥, 무릇, 칡덩굴같이 뿌리깊은 것까지
사정없이 뽑는다 모가지라도 비튼다

-- (생략)

잔디가 꽃밭에 가면
장미라도 잔디밭에 나면

버림받은 풀이된다. 잊혀진 여인이 된다

-- (생략)

〈잡초를 뽑으며〉 중에서

이와 같은 시적 소재들은 아주 단순하면서도 그저 감각적 실체로만 보일 수도 있겠지만 그러나 시인은 자연이라는 공간에 혼을 접근시켜 상징적 이미지로 형상화시킨다. 여기서 서정적 정체성은 그 빛을 발하게 된다.

시는 이렇게 시고 설다. 상당한 시련과 고통을 거쳐야만 하나의 완성된 생명으로 탄생되는 것이다. "밤 밝혀 시를 써도 어제처럼 시고 설다 /

고뇌도 한철은 익혀야 머루처럼 맛이 든다 / 감처럼 시도 익혀야 아이라도 따먹지." 비록 큰 유산은 아닐지라도 문학은 일련의 동심처럼 순수하게 보이면서도 야무진 "머루"와 "감"을 완성시킨다. 그래서 "사라악 / 한라 구절초 / 누가 봐서 곱게 피나" 이렇게 고향에 대한 향수로 메말라 가는 정서를 달래주고 있는 것이다.

4. 도지는 고질병 다시 그리움

시인 고성기는 책갈피 자서(自序)에서 다음과 같이 말하고 있다.

"인간의 원초적 그리움은 그 끝이 어디일까. 사랑, 그 그리움은 50넘은 나이에도 용광로처럼 타오르기도 하고, 때로는 제풀에 죽어 저절로 꺼져버리기도 한다. 그러나 나에겐 무의미한 작업일 수가 없다. 어쩌면 죽을 때까지 지고 가야할 죄업인지도 모른다."

사랑과 애정을 모토(Motto)로 하는 어쩔 수 없는 그리움, 그것은 그의 문학적인 애정과 기교적인 사랑의 시어들인 것이다. 지극히 소박하고 진솔한 고백인 것이다. 주목할 것은 인간애인 것이다. 투명한 시적 논리 속에 새롭게 태어나는 그리움은 다름 아닌 인간애 속에서 자라는 사랑 그 자체인 것이다.

그렇다면 사랑이란 정체는 도대체 어떤 것일까. 사랑은 아름다우면서도 환상적인 것이다. 사랑은 행복과 불행 사이를 유영하면서 많은 갈등과 대립적 관계를 조장하는 그런 존재인 것이다. 때문에 고통과 슬픔, 분노와 한숨들을 짊어지고 아스라하게 비행하는 덧없는 논리가 사랑일 수가 있다. 교육도 사랑, 종교도 사랑, 철학까지 그 본영은 사랑이라 하는 것은 무슨 까닭일까. 문학 역시 사랑이 아닐 수 없는 것이다. 문학에 있어서 형상화되는 그리움이나 고독, 눈물이나 한숨 저주 그 어떤 마음의 응어리까지도 이러한 사랑 때문에 나타나고 있다. 바로 이것이 사랑의 실체인 것이다.

인간은 미완성의 존재로 태어난다. 때문에 인간은 완성에 접근코자 하여 찾고 헤매면서 쓰린 고통을 체험하였던 것이다. 그래서 찾은 것은 사랑이 담긴 못 보낸 편지일 것이다.

'사랑한다' 너무 눈부셔 / '보고싶다' 했습니다

봉투에
.... 넣다
.... 보다
책상서랍에 두었지요

시간은 그 말을 바꿔 '그리움' 이라 썼대요

〈못 보낸 편지〉 전문

시인 고성기는 일반적으로 문장기호 사용을 절제하거나 거부하는 작가다. 대부분의 작품에서 이러한 예를 많이 발견되고 있는데 그러나 유독 이 작품에서는 그것이 아니다. "못 보낸 편지"에 대한 아쉬움이 지금도 마음을 아프게 하는 것이다. '사랑한다' . '보고싶다' 이러한 '그리움' 들을 싣고 봉투라는 공간으로 끌어들여 결국 '...넣다' . '...보다' 망설이는 이러한 시적 기교가 부담 없이 흐르고 있는 것이다. 결국 못 보낸 편지는 긴 시간이 흘러갔어도 그대로 책상서랍 즉 '마음' 에 묻어놓고 세월만 보고 있다는 안타까움과 순수함이 돋보이는 작품이다.

이러한 시정은 〈사랑하는 이의 가슴엔〉에서도 잘 나타나고 있다. 도해한다면,

연인들 가슴속엔

아픔
\+ ------------------------------ (연상 작용)
눈물

빈 가슴에 잠드는 것

연인들의 '가슴 속' + '아픔' + '눈물' 이러한 연상 작용을 통하여 '별' 이 된 고독과 빈 가슴에 잠드는 그러한 사랑이 존재하고 있을 뿐이다. 그리우면 뜨는 것은 결국 연인들의 사랑인 것이다. 그리고 작가는 '하나' 에 대한 시적 기교를 많이 도입하고 있다. 〈하나는 숨겨두세요〉에서의 '하나' , 〈원두막〉에서는 '하루' 로, 〈병명 모름〉에서는 '점 하나' 로, 〈사랑에게〉에 '한줌의 재' , 〈당신 지우기〉에서는 '하나씩' 으로, 〈차

한 잔 앞에 놓고〉에서는 '한 잔' …… 이렇게 "당신"과 "하나"라는 수(數)의 개념 속에서 공감각적 이미지 세계를 지향하려는 시도가 참신하게 보인다. 예컨대, 외로움이라든가 뒤안길 같은 의미로 시를 썼다면 여기에는 분명 마음속에서 그리는 "당신"과 오직 하나만을 위한 이미지 내지는 "고독"이라는 이미지 세계가 자연스럽게 연상되었을 것이다. 이는 이미지의 시적 기교라 말할 수 있는 것이다.

5. 대천동에 달뜨면 당신은

작품 〈늘 거기에 서있는 당신은〉에서 '당신' 은 도대체 어떤 대상이란 말인가. 전문을 통해서 그 실체를 찾아보기로 한다.

> 내 안에 있는가 하면 어느새 밖에 있고
> 안 보는 것 같아도 조용히 지켜보는
> 그 자리 늘 바람으로 더위 막아섰습니다

초장에서 제시된 '안' 과 '밖' 의 표리(表裏) 관계는 마치 서로 상반된 공간이나 수미(首尾) 관계로 착각할 수도 있다. 그러나 그것은 보이지 않는 "마음" 그 자체인 것이다. 안 보는 것 같아도 조용히 지켜보는 자는 도대체 누구일까. 그것은 바로 감나무 뜰에 그늘로 언제나 나를 지켜주고 있는 '사랑' 인 것이다. 그러나 종장에서 처리된 "늘 바람으로"에서 "바람"이 지니고 있는 시적 뉘앙스는 어쩌면 그늘에 상반되는 강(强의)의 개념으로 그 이미지는 불안의 요소로 직감할 수도 있을 것이다. 그늘이 지니는 시적 이미지로 변화를 시도했으면 하는 욕심도 있지만 어쨌든 아내에 대한 사랑, 당신에 대한 존재 가치는 극치를 달린다.

이러한 시상은 〈당신〉이라는 작품에서도 이어지고 있다.

안개 자욱한 날에도
산을 오름은
그 모습
그 자리에 있다는 믿음입니다.
바람이 불어도
있어야 할 곳에
그 만큼의 부피로 자리하여
나를 누르는 무게

당신은
곧 산입니다

〈당신은〉 전문

다 갚질 못할 당신에 대한 사랑을 "무게"와 "산"에 대비시켜 비유하고 있다. 안개와 산이라는 시적 공간에 믿음으로 서 있는 당신의 모습이 얼마나 떳떳한 것인가. 설사 바람이 분다 해도 얼마만큼의 무게가 있기 때문에 그 또한 든든한 것이다. 설사 홍수가 진다해도 높은 산이 있기 때문에 그 또한 걱정 없는 것이다. 이렇게 부부애는 결혼 25주년을 맞이하면서 더욱 빛을 발하고 있다. 〈銀婚을 앞두고〉를 참고로 도해 접근한다면,

흐른 시간
+
아들 딸 엄마 아빠로
밉고 곱던 우리 사랑은
+
넘치지 않게 흐르는 강

'흐른 시간과' 흐르는 강과의 부연관계 사이에는, 엄마 아빠의 모습은 당연하고 아들과 딸들에 대한 사랑 역시 대단한 것이다. 마치 오래된 음반처럼 낯설지 않고 조용한 물 무늬를 연상시키고 있다. 넘치지 않는 아주 작은 소망으로 강물에 띄어보내고 있는 것이다.

이러한 시상은 결국 〈夫婦〉라는 작품에서 더욱 아름답게 피어오른다. 이 작품은 일상적인 제재로 구성되어 있지만 그러나 작품의 깊이로 봐서 되려 해설 그 자체가 걱정스러운 것이다. 옥에 티가 될 것 같아 그래서 제각각 감상으로 대신하려는 것이다.

함께 살다보면 입맛마저 같아지고 / 얼굴까지 닮아지면 말다툼도 맛이 든다
등돌려
돌아누워도

발끝부터 따슨 체온

옆집과 견주면은 모자라는 남편이고 / 온종일 뜯어보아도 볼품없는 아내지만

동짓달
얼싸 안으면
동치미가 익는다.

시인 고성기의 이와 같은 시심은 숲과 잡초 곧 자연에서도 찾아보려는 흔적이 보인다.

숲에서 하늘을 보며 가만히 귀를 열면 ---------------- (정중동 시상)
새 나무 바람 햇빛이 우리들 얘길 해요 ---------------- (동화적 정서)
"사람들 참 이상해요. 왜 숨어서만 사랑을 하지?" ----------- (회의적 동경)

〈숲에서 귀를 열면〉 전문

숲을 통하여 순수성을 회복하고 다시 인간사를 회의적 시각에서 탈출시키려는 의도가 여실히 나타난다. 또는 순수를 통하여 동심의 세계를 찾고자 하는 것이다. 돌아가고자 한다.

특히 이 작품에 나타난 "귀"는 어쩌면 애니미즘(Animism)의 정령으로 형상화되었지만 이것을 통하여 세속적 스침과 종교적 만남의 정서를 조율하려는 것이다. 그래서 시인은 〈우리의 삶〉이라는 작품을 통하여 어쩔 수 없는 운명적 삶의 모습들을 조명하고 있다.

(1)		(2)
반환점도 없는		더러는
코스	--- (중략) --	결승선에서
앞으로만 달립니다.		넘어지기도 하는 人生

그리고 작품 〈잡초를 뽑으며〉에서는 작가의 내면 세계가 중요한 시점으로 대두된다. 시는 영혼의 가장 "내면적인 것"들이 집합체가 될 것이다. 하다못해 "민초"들의 삶의 공간을 "잡초"라는 시점으로 형상화시킨다던가, 아니면 자연과 내면의 혼을 시심 기법으로 변화를 시도할 수도 있다. 작품은 이러한 서정적 순간을 위하여 끊임없이 노력하는 것이다.

괭이밥, 질경이, 클로버, 피막이처럼 잎 넓은 놈에서부터 / 쑥, 무릇, 칡덩굴같이 뿌리깊은 놈까지 / 사정없이 뽑는다 모가지라도 비튼다 - 중략 - 아찔다 아, 정신없이 금잔디를 뽑고 있네 .... 잔디 . 장미도 .... 버림받은 풀이된다. 잊혀진 여인이 되고 만다.

이와 같은 시적 소재들은 아주 단순하면서도 감각적인 실체로 접근할 수도 있겠지만 그러나 여기에는 눈에 보이지 않은 심상들이 상징적 이미지로 형상화되어 개성과 감화를 함께 하고 있는 것이다.

6. 맺음말

시인 고성기가 상재(上梓)한 시집 「가슴에 닿으면 현악기로 떠는 바다」는 〈들꽃 축제〉(5부), 〈요가(Yoga)2년 초보자의 노래〉(6부), 제7부 〈

제주민요풀이〉까지 포함시켜서 상당한 작품들이 섬과 고독이 지니는 그리움 속에서 하모니를 이루고 있다.

한결같은 것은, 섬을 통하여 사랑이나 애정을 포용하고 있다는 사실이다. 섬(島)과 고독(孤獨)이라는 가시적인 섬의 실체를 설정하여 고독이라는 비가시적 내심의 소리들을 조화 있게 형상화시키는 데 성공한 작품들이 그것이다. 더욱 중요한 것은 바다라는 공간을 설정하여 섬의 가치와 정체성을 입증케 하였고 이로 인한 삶의 철학까지 접할 수 있도록 하는 여유를 던져주고 있다. 또한 시인이 찾고자 했던 절실한 고향이 되기도 하였다.

바람 따라 구름 따라 잠시 쉬고자 하여 찾은 섬 나그네의 심회가 현악기의 선율로 형상화되어 나타난 것이다. 문학은 이렇게 사랑을 모토로 하는 그러한 감회가 절실한 것이다.

섬에서 태어난 운명의 고리들, 혼돈과 같은 상징적인 어두운 밤에서 새롭게 탈출한 환원된 공간 그러한 상상력의 세계가 더욱 신성하게 느껴지는 것이다. 바닷물에 씻겨 구르기만 하는 한 알의 모래알 속에도 삼천 세계가 있다 하지 않았는가. 더한 문운을 기대해 본다.

섬, 그 고독의 정체성과 시점의 미학

- 시조시인 文山*의 작품세계 -

1. 머리말

문학은 낡은 틀을 벗어 던지고 새로운 흐름으로 변용을 시도할 때 필요한 시점의 미학이다. 또한 시학을 긍정적으로 수용하는 데 있어서 이 정서는 큰 역할을 감당했던 것이다.

비록, 땅 한 평 . 돌 한 점의 교감 속에 내재하고 있는 장르지만 그러나 형상화된 이미지 속의 섬과 고독은 그것이 아니다. 그것은 항상 "이미"와 "아직" 사이에서 언제나 고민하고 있고 또한 아직 찾지 못한 그 어떤 애니미즘(Animism)에서 깊게 머물고 있기 때문에 우리는 그 어떤 고통이 따른다하여도 그것을 체험하면서 넘어가야만 하는 것이다. 기로에 설 수밖에 없는 것이다. 자연과 인간 또는 기도(碁道)에 있어서 흑과 백

* 文山 : 시조시인 문태길의 호

이 지나는 길이 그것이지만 그러나 그 곳에 모름지기 살고 있는 보이지 않은 낮은 소리는 우리들과 함께 영원히 존재하고 있다. 이러한 서정성을 언어라는 매체를 통하여 형상화되어 나타날 때 드디어 문학은 생명을 지니게 된다.

이렇게, 문학이란 풀리지 않은 오묘한 체험 공간 속에서 길손으로 살아 있는 것이다. 까닭 모르게 전달되는 내심의 소리를 찾고 헤매는 나그네가 되어야 하는 것이다. 여기서부터 문산의 작품 세계는 시작되는 것이다.

2. 섬과 돌 한 점의 미학

땅 한 평 갖는 것은 하늘 뜻 아니던가?
바둑판 한 세상에 넓은 뜰이 오간다.
돌 한 점 놓지 못한 한 생애가 더 길다.

이 작품은 문산의 작품 〈 바둑사설 II 〉 전문인데, 결국 "하늘"과 "오간다"의 철학적 논리로 시작하여 종장 "돌 한 점 놓지를 못한......" 에서 시도되고 있는 문학적 현재 시점이 바로 그러한 것이다. "땅 한 평" . "돌 한 점"이 지니고 있는 미적 교감 속에 내재하고 있는 그 무엇이 있는 것이다. 아직도 "돌 한 점"을 놓지 못하는 알 수 없는 이유가 여기에서 생명을 지니게 하는 것이다. 붙잡지 못하는 세월 속에서 리얼하게 묘사되는 타협과 모순의 선을 바둑사설에 묶어 놓는 작가의 내심기법일 수도 있다.

문산의 시조시집 「마라도 등대」에 실려 있는 바둑사설은 10편에 만족하고 있다. 욕심이면 9편이나 아니면 99편이 더 좋았을 것을 하는 아이러니도 있지만 그러나 내심의 포석을 마라도의 섬 하나와 돌 한 점 그리고 바람과 작가의 낮은 아우성이 친분을 주고 있다.

세상은
어딜 가나
설자리가 필요하다.
수많은
생명들이
섬으로 뜬 바닷가

누구냐,
하나의 포구를
포석으로 놓은 자는.

〈바둑사설 I〉 전문

아주 건장한 체구의 소유자는 분명 자연인 것이다. 그런데 여기에 감히 도전하는 자는 누구일까? 이 호통 때문에 돌 한 점은 갈 곳을 몰라 세상을 탓하고 잠시 머뭇거림도 있는 것인지, 떠다니다 잠시 서 있는 섬의 존재가 혹 그러한 것이리라.

한라산 자락에 체온을 공급하는 바다, 생명을 걱정하는 버팀목 마라도의 정서는 외로움 그 자체이면서 희망의 실체이기도 한 것이다.

누구냐 / 하나의 포구를 / 포석으로 놓는 자는 … 참으로 대단한 체구요 우람한 소리의 호통인 것이다. 그 누가 이 "돌 한 점"을 쉽게 본단 말인가. 바둑에 있어서의 점과 선은 무한대의 함수이지만, 그러나 그 "한 점"은 전체의 운명을 결정짓는 무서운 힘을 가지고 있는 것이다. 마라도의 포석 하나가 바로 그것이 아니겠는가.

낙타가
바늘구멍을
지나가는 넓은 세상

수많은
생명들이
제 길을 잘도 간다.

헛디딘
내 발자국은
찾아내도 헛걸음.

〈바둑사설 III〉 전문

내일을 예측할 수 없을 정도로 과학은 급속도로 발전하고 있다. 문명권 역시 가속화의 바람을 타면서 상당한 변화를 몰고 다닌다. 이러한 흐름은 미래학자 토인비(Toynbee)의 문명주기 설이나, 엘빈 토플러(Toffler, Alvin)의 〈제3의 물결〉 예언 속에서도 이를 증명하고 있는 것이다. 어떤 학자는 컴퓨터 자체를 가리켜 "인간이 스스로 만든 무덤"이라고까지 말하고 있다. 이것이 곧 과학인 것이다.

〈바둑사설 Ⅲ〉 초장에서 제시하는 "낙타"와 "바늘구멍"과의 관계는 당연히 현대과학이라는 공간 속에 한 생명이 유영하고 있는 세상사를 짚고 있는 것이다. 결국 우리 인간은 "헛디딘 발자국"처럼 항상 시행착오를 거치는 오류의 역사 속에 존재하고 있지만 그러나 그것은 종말의 개념이 아니라 실존 이론인 곧 증명인 것이다. 아니면 흔적인 것이다. 결국 바둑 흑백의 논리 속에서 말하는 시점과 흐름의 정체성인 것이다.

거북 등에
앉은 몸이 ☞ 운명론적인 생명
채찍은 왜 하는가

뜬구름
흉내내다 ☞ 인생론적인 상황
방향 잃은 내 소설

더러는
빗금 하나로 ☞ 현실론적인 서정의 미학
목이 메인 반도여.

〈바둑사설 Ⅳ〉 전문

빗금 하나로, 결국 이념 때문에 피 어린 육 백 리의 상황적 실제는 존재하고 있었다. 그리고 "목이 메인 반도"에서 반도(半島)는 한영도(韓領土)의 잘못된 표기인 한반도(韓半島)에서 유래 또는 근거한 어사인지는 알 수 없으나 어쨌든 "반쪽 섬"이란 개념 속에서 조국이 처한 현실을 직시하는 시어임에는 틀림없을 것이다.

그렇다면, 초장에서 끌어들인 "거북"이란 소재와 "채찍"이란 어사와의 조율, 그 곳에 나타나는 운명론적인 삶의 욕구는 무엇을 의미하고 있는지 대단한 것이다. 그러나 중장에서 제시된 "뜬구름"이란 묘사로 형상화된 마라도의 정체는 어쩌면 삼각파도에 방향을 잃어 가는 한 인생이 될 수도 있는 것이다.

그렇지만 종장 처리에서는 자못 과감한 시도가 이어진다. 즉 반도의 개념 속에 예속된 한영토의 현실 논리와 바둑 한 수속에 마라도의 위상이 그렇게 돋보일 수가 없는 것이다. 다행스러운 일이다. 하지만 인간의 본성은 바둑 수의 승과 패의 승부논리처럼 욕망은 그대로 버릴 수만도 없는 것이 상황적 서점인 것이다.

〔A〕패색이
짙은 때는
복병술을 쓰는 법

궁구를
몰 박다가

역공을 당하였네

〈바둑사설Ⅵ〉 중에서

〔B〕명당이
되는 날까지
호구 벌려 서 있자.

〈바둑사설Ⅶ〉 중에서

문산은 본래부터 술을 좋아한 시인이다. 술(術)일수도 있겠지만 특히 복병술을 좋아하는 인간의 본성을 노출시키는데 리얼(real)하게 순수성을 가미시킨다. 여기에는 페미니즘(Feminism)이 상존 할 수 없는 것이다. 그의 작품 〔A〕복병술에는 패색을 회생시키고자 하는 인간의 욕구가 깔려 있지만 그러나 역공은 상대적이어서 이념논리에까지 접근케 하면서 더욱 흥미를 끌게 만든다. 곧 다변적인 뉴앙스로 시심을 펴고 있다는 것이 특이하다.

그리고 〔B〕에서 제시하는 기다림 속에도 역시 여유가 있어 보이지만 그러나 그 호구 역시 공격이 전제가 된 것이 본래의 술이 아니었겠는가. "호구 벌려 서 있자"에서 "서 있자"는 포기의 심리나 패자의 상황적 진술이 아니라 이것 역시 "술(術)" 또는 공세를 위한 또 하나의 인간사인 것이다.

3. 섬과 파도와 등대의 서정

다음의 작품은 시집 「마라도 등대」(1993년) 첫 장의 작품이면서 시조라는 율격장치로 맨 처음 시문을 열고 있는 작품이다.

그 누가
버렸는가
복숭아 씨알 하나

☞ 이미지적인 회화성

바위틈에
싹이 돋아
별과 함께 살아간다

☞ 운명론적인 상상력

친정 집
그리울 때면
눈동자만 굴린다.

☞ 숙명론적인 서정성

운명은 앞에서 날아오는 화살이요, 숙명은 뒤에서 날아오는 화살이라 했던가. 우리 인간은 이 사이에서 잠시 머물고 있는 것뿐이다. 그러하듯이 국토의 마지막 땅 해협에 떠 있는 마라도가 그것으로 형상화되어 나타나고 있다면 어떻게 될 것인가.

우리 인간은 이렇게 두 개의 화살촉 사이에서 잠시 머물고 있는 것처럼 마라도 역시 태평양과 대서양이 교차되는 해협에 존재하고 있기 때문에 그 상황은 아스라한 느낌이 전부이다. 당연한 것이다. 특히, 마라도를 누가 던져버린 "복숭아 씨알 하나"에 비유하고 있어 더욱 마음을 초조하게 만든다. 제물로도 선택되지 않는 그러한 과일의 씨앗이기에 누구는 분명히 그것을 버리고 말았을 것이다. 그렇지만 중장에서는 하나의 "지고한 생명"을 탄생시킨다. 그리고 싹이 돋아난다. 외롭지만 고독하지만 별과 함께 살아가고 있는 것이다. 그것 역시 바위틈에서 살아가고 있다는 심증이고 보면 그 생명력은 대단한 것이다. 섬에 대한 섬과 인고의 세월이 함께 존재하고 있다는 상상력의 정서에 마음을 주어보는 것이다. 더욱 안타까운 것은 가고 싶어도 갈 수 없는 숙명적인 섬의 모습이다. 또한 종장에서의 "친정 집"은 도대체 어디란 말인가. 뭍도 아닌 섬에서 섬을 그리워하면서 눈동자만 굴리고 서 있는 어떤 참담함이 리얼하게 형상화되어 나타나고 있음도 또한 그럴싸한 것이다. 섬을 대상으로 인간의 외로움과 고독을 이미지화 시키는데 성공한 작품이 아닌가(?) 하고 감히 말할 수 있는 것이다. 이러한 정서는 다음 작품에서도 이어진다.

> 배 한 척만
> 떠 있어도
> 섬은 외롭지 않다
>
> 둥그런
> 수평선 끝

돛폭마저 잠기고 나면
뭍으로
뭍으로 향해
또 한 겹 갈기를 세운다.

〈마라도 등대 II〉 전문

결국 섬은 외로운 것일까? 섬을 떠나야 섬이 보인다 어느 시집 제호가 새삼스럽게 생각을 키운다. 물과 수평선이 지니는 문학적 형상화의 시점은, 바슐라르(Bachelard, Gaston)의 이론이나 카론 컴플랙스(Chalon complex) 이론으로도 접근할 수 있을 것이다.

이 작품에서 설정된 수평선이란 공간 속에 마라도는 항해의 꿈이 전제가 된 "배 한 척"이 유별나다 할 것이다. 때문에, 뭍을 그리는 그리움과 뭍으로 갈 수 없는 숙명론적인 고독은 괴로운 것이다. 그 어떤 힘과 능력으로도 어쩔 수 없는 현실적 고민이 되는 것이다.

고향을 바라보면
잔잔한
유채 밭이

☞ 시간적 이미지

율조를
골라내면
생명을
얻을 듯이

☞ 음악적 이미지

바다는
하얀 소리로
곁에 와서 앉고 있다.

☞ 청각적 이미지

〈파도〉 전문

"파도"라는 제재가 "하얀 소리"로 형상화되어 청각적 이미지로 나타난다. 이것은 곧 작가 자신의 내면 세계라면 작법상 대단한 변화를 주고 있는 것이다. 정형시에 대한 맹종이 아니라 문학적 심도를 돕기 위한 시 세계를 상대화한 성숙의 진전이라 할 수 있는 것이다.

정형시 틀이면서도 초장은 시각적 이미지로, 중장은 음악적 이미지로, 그리고 종장에 있어서는 청각적 이미지로 조화를 이루어 파도의 정서를 표출시켰다.

어떻게 보면, 작가의 설교적 현실 의식에서 나타나는 단순한 기교로도 볼 수 있겠지만 그렇지만 시적 감각을 통한 대변의 논의로 접근코자 하는 시도가 높이 평가될 것이다.

"고향의 유채 밭 + 율조의 생명력" 그래서 바다는 "하얀 소리"를 통하여 순수와 알 수 없는 그 어떤 미래를 예고하고 있음이 대단한 것이다. 작가는 모름지기 미래로 가는 문을 독자들에게 열어주어야 할 임무를 지니고 있다. "바다"와 "하얀 소리"가 바로 그것이다. 작가 자신은 개성이요 독자들에게는 감화를 선물하고 있는 것이다.

4. 제주 휘파람새의 서정

제주 휘파람새는
해녀 같은 소리로 운다.

높은 가지에 앉았어도
숨비질로 우는 새여

호케고 호오오 이잇
탐라의 혼을 캐고 있다.

〈제주 휘파람새 II〉 전문

이 작품은 문산의 제2 시조집 「청진기 앞에 서다」에 실려 있는 정형시다. "소리"의 개념을 통하여 제주의 혼을 찾고자 하는 시도가 돋보이는 작품이다. 제주 해녀들의 "숨비소리"인 것이다. 이것은 결국 섬사람들만이 지니는 삶의 상징적인 소리요 가난과 시련의 세월을 대변하는 인고의 소리이기 때문에 작품의 분위기 시점은 여기서 그 의미를 지니고 있다.

휘파람새는 제주의 봄을 처음 알리는 새이다. 여명에 앉아 있어 음감조차도 다정다감한 그러한 새인 것이다. 그런데 종장에서 처리된 "호케고"라는 시어가 어쩌면 휘파람새의 소리 감각에 어울리지 못한 언어 조율이긴 하지만, 초장에서 형상화 된 "제주 휘파람새는 해녀 같은 소리로

운다." 이렇게 처리된 직유가 지나친 설명이어서 혹 어색함이 있어 보인다. 시는 설명을 거부하는 언어 예술이기 때문에 그런 것이다. 그렇지만 "탐라의 혼" 속에 형상화 된 이미지는 예사로운 발견이 아님을 밝혀두고 싶다. 탐라의 혼은 요지경처럼 존재하는 심리묘사가 아니라 순수 그 자체이기 때문이다.

역시 제주는, 바람소리·파도소리·뱃고동소리·숨비소리 그리고 각종 새소리들로 언제나 가득한 섬이다. 이러한 소리를 탄생시킨 것은 결국 여명의 휘파람새 즉 봄을 시점으로 하여 이어주는 제주의 상징적인 소리 숨비소리로 완성되는 것이다. 청진기는 결국 이 소리들 때문에 존재의 가치를 지니고 있는 것이다.

산새가
속삭이는
사연은 뭔지
—(중 략)—
사랑이
멀어진 자리
깃털 하나 남아 있다.
—(중 략) —
섭섭한
바람에 실려
흘려보는 내 안부.

〈나의 詩〉 중에서

깃털 하나"와 "바람 + 안부"가 그렇게 인상적이다. 산새를 놓고 순수함이 전제가 되었다면 사랑이란 속정 속에는 행복과 불행이라는 두 날개의 축이 있는 것이다. "깃털" 그 자체는 몸부림이요 흔적인 것이다. 이것이 바로 고독이란 정체성의 시학인 것이다. 고독은 결국 혼자 . 외로움 또는 인생 뒤안길 이러한 의미의 실체가 아니라 그리움을 전제로 한 사랑이란 실체 이것이 곧 고독의 정체인 것이다. 그러므로 깃털 하나는 결국 바람이 지났던 흔적이거나 어떤 체온이 잠시 머물러 있었던 빈터의 생명력인 것이다. 이렇게 시란 장르는 꾸밈이 아닌 오직 체온과 숨길이 고루 흐르고 있는 주관적 서정이 전제가 되어야 존재의 가치를 지니게 될 것이다. 이야기하는 시가 아니라 노래하는 시란 그것이다. 산새의 속삭임 자체는 결국 세속적인 삶의 사연이 아니라 오직 내심의 소리요 서정의 미학인 것이다.

이러한 시심은 〈단풍 II〉에서도 잘 나타난다.

산새도
울다 지친
해 전문
이 계곡에

한 조각
하늘 깃이
저리도 붉게 타나

조용히
고개 숙이고
제 갈길을
생각한다.

시는 결국 사무사(思無邪)의 개념처럼 깨끗하고 순수한 문학 현장이 되어야 한다. 그리움의 시심과 고독이란 내심의 소리가 바로 그것이다. 만약 생각함에 거짓이 존재한다면 어떻게 될 것인가. 글은 독자들이 읽는 것이다. 그 내용 속에 사심 내지는 거짓이 존재하고 있다면 그것은 분명 방향을 잃어버린 그러한 문학이 되고 말 것이다. 여기서 단풍과 산새의 울음을 통하여 찾고자 하는 자연에 대한 정서 곧 순수 그 길인 것이다.

비록 단풍은 한 조각 하늘에 남는 깃 즉 노을에 불과할 수도 있겠지만 그러나 그 색상에는 인생의 연륜과 자연에 대한 순리정서가 우리들에게 좋은 스승이 되는 것이다. 산새의 울음과 단풍을 대할 그 시심이 그러한 것이리라. 종장처리에서 "조용히 고개 숙이고 ..." 숙연해 하는 인간 모습이 바로 그 심상인 것이다. 그리고 중장에서 "하늘 깃"과 "붉게 타나"의 조화가 잠시 머무는 "노을"에 비유되고 있는 이미지의 세계지만 그러나 그것은 짧다는 데에 또한 안타까움과 아름다운 멋이 있는 것이다.

5. 고독과 그리움의 시학

다음은, 그리움을 주제로 하는 시점문학이 선을 보인다. 시집 「청진기 앞에 서다」에 수록된 〈북녘을 바라보며〉가 그것이다. 그 일부를 통하여 접근해 보도록 한다.

댕기머리 옛 사랑을 (과거시점)	날개 깃으로 펼쳐 내면 (현재시점)
끊어진 철길 위로 (상황적 시점)	훨 훨 훨 솟는 구름 (관념적 시점)
머나먼 고향 하늘이 (그리움의 시점)	강을 따라 흐르고 (아쉬움의 시점)

이처럼 고향은 그리움과 사랑을 생산하는 큰그릇이라고 감히 말할 수 있을 것이다. 우리들 마음속에 언제나 살아 있고 언제나 아름다운 추억으로 움직이고 있기 때문에 그러한 것이리라. 그리움 자체는 어느 누구에게나 일상적이면서도 영원히 존재하는 상징적인 삶의 정서이기도 하지만 그러나 요즘과 같은 일상에서는 더욱 간절한 것으로 나타나고 있다.

과거시점에서 설정된 "옛 사랑"은, 결국 댕기머리처럼 추억을 풀어버릴 수도 있고 다시 묶을 수도 있다는 두 개의 축을 강조하고 있다. 그래서 날개의 깃으로 현재 시점이 되고 있는지는 알 수 없는 일이다. 그러나 과거 시점과 현재 시점 사이에 놓여진 심리적 정서는 중장에서의 상황적 시점인 "끊어진 철길" 위에 구름처럼 나그네처럼 또한 강물처럼 흘러가고만 있는 것이다. 안타까운 여운을 남기고 있다. 여기서 포착된 문학적 시점은 분명 반세기를 넘기고도 갈 수 없다는 북녘 고향을 통하여 이산의 아픔과 그리움을 고발하고 있는 것이다.

이러한 시점은,

" 동강난 바위틈에 내 가슴도 동강 나 "

이것은, 제2연 첫 행에 제시된 내용이지만 여기에서는 첫 구와 두 번째 구의 상황적 시점이 동일시되고 있어서 또한 특이한 것이다. 현실적인 고통은 그 무엇으로도 보상받을 수 없는 더 없는 아픔과 이념의 상처이기도 하다.

작품 〈금강에 오르고 보니〉에서도 그러한 시점은 더 이어진다.

천 년의 푸른 바위에
한 오십 년 금이 가고

누구냐 이 산화에
슬픈 별을 뿌려 놓은 자는

한 하늘 이산의 눈빛
밤을 총총 밝힌다.

같은 하늘 아래 살고 있으면서도 갈 수 없고 만날 수 없는 이산의 눈빛들이 오죽했겠는가. 너는 누구냐? 하며 소리를 쳐봐도 그것은 들리지 않은 떠돌이 소리일 뿐 허황한 몸부림 뿐이다. 오십 년 동안 아픔과 고통은 선으로 연속된 역사의 현장으로만 리얼하게 표현되고 있는 것이다. 문산의 작품 세계에서는 이렇게 "금 또는 선"이란 시점 시어들이 많이 보인다. 〈도중하차〉에서는 "수평선"이란 시점으로, 전령사의 활동공간으로 설정된 〈검은 강〉속의 "강물"이란 시점이 또한 그것이다. 〈분재〉에서는 "쇠사슬"로, 〈압구정동 비둘기〉에서는 "한강다리"를, 〈방황〉에서는 "우산 길"."낙엽 길", "흰 오솔길"같은 시어들이 바로 선의 시심으로 새로운 이미지를 부각시킨다.

뭍을 그리워하는 섬의 서정이나, 고향을 멀리 두고 가고 싶어하는 연민의 정, 사랑을 하면서도 만날 수 없는 회환 같은 것들이 이러한 선의 시점을 통하여 분명한 모습으로 갖추고 있다. 미화된 기법으로 잘 묘사되고 있는 것이 특징이라 할 수 있다.

6. 자연 + 인간 = 시점의 미학

문산의 세 번째 시집 「풀꽃들의 반항」은 문명권의 변이를 통하여 훼손된 자연과 인간들의 일상을 잘 다루고 있다. 즉 태초의 순수함을 찾고자 하는 귀소본능의 일념인 것이다.

바위는 파도를 보고

할 말이 없다고 한다.

바위는 사람을 보고
다시 할 말이 없다고 한다.

까맣게 물 고문을 당해도
입을 열지 않는다.

밤새도록
칼을 세워
으름장을 놓는 파도
- (이하 생략) -

〈바위〉 중에서

바위는 자연의 속정을 대표하는 소재로 많이 등장한다. 이것은 말이 없고 불평을 하지 않는다. 윤선도의 「五友歌」에서 水 石 松 竹 月 이렇게 다섯 개의 시점 중에서 두 번째로 등장된 것이 바위(石)인 것이다. 〈바위〉에서도 자연과 인간과의 관계 시점에서 "파도"가 칼을 세우면서 으름장을 놓고 있다. 까맣게 물 고문을 당해도 입을 열지 않는 그 무엇이 문제인 것이다. 무엇일까?

문학은 도대체 어디로 가고 있는가(?) 이러한 질문을 자주 받고 있다. 「원시 문학론」에서는 인간의 태초 즉 원시로 가고 있다고 말한다. 작금의 문명권 역시 개인주의가 팽배하였고 어쩌다가 이기주의로 바뀌게 된다면 어떻게 될 것인가. 그것은 곧 파멸뿐이다. 때문에 영국의 문예비평가 아놀드(Anold)의 「교양론」에서는, 정신적 가치를 돌보지 않는 잘못된 의식을 지적하여 그는 필리시티니즘(Philistinism) 즉 인간 스스로 만든 속물주의를 크게 걱정하였다. 때문에 인간은 인간 스스로가 문제인 것이다. 자연을 외면하고 가치를 돌보지 않는 시점에서 발생하는 제반 오류가 문제인 것이다. 문산은, 이러한 시점을 조용하면서 강도 있게 발언을 한다.

산은 사람처럼
사랑이란 말을 모른다.

산은 산처럼
높낮이를 따지지 않는다.

그냥 그 있는 그 자리
그냥 있을
뿐이다.

〈산을 앞에 두고 III〉 전문

사랑이란 어사는 그렇게 아름답고 환상적인 것이다. 그러나 그것은 행복과 불행을 가늠하는 시점 때문에 언제나 불안하고 혼란스러운 것이다. 그렇지만 山은 그것이 아니다. 산은 자연 그 자체로 존재하기 때문에 높낮이를 따지지 않은 순수 그 자체인 것이다. 그래서 산은 그냥 그 있는 그 자리에 그냥 있을 뿐이다 라고 힘주어 말하고 있는 것이다.

이를 시점으로 대변할 수 있는 작품이 바로 〈풀꽃들의 반항〉인 것이다.

심상찮다, 심상찮다 하늘 빛깔이 심상찮다	☞ 저승사자가 오는 길목 (경고의 메시지)

\- (중략) -

꽃들의 반격 앞에 내가 무슨 말을 할까	☞ 꽃의 아름다움과 순수의 이미지
산성비 산성비하며 노란 우산을 준비할까	☞ 산성비와 노란 우산의 이미지
빨간 눈 구급차 한 때 경보 등을 돌리며 간다.	☞ 빨간 구급차와 경보 등의 이미지

꽃은 역시 아름다운 것이다. 그러나 "곱다"의 정도에 따라 외로울 수도 있고 슬픔일 수도 있는 것이다. 그렇지만 저승사자를 만날 때이면 사뭇 심상치 않아 하늘까지도 걱정을 하게 된다. 꽃의 아름다움과 순수의 이미지가 상실의 벽 앞에 놓여 있기 때문에 할 말 까지 잊고 서 있는 것이다. 실어증 그 원인은 도대체 무엇이란 말인가. 인간 스스로 만든 문명권 오염 때문에 예기치 않게 빨간 구급차 신세를 지고 있음이 바로 그

것인 것이다.

7. 맺음말

시인 문산은 전형적인 시조시인이다. 소탈하면서도 강직하고 위트가 있으면서도 문학에 대한 열정은 대단한 것이다. 그의 시집으로는 〈마라도 등대〉 〈청진기 앞에 서다.〉 그리고 〈풀잎들의 반항〉이 있다.

그의 첫 시집 〈마라도 등대〉는 1993년에 출판된 것이지만 율격장치로 맨 처음 시문을 연 작품이기 때문에 더욱 인상적인 것이다. "마라도" 자체를 놓고, 누가 던지어버린 "복숭아 씨알 하나"의 이미지 개념에 초조함이 그것이요, 바위틈에 새싹의 탄생 그래서 별을 쳐다보며 살아가는 지고한 생명이 또한 그러한 것이다. 그러나 외로움과 고독은 어쩔 수 없는 것이리라. 친정 집을 바라보며 눈동자만 굴리는 어느 여인네의 심상이 그것이다. 파도와 등대 이러한 시적 공간 속에 배 한 척이 또한 유별난 것이다. 뭍을 그리는 그리움과 뭍으로는 전혀 갈 수 없는 외로움과 고독에 쌓인다. 이렇게, 〈파도〉라는 작품은 시각적인 이미지를 통하여 음악적인 이미지와 청각적인 이미지의 조화가 크게 눈을 뜨게 만든다. 정형 율격에 대한 맹종이 아니라 새로운 변용을 시도하는 것이 특징이라 말할 수 있다.

두 번째 시집 〈청진기 앞에 서다〉는 1999년에 출판되었다. 인상적인 것은 제주 휘파람새와 제주 해녀들의 숨비소리를 통하여 제주의 혼을 찾고자 하는 것이다. 혹, 일상적인 서정일 수도 있겠지만 그러나 중요한 것은, 휘파람새는 제주의 봄을 처음 알리는 여명의 새라는 점에 있다. 휘파람새의 울음소리를 시점으로 하여 제주 해녀들의 바다작업은 시작되는 것이다. 이것이 곧 제주의 숨비소리인 것이다. 섬사람들의 고독과 인고의 세월을 대변하는 삶의 상징적인 소리인 것이다. 결국, 청진기는 이러한 소리 때문에 그 존재의 가치를 지닌다.

마지막으로, 세 번째 시집 〈풀꽃들의 반항〉(2000년)은 문명권의 오염과 오류를 통하여 훼손된 자연과 인간들의 속정을 다루고 있다. 문산은 이러한 시점을 조용하면서도 강도 있게 산은, "그냥 그 있는 그 자리에 그냥 있을 뿐이다" 소원인 듯 책망인 듯 크게 발언을 한다.

상실의 벽 앞에 선 풀꽃들이 실어증 환자가 된 이유를 밝히고 있는 것이다. 아직 놓지를 못한 "돌 한 점"의 미학은 여기서 그 생명을 지닌다.

물의 제의(祭儀)와 상상력의 미학

- 샤머니즘과 제주문학을 중심으로 -

1. 들머리

물은 생명의 원천이면서 두려움의 존재인 것이다. 창세기에는 홍수 전설 속의 주인공 노아(Noah)를 통하여 인간을 다스렸다는 기록이 나타난다. 150일 동안의 홍수 그래서 방주(方舟)에 의하여 이어진 오늘의 인류사가 바로 그것이며 또한 샤머니즘의 원류로 알고 있는 바이칼(Baikal) 호수의 두려움이 또한 그러한 것들이다. 즉, 세계에서 가장 깊은 바이칼 호수를 앞에 놓고 퉁구스(Tungus)인들은 지금도 빌고 있다는 사실들이 그것이요 또한 제주의 전설 속에 등장되는 설문대 할망과 물과의 관계 역시 한 예가 될 것이다. 특히 얼마 전에 있었던 스마트라 섬의 해일지진 즉 스나미의 공포 역시 예외는 아닐 것이다. 바로 생명을 의식한 데서 개현(開現)되는 두려움의 실체였던 것은 결국 물인 것이다.

서사문학 역시 이러한 시점에 바탕을 두면서 형상화되어 나타나고 있다. 삼국시대 설화들이 변용되어 조선시대에 소설로 발전된 것처럼, 제주문학 역시 이러한 설화들이 근간이 되어 문학 창작에 원천이 되었던 것도 사실이다. 여기에는 물의 제의(祭儀)가 주종을 이루는 샤머니즘(Shamanism)과 금기(禁忌)가 함께 존재하고 있었다. 이렇게 물은 생명을 만들었고 섭리의 상징적 존재로 우리 생활에는 불가분의 관계로 언제나 상존하는 것이다. 문학에 있어서의 물의 상상력은 심리적 정신적으로 그 형상화의 범주가 다변적으로 나타나고 있으면서 제반 정서의 근원을 이루고 있기 때문에 그 이유 역시 여기에 기인하고 있다는 논리다.

그래서 강물은 세월과 연계된 삶과 죽음을 이미지(image)화 시키는 요소로 나타나기도 하고, 호수는 추억이나 사색의 연장선으로 미화되어 형상화될 수도 있으며, 빗물은 그리움이나 슬픔으로, 안개나 이슬은 자기 성찰로, 바다는 두려움이나 기다림의 공간으로 형상화되어 나타나는 것이다. 이러한 정황들을 정리하면 다음과 같은 도해도 가능할 것이다.

$$\frac{\text{물과 생명 + 삶과 죽음}}{\text{(형상화 공간)}} = \text{갈등적 구조성립}$$

이러한 시점에서 물의 힘은 존재의 근원을 파고 들어가 원초적인 것과 영적인 것을 물의 상상력에 의하여 조율되는 것이다. 이것이 바로 애니미즘(Animism)이요 또한 문학의 실체인 것이다. 그렇다면 샤머니즘에 나타난 물과 금기와의 관계는 어떤 것일까?

2. 샤머니즘과 물의 정체성

제주의 무속에 있어서 "물"은 직·간접적으로 민간신앙의 원천이 되고 있으면서 제의(祭儀)에 있어서 필수적 금기(禁忌)의 대상이 되고 있음을 발견할 수 있다. 즉 물을 사용하여 목욕재계하고 제의의 공간을 정화시켜 정성을 통한 상징적 원의(原義)를 되찾고자 했던 경우들이 그러한 것들이다.

그 한 예로, 주부가 매일 첫 새벽에 샘물을 길어다가 먼저 제상(祭床)에 올리는 정화수를 들 수 있겠고, 부엌신인 조왕신 아니면 뒤뜰 장독대나 마당에서까지 정화수를 올려놓고 가족들의 무병과 장수를 신에게 비는 의식들이 그것이다. 그리고 동제(洞祭)에서는 제관이 먼저 목욕재계한 후 마음을 다스리고 온갖 정성을 다하여 정화수 세 그릇을 떠놓는다. 이러한 예는 무당들도 마찬가지였다. 무당들은 잠자리에서 일어나는 즉시 몸 주신을 모시는 신단에 옥수(玉水)를 올리고 문안드리고서 거동하는 것이 그들의 무업(巫業)인 것이다.

참고로, 경기도 외딴 섬 풍도의 당제(堂祭) 샘물, 덕적도 소야도 위도의 당제 샘물, 충남 서산 황도의 서낭당 당제와 샘물 기타 여러 군도에서도 금기와 물에 대한 흔적은 존재한다.

- 김태곤의 〈물의 제의적 원의상징(原義象徵) pp.123-138에서 참조 -

이러한 물에 대한 원의는, 던데스(Alan Dundes)가 밝히는 북미 인디언 설화에서도 잘 나타난다. - 장주근(경희대 민속학)의 논문 〈제주도 당신 신화의 구조와 의미〉에서 참조 -

그 설화들을 한 예로 든다면,

A) "괴물이 세계의 물을 다 가두었다"라는 말이 논증 대상으로 1차 눈길을 끌고 있다.

B) "영웅이 괴물을 죽이고 물을 방출했다"이란 말 역시 맥을 같이 하고 있지 않는가?

이러한 것들은, 단순한 논조로 버릴 수도 있는 내용이었지만 여기에서의 물은 역시 무속적 기반으로 강하게 작용하고 있다는 사실을 접할 수 있었다.

A)인 경우 : $\frac{\text{괴물 + 물}}{\text{(두려움의 실체)}}$ = 물은 생명의 원천적인 존재 (두려움)

B)인 경우 : $\frac{\text{영웅 + 물}}{\text{(지배욕의 실체)}}$ = 물은 욕망의 절대적인 존재 (지배욕)

물은 이렇게 일상적인 것처럼 보이지만 생명과 죽음을 앞에 놓고 어둠과 밝음을 일깨워 주는 환원된 공간으로 존재하는 것이다. 또한 상징적인 시간 역할로도 접근할 수 있다. 더욱 한결같은 것은, 늙은 뱃사공 카론(Charon)은 강물을 통하여 삶과 죽음의 세월 곧 이승과 저승을 오가면서 심리적 갈등을 조장하고 있다는 사실이다. 이렇게 물 신앙과 무속적 제의는 이곳 제주에서도 많이 나타난다. 설문대 할망이 물에서 출현하는 예라든가. 제주시 이도 2동 13번지 대동샘 옆 동백나무 숲에 있는 높이 75cm의 석상이 있는데 이 석상을 가리켜 물할망이라고 부르고 있다. 바로, 샘물이 마르지 않게 보살펴 주는 신이라 하여 제를 지낸다. 제주시 용담동에도 마을 샘물이 끊이지 않게 보살펴 주는 물할망 신(神)이 있었다. - (金泰坤 1982. 韓國巫俗圖錄 P.197-) -

따라서 용연 일각에서 구전되고 있는 용머리 기우제에서는, 지나던 한 도인이 그 곳을 지니다 말고, 비단 다섯 필을 높이 걸도록 한 다음 "龍"字를 대필하였더니 그 龍자가 갑자기 실제의 용이 되어 하늘로 승천하여 즉각 비를 내려줘서 긴 가뭄을 면케 하였다는 설화가 전해지고 있다. 이처럼 물과의 상관관계는 회귀와 생명을 상징하는 것이기 때문에 우리들의 일상적인 삶에는 물론 심리적 정서나 문학에도 많은 영향을 주었던 것이 사실이다.

3. 물과 샤머니즘의 시학

제주 문학에 있어서 샤먼(巫堂)이나 금기에 관련된 작품들을 보면, 금기의 속성과 지혜 같은 것들이 서로 조화를 이루면서 서사적으로 묘사되었음을 발견할 수 있다. 특히 서사(敍事) 분야에서는 1993년에 발표된 오성찬의 「잡초 이야기」가 있는데, 이것 역시 제주의 전설인 〈서귀진 변인태〉 (현용준 .제주도 전설 . 1976)를 현대 감각에 맞도록 인용 구성한 소설이다. 음흉하고 거짓말 잘하는 변인태는 한라산을 넘는 과정에서 조방장의 부인을 겁탈하고 그 부인을 협박하여 돈을 뜯어내는 이야기를 소설화한 것이다. 「용마의 꿈」(1983) .「김녕 사굴 본풀이」(1984)도 설화의 근간이 되는 뱀과 수심방의 굿을 통하여 전설의 진위를 백성들에게 검증케 하는 것인데 이것 역시 제주설화를 변용하여 개작한 것들이다.

여기에서는, 현기영의 〈바람 타는 섬〉을 중심으로 더욱 구체적으로 살펴보고자 한다.

그의 작품은 「변방에 우짖는 새」 「바람 타는 섬」 「순이 삼촌」 등 많은 작품들이 있지만 그의 소설은 그것 자체로 하나의 굿처럼 샤먼을 많이 끌어 드렸다. 이 소설 역시, 북제주군 구좌읍 하도.세화리에 거주하고 있는 해녀들의 일상적인 삶과 소망을 그린 것인데 1932년 1월 잠녀 항일 운동을 배경으로 전개시킨 작품이다. 섬(島)과 고독과 가난으로 고립된 일제치하의 고통스러운 사회상, 그리고 일제의 억압으로부터 발생하는 제반 삶의 비극을 바다를 향해 토로하는 작품이다. 이러한 시점에서 마음에 맺힌 가난과 갈등들을 샤먼과 금기에 의해 해소시켜 보려는 몸부림을 목격하게 된다. 세찬 풍파에 시달리는 일상적인 삶 속에서 더욱 마음 아픈 것은 그 치욕과 억울함, 이런 것들이 바로 마음의 응어리로 드러난 것이다.

> 잠녀들이 동서로 내달아 물가에 일렬로 늘어서자 망태 멘 상군 잠녀들이 맨발로 물에 들어서서 훠훠 좁씨를 뿌렸다. "좁씨를 뿌립네다. 곡식 풍년 주십서, 소라씨, 전복씨 뿌립네다. 소라, 전복 많이 열게 해줍서, 제발 세화리 잠수들 좀 살게 해줍서."
> 좁씨를 부린 상군 잠녀들이 일제히 물러나자, 이번엔 이 백 명 잠수들이 일제히 백지에 싼 한 줌 밥덩어리를 바다를 향해 힘껏 내던졌다.
>
> 「바람 타는 섬」 중에서

정화수에 숯과 고추를 띄우기도 하고, 정화수를 무당이 들고 굿판 주변을 도는 행위 같은 것들도 예로 접근할 수 있었겠지만, 더욱 안타까운 것은 우선은 가난에서 벗어나고 싶어 하는 주민들의 현실적 소망을 빌고 비는 물의 신앙으로 볼 수밖에 없는 대목이다.

> 도아가 금춘의 도움을 받으며 급히 빈 바구니에 김이 모락모락 나는 흰쌀로 지은 밥 다섯 그릇을 넣어 뱃머리에 갖다 놓고 그 앞에 엎드렸다. 배 요동질에 쓰러지지 않도록 한 손으로 돛대 밑동을 꽉 잡고서, 다른 잠녀들도 두 손 모으고 뱃머리를 향해 고개를 숙였다. 용왕님께 축원을 올리는 도아의 낭랑한 음성이 솟구쳐 올랐다.
> "동의 청룡, 서의 백룡, 남의 적룡, 북의 흑룡, 중앙의 황룡, 여러 용신님네, 비록 소찬이나마 정성들여 올리오니 부디 우리 불쌍한 세화리 잠녀들 무사히 이 바다 건너게 해 주시옵기 소원입니다."
> 나머지 잠녀들도 함께 낮은 음성으로 축원 올리면서 머리를 연방 조아렸다.
>
> 「바람 타는 섬」 중에서

역시 물은 신앙의 대상이 되었지만 그렇게 간절한 것이었다. 물과 제의의 상관적 관계는 이렇게 바다나 강이나 샘에서 출발하는 것이 일반적인 경우인데 특히 용신(龍神)만큼은 물 신앙의 상징적 존재로서 우리들 삶에 있어서 없어서는 안 될 정신적 지주로 볼 수밖에 없는 것이다. 그 예를 보면,

"그러면 삼촌, 사수 바다는 바람이 잔잔해도 이상하게 파도가 센데 왜 그러는고 예?"

하고 한 잠녀가 고개를 갸우뚱하면서 물었다.

"글세, 그것사 천 길 만 길 깊은 바다니깐 속내는 알 수 없지만, 아마도 바닷속 깊은 골짜기로 흐르는 센 물살 때문이 아닐까? 개울물도 좁고 깊은 여울목엔 물결이 높게 일어나는데 같은 이치일 거라."

퉁 먹어 뾰로통해 있던 도아가 품앗이한다고 얼른 되받아 내쏜다.

"그게 아니우다. 얕은 물엔 새가 놀고 깊은 물엔 용이 논다고, 바닷속 용왕님이 크게 숨쉬기 때문에 물결이 큰 거주, 천 길 만 길 깊은 바다인데 용궁이 없을 리가 있수꽈?"

-- 중략 -

여덟 길 깊은 물 속이었는데, 한 무리에 붉은 산호 떼가 바람에 쏠리는 숲처럼 조류를 타고 설레고 있었다. 가슴이 섬직 했다. 내가 너무 깊이 들어왔나? 저 아름다운 산호 숲에는 죽은 잠녀들의 넋이 깃들여 있다는데……혹시 용궁 들어가는 길목은 아닐까?

「바람 타는 섬」 중에서

바로 물에 대한 상상력이 그것이다. 모진 세파에 언제나 버릴 수 없는 생명에 대한 일련의 두려움인 것이다. 이것은 집단적 정서를 지향하고 있으면서 그 역할의 기폭제는 결국 일상적 삶을 공유하게 하는 성격을 지니고 있는 것이다. 이러한 공유성은 연대 의식을 낳게 하고 믿음을 만들었던 것이다.

그리고 바닷가 불 턱에서 벌어진 넋들이 굿은 자연히 죽은 남편의 억울한 혼령을 진혼하는 사설로도 곁들여져 있었다. 먼저 구성진 사설로 저승을 관장하는 여러 신들을 차례차례 청해 모셔놓고, 북 장단 맞춰 춤과 노래로 기쁘게 해준 다음, 삼일 전에 저승길 떠난 외로운 혼령의 가련한 정황을 설명한 뒤부터 저승으로 안착하게 해 주십사 하는 기원을 올린다. 그리고 그 혼령은 비명에 죽어 저승에 못 가고 음습한 허공에 엉겨 떠도는 무수한 억울한 혼령들 속에 있을지 모르므로 다 함께 청해 불러 진혼해 주기도 하였다.

> 그 동안 얼마나 고생이 많았느냐, 참말로 고맙고 고맙다. 병들어 객사 죽음 할 몸, 고향 땅에 데려와 이렇게 묻어 주었으니, 그보다 더 고마울 데가 어디 있겠느냐.
> 설운 열 여덟 살아, 이제랑 울지 말라, 나는 이제 아무 여한도 불만도 없다. 내 명이 짧아 죽은 걸, 내 사주 내 팔자 글러 죽은 걸, 누구를 원망하리. - 중략 -
> 소리 죽여 끅끅 흐느끼던 정심이 마침내 목놓아 울고, 구경꾼들도 얼굴에 눈물이 질펀했다.
>
> 「바람 타는 섬」 중에서

샤먼(Shaman)은 이렇게 개인적 집단적 정서의 저변만을 암시하고 있지 않고 한 발 더 나아가 개인적 집단적 갈등이 발생하게 된 과정까지도 다시 재기한다. 이는 억압되어 드러내지 못했던 시대적 갈등을 보여주는 과정인 것이다. 말하고 싶어도 말하지 못하는 마음의 응어리를 작가는 제주의 역사라는 시대적 소재를 통해서 풀어내고 있다. 「바람 타는 섬」은 일제시대 한 사람의 여성으로, 생활인(潛女)으로서 일상적이고 주변적인 이야기를 그린 것이지만, 섬이라는 자연적 환경으로 인한 비참한 삶을 끌어내고 있으면서 나약하나마 서서히 타오르는 잠녀들의 일제에 대한 저항과 생존권을 건 필사의 투쟁의식 또한 잘 묘사되고 있었다. 이는 제주 백성으로서 아주 절박하고 참된 가치를 향한 집단적 항변이었다. 또한 이 작품에서는 민요와 타령 노래가 많이 나온다. 이것 역시 단순한 목적성이 아니라 개인의 심리적 억압을 해소하고자 하는 심리적 갈등으로도 큰 역할을 하고 있다. 어느 것 하나 간과할 수 없는 대목들이다.

> 당귀신도 아무 소용이 없었다. 여옥은 임종 때 짚동같이 퉁퉁 부은 아버지의 얼굴에 소리 없이 흐르는 눈물을 차마 잊을 수 없다. 어부가 배를 팔고 막일꾼으로 나서지 않으면 안 되는 막된 세상, 왜놈의 발동선들이 저인망 그물로 어장 바닥을 쓸어 가는 판에 ......
>
> 어떤 새는 밤에도 울고
> 어떤 새는 낮에도 울리
> 이 새 저 새 날 닮은 새야
> 밤낮 몰라 울어 예는 구나
>
> 「바람 타는 섬」중에서

샤머니즘에서 무당이 말하는 비극은 대립과 갈등을 조장하기 위한 것이 아니라 당시의 시대적 갈등을 심리적 현실적으로 묘사함으로써 마음의 응어리를 풀고자 하는 극적인 효과도 기대할 수 있는 것이다.

A) 우리들은 제주도의 가이없는 잠녀들
비참한 살림살이 세상이 안다
비 오는 날 눈 오는 날 바람 부는 날에도
저 바다 물결 위에 시달리는 몸

B) "그래, 이건 우리가 이긴 싸움이야. 감옥에 간다고 패배한 게 아니지. 적은 우리의 몸을 가둘 수는 있어도 우리의 정신은 가둘 수 없어."
"물론이지. 이건 장구한 싸움이야. 우리 앞에도 우리 뒤에도 싸움은 면면히 이어지는 거지."
"아암, 우린 새끼를 낳기 위해 뱀에게 일부러 먹혀 죽는 두꺼비라구. 뱀에게 먹혀 죽은 두꺼비는 독을 뿜어 뱀을 죽이고, 그 속에서 새끼들이 태어나 시체를 먹이로 자라는 거지."

「바람 타는 섬」중에서

현기영 소설 「바람 타는 섬」에 나타나는 A)의 경우는 제주 섬사람들 특히 가난한 해녀들이 세찬 바다와 싸워가면서 살아가는 모습을 생동감 있게 그리고 있는데 그러나 시달림의 상황은 어쩔 수 없는 것이었다. 어쩌면 주인공이 죽음을 맞이하거나 도망자의 신세가 되어버린 것이다. 그러나 B)에서의 그들은 그들의 생존을 억압하던 구조를 타파하고 새로운 상생의 세계를 만들고자 하는 것이다. 그러므로 이 작품의 행적은 결코 비극이라 말할 수는 없다. 「순이 삼촌」에 나오는 주인공의 죽음이나 「변방에 우짖는 새」의 주인공의 죽음도 그들은 공동체의 카타르시스(catharsis)나 해원(解寃)을 획득하기 위한 과정이지 결코 비극적이라 할 수 없다는 것들 역시 그의 소설이 간접적으로 지적하는 특성이라 말할 수 있을 것이다.

결국 샤먼을 통하여 은원(恩怨)을 풀고자 하는 것은, 사자(死者)를 위한 의례가 아니고, 그것은 결국 산자를 위한 의례이며 과정이라는 논리에 접할 수 있다. 현대를 살아가는 제주 섬사람들을 위한 의례인 것이다.

4. 결 론

물은 결국 생명의 원천이면서 두려움의 대상이 되고 있었음을 이미 지적한 바 있다. 때문에 우리 인간들은 물과 샤먼(shaman)과의 관계 즉 무당을 중심으로 하는 제의(祭儀)에서는 없어서는 안 될 삶의 덕목이 돼버린 것이다. 그래서 목욕재계하는 금기와 정화수로 문학은 깊은 연관성을 지니고 있는 것이다. 문학에 있어서 물을 통한 상상력의 세계는 말할 수 없을 정도로 다변적이면서 심리적 정신적 원의(原義)의 상징으로 형상화의 세계를 깊이 있게 다루고 있는 것이다.

물과 생명 + 물과 두려움 = 샤먼(巫堂)을 통한 정화작용

이렇게, 제주의 문학이나 현기영의 소설에 나타나는 샤머니즘은, 오직 산 자를 위한 의례이며 일종의 카타르시스(catharsis)적인 회귀속성으로도 간주할 수도 있을 것이다. 말하자면, 공포에 눌려 있는 제주 섬사람들의 슬픔이나 한숨 같은 그러한 감정을 해방시켜 독자들에게 쾌감을 주고자 하는 정화 시각의 한 단면으로 가능한 것이다.

일제 치하의 혹독한 감시 속에서 전개된 뼈저린 고통과 한숨과 그리고 모진 억압과 수탈 속에서 죽어간 숱한 사람들을 위로하기 위한 시대적 수난을 바다를 앞에 놓고 전개한 것이다.

이렇게 현기영의 〈바람 타는 섬〉은 고통받는 시대적 상황 때문에 등장된 바다와 잠녀(潛女)들의 행보는 물론 섬사람들의 끈기와 삶을 조명하기 위한 일종의 함성인 것이었다. 물과 제의와의 관계는 여기서 그 가치를 지니고 있다. 특히 서사문학의 위상과 물의 정체성을 다각적으로 모색할 수 있었던 것이다.

회귀곡선(回歸曲線)의 미학

- 현곡*의 마지막 시집 「수평선」의 공간개념 -

1. 들머리

현곡의 마지막 시집 「수평선」을 따라 나섰다. 만년이 되면서 굳이 수평선을 동경하는 이유가 어디에 있었을까(?)하는 데 문제제기 내지는 내심이 있었던 것이다. 제주 섬의 으뜸정서는 어쨌든 바다와 수평선이요 이 수평선은 곧 작가의 삶과 고독의 시적공간이기 때문에 이 작품이 지니는 수평선의 문학적 의미는 더욱 남다르다 할 것이다.

우리 인간은, 부딪치는 운명과 섭리적인 숙명 사이에서 잠시 존재하다가 떠나는 인생이다. 이것을 일생이라 한다면 결국 우리들의 삶은 많은 갈등과 고통을 외면할 수 없어 체험하면서 살아가야만 하는 것이다.

---

* 현곡 : 양중해 선생의 호

때문에 심리적으로나 정신적으로 숱한 두려움과 허무를 버릴 수 없는 것이다. 물의 상상력 즉 그 형상화의 범주 역시 다변적으로 나타나게 되어 있다. 그래서 섬과 바다 그리고 수평선이 지니는 형상화의 개념은 시인에게는 끊임없이 작용할 수밖에 없었던 것이다.

우리를 일깨워주는 환원된 공간 그 수평선은 숙명처럼 그의 작품세계를 지배했던 것이다. 필자는 이러한 시각을 현곡의 시적공간으로 설정하여 회귀곡선의 문학적 가치를 조명하고자 하는 것이다.

2. 수평선은 내면세계의 순수서정

현곡의 첫 시집 「파도」가 그러하듯이 현곡의 일관된 서정적 신드롬은 언제나 바다와 수평선을 상징적 공간으로 설정하여 시인 자신으로 돌아가는 길을 찾고 있었다. 만년에 상재(上梓)한 시집「수평선」역시 다를 바 없다. 때문에 그의 '바다'와 '수평선'은 동경과 추억으로 엮어놓는 모성적 고향이 되면서 메타포를 통한 아름다운 서정도 함께 불러일으킨다. 또한 알 수 없는 또 다른 연상 작용 즉 삶과 죽음 이승과 저승을 시적공간으로 설정하여 우리를 흥분시키는 것이다. 섬의 고독과 꿈의 상징인 '바다'와 '수평선'을 회귀곡선의 미학으로 연계시키고자 하는 시적 논리는 여기서 큰 의미를 지닌다.

여기에는 상징성을 전제로 하는 어떤 비평적인 안목이나 어떤 고집이 있는 것도 아니고, '소리의 시' 아니면 '이미지의 시'로 양분되는 미적 주권을 미학적으로 요구하는 그러한 치열함도 없는 것이다. 다만 바다와 수평선을 가시적 공간으로 설정하여 고향다운 자기도취적인 추억을 묘사하려는 데 의미가 크다 할 것이다. 이것이 곧 내면세계의 순수 미학인 것이다.

이러한 사실들은, 작가 작품집 자서를 통해서도 어림잡아 쉽게 접근할 수 있었던 것이다.

"수평선 그것은 나의 어린 시절의 꿈의 상징이었고 자라서는 섬사람들의 삶의 한계였으며, 오늘에 와서는 무한 고독한 현대인의 의식의 한 단면으로 느껴지는 것이다." 그리고, "어렵고 두려웠던 시절의 일기 속에서 몇 편의 짧은 글을 골라내고는 함께 묶어놓았다."라고 실토한다. 이것은 곧 수평선을 지레짐작하는 그러한 수평선 그 자체 그대로가 아니라 우리가 체험코자 하는 미학의 양면 구조로 등장된 삶과 죽음까지 변증하고 있다.

제주도 사람들은
수평선 안에서 산다.

까마득한 옛날부터 / 한라산의 발치라면 어디에라도 터를 잡고 / 수평선을 등지면 한라산 /
한라산을 등지면 수평선 / 그 누구도 / 길고 짧은 한 평생을 / 수평선에 갇히어
수평선 안에서 살다가
수평선 안에서 삶을 마친다.

제주도 사람들은 / 수평선 밖 어디쯤에 / 이어도가 있다고 믿어왔으나 / 다녀온 사람은 아무도 없다. / 수평선 안이 답답하면 / 이어도를 찾아 배를 띄어보지만 / 노를 저어 나가다 보면 / 앞으로 나갔던 만큼씩 / 다시 밖으로 물러서 버리는 수평선 / 제주도 사람들은 / 그 누구도 / 수평선을 한번도 건너보지 못하고
이어도에도 가보지 못하였다.

제주도에서는 해도 수평선에서 뜨고 / 달도 수평선에서 뜨고는 / 해도 달도 / 수평선으로 진다. / 구름도 수평선에서 일어나 / 수평선 안에서 떠밀려 다니다가
수평선에서 사라진다.

제주도의 수평선은 / 저렇게 아름답고 / 저렇게 조용하게 보이지만 / 수평선에서는, 지금도 / 거센 파도가 일고 있다. / 제주도 사람들의 / 기쁨과 눈물 / 삶의 맥박이
쉬임 없이 고동치고 있는 수평선

수평선은
제주도 사람들의 숙명이다.
선택이 주어지지 않는
한정된 우주이다.

〈수평선〉 전문

시의 성숙도를 이야기 할 때 전제되는 말은 우선 '시는 짧은 글' 즉 설명을 거부하는 문학이라는 것이다. 그런데 이 작품에서 '수평선' 이라는

시어는 무려 20여회나 반복되어 나타나고 있다. 때문에 표현 기법으로는 상당한 아이러니로 간주할 수밖에 없었던 것이다. 그러나 언어를 운용하는 기교는 서툰 대로 그것이 아니라는 점이다. 되레 정교함이나 온유함 아니면 침울한 심연의 늪 속으로 빠져 들어가는 그런 심리적 충격일 수도 있었기 때문에 진부한 문제는 여기서 접도록 하겠다.

어쨌든, 작가가 바라보는 수평선에는 삶과 죽음의 절박한 회귀곡선이 내재되어 있다. 이원론적인 또 다른 세계에 대한 초조까지 발견하게 된다. 삶과 죽음 사이에서 밀려드는 만년의 인생 회의 같은 아주 숙연한 공간일 수도 있었다는 것이다. 결국, 숙명과 운명이라는 화살 촉 사이에서 초조하게 존재하는 인생의 고독과 불안이란 정체가 무겁게 깔려 있다는 것이다.

제1연에서 전제된 삶이 그것이요, 제2연에서 처리되는 죽음이란 아집이 그것이다. 또 이어지는 제3연에서 토로하는 시적인 공간 즉 이어도를 대두시키는 변증법적 논리가 또한 그런 것이었다. 어쩌면 만년을 체험한 한 인생이 마지막 절규 같은 형이상학적인 아이러니가 아닐까 하는 착각도 든다. 그것은 실제의 섬 제주와 유토피아적인 이어도를 설정하는 데서부터 시작하고 있는데 결국 6연에서 처리되는 인간의 존재와 자연의 섭리를 조화시켜 거역할 수 없는 숙명을 노래하고 있다는 사실이 특이한 것이다. 수평선을 가리켜 회귀곡선의 미학이라 전제하는 이유도 바로 여기서 성립되는 것이다.

2000년 12월도 다 가는
31일 저녁
〈중략〉
묵은 태양은
마지막 화려한 빛을 발하며
서쪽 수평선으로 막 잠기려는 순간
"잘 가거라. 20세기여 안녕!"
이 한마디의 외침

〈고무풍선〉 1 중에서

이 작품에서도 역시 수평선이라는 심미안적인 회귀곡선을 설정하고 있다. 물론, '12월' 과 '31일' 그리고 '저녁' 이라는 짧은 서정적 시점이나 '잘 가거라 20세기여 안녕!' 이라는 운명적인 감정이입은 어쩌면 불안한 언어유희로 이어지고 있는 즉 언어의 소멸 그 자체로도 볼 수 있다. 그러나 전형적인 시적 요소와 이미지를 중시하는 본령은 그대로인 것이다. 다만 그 위에 고무풍선을 띄어놓고 심도 있게 유대감을 조성하고 있다는 사실에 주목해야 할 것이다.

너무나 작은
파란 송이들
그 하늘색 꽃송이들 속에 / 하늘 저 편의 많은 하늘들이
-〈중략〉
파란 꽃송이들

너무나 작은
그 바다 색 꽃송이들 속에
수평선 너머의 많은 바다들이
파도치며 밀려와 '멸치 후리는 소리' 를 하고 있는 것을

〈작은 꽃송이〉 중에서

'작은 꽃송이들' 그리고 '멸치 후리는 소리들' , 마치 수평선 너머에서 밀려드는 거친 파도소리와 함께 달려드는 알 수 없는 그 어떤 아우성들이 리얼하게 마음에 파고든다. 수평선 너머의 또 다른 바다 그 파도로 달려들어 '멸치 후리는 소리' 로 곡선을 놓고 있다. 이 얼마나 다급하고 초조함이 깔려드는 문학적 상황인가? 삶과 죽음이라는 갈등 속에서 교차하는 이미지의 내면적인 심상구도 결국 '파도' 는 우리 인생을 노래한 그러한 것이리라.

더욱 간절한 것은, 시집 전체에 반추시킨 시적 제재인 '수평선' 이라는 시어는 무려 30여회 이상 계속 등장하고 있는데 바로 이것 자체가 예사롭지 않다는 것일까? 현곡의 수평선은 이러한 시점에서도 존재가치는 충분한 것으로 생각한다.

3. 바다에 비친 섬의 고독

드디어 비평의 그물은 바다나 강물 아니면 샘물이나 폭포로 던질 수밖에 없는 것이다. 그것은 곧 물은 생명의 원천이면서 두려움의 대상이 되

기 때문에 제주의 섬은 어쩔 수 없었던 것이다.

(A)
섬은
안개만 끼면
큰 소리로 운다.
안개가 짙을수록
섬은 목청을 돋구어가며
처량한 소리를 지른다.
(B)
안개가 짙을수록
눈물로 흐리어져 버리는
등댓불,
어두운 바다
아득히
섬은 몇 번이고 몇 번이고
황소 울음을 울어야 한다.
(C)
자욱한 잿빛 안개만
섬은 오늘밤도 밤새
가슴을 문지르며
울어야 한다.

〈무적(霧笛)〉 (1) 중에서

(A)에서의 '섬' 은 아주 나약한 존재로 묘사되고 있다. 안개를 앞에 놓고 "큰 소리로 운다" "처량한 소리를 지른다" 이러한 시적 감정은 곧 안개라는 시각적인 공간 속에 설정된 인간의 기대감이나 나약함을 소리라는 청각적 이미지를 통하여 작가는 저물어 가는 인생의 내면세계를 제시(presentation)하려는 1차적 시적 감각일 수밖에 없었던 것이리라.

그러나 (B)에서의 '섬' 은 어두운 바다를 앞에 놓고 눈물로 가려 볼 수 없는 '등댓불' 에 대비시켜 만년의 심리구조를 객관적으로 엿볼 수 있도록 하였다. 그래서 황소의 울음소리를 통하여 자신은 울고 있다고 하였다. 자성의 목소리 아니면 현세적 분노를 접할 수 있는 모진 고통과 흥분을 통하여 작가로서의 숨겨진 긴장을 재현(representation)하려는 2차적 시도가 아닐까 하는 착각도 가능한 것이다.

(C)에서의 '섬' 은, 잿빛 안개를 앞에 놓고 "가슴을 문지르며 울어야 한다." 마지막의 섬은 결국 '잿빛 안개' 라는 시각적인 시상과 '울음' 이라는 청각적인 시심 즉 이미지즘적인 회화성을 가지고 심리적 정화를 시도하려는 일종의 나르시즘(narcism)으로 연상할 수도 있을 것이다. 이러한 시적 기법은 그의 작품 〈연북정(戀北亭)〉에서도 나타난다.

연북정 처마에는
언제나
제주바다의 수평선이 걸려 있다.
-〈중략〉

.... 항시 파돗소리가 울려 나오고
.... 갈매기의 울음소리.

그리움, 진정 무한한 울림으로 와 닫는 시상이 아닐 수 없다. 하필이면 연북정 처마에 걸려 있는 그 그리움, 어차피 수평선에는 갈매기 울음소리만이 처량할 뿐이었다. 우리는 인생을 형상화시킬 때 필히 대두시켜야 할 공간은 분명히 삶과 죽음이다. 그것은 곧 생명을 가지고 태어났기 때문에 인간은 죽음을 통해서만이 인생을 마감한다는 숙명론인 것이다. 세월에는 언제나 강을 끌어드린다. 즉 물레방아는 어떤 사연이나 시간 개념으로 개현될 수도 있겠지만 그러나 강물은 세월이란 시적 모습으로 형상화되어 인생을 묘사하기 때문에 그러한 것이다. 결국 강물을 사이에 놓고 이승과 저승을 오가는 카론이란 늙은 뱃사공의 정체성이 이를 입증하고 있다. 이것 자체 역시 수평선이라는 회귀곡선을 앞에 놓고 울부짖는 섬의 고독 즉 작가의 회한인 것이다.

나의 호주머니 속에 / 해당화가 한 송이 / 해당화 꽃보다도 / 더 붉고 / 더 아름다운
해당화 꽃 사진 한 장이.

기암 절벽이 / 우뚝 우뚝 솟아 있는 해금강 / 기암 절벽을 씻는 / 옥빛 바다 물결이
바다 물결에 젖고 있는
빨간 해당화 꽃 한 송이

-〈중략〉

대답은 바다 물결이 한다. / "안됩네다 안 됩네다" .....〈생략〉..... "꼭 찍고 싶으시면 /

이 넓은 해금강 / 전경을 찍고 가시라요! / 그 속에 해당화도 피어 있을 것입네다.

〈해금강의 해당화〉 중에서

생소한 어투들이 예사롭지 않다. 해금강을 앞에 놓고 남과 북 이렇게 계속되는 이데올로기적인 분단현실을 실감케 하는 가시적 기법이 돋보이는 부분이다. 자아에 대한 고질적인 집착을 제시하는 문학적 시점으로 간주할 수도 있을 것이다. 가능한 것이다. 더욱 분명한 것은, 강물을 가시적 공간이 아닌 형이상학적인 공간으로 설정하여 승화시키고자 하는 이원론적인 구도 즉 '실제적 해당화' 와 '또 하나의 해당화' 를 기암절벽에 걸어놓고 작가는 민족의 그 무엇을 노래하고자 빈 호주머니를 뒤적이고 있음이 아니던가? 역시 절박감 그 심정이다.

시는 시인보다도 언어를 통한 서정 그 자체가 더 중요하다고 볼 수 있기 때문에 언어시(Language poetry)라는 언어기교의 속성 역시 여기서 설득력을 얻고 있다.

돌 빌레
바람 잘 날 없어
한도 많은 섬 끝인데

잎 지고 / 꿈도 가는 / 늦가을 길목이라

한라산은 / 오름마다 / 억새꽃의 은빛 춤을

어촌 마을
앞 바다도
울부짖는 물결소리

모두는
가는 것일 뿐
오는 길은 적막하니

하늘 땅
빈 가슴에
어느 이름을 부르랴?

〈제주의 가을〉(2)의 전문

이 작품은 제6연 18행으로 되어 있는 서정적 자유시지만 가끔은 정형을 다듬는 솜씨까지 있어 특이한 것이다. 또한 여기에는 제주의 가을이라는 제재가 논제의 흐름을 그대로 말하고 있지만 '섬 끝' '울부짖는 물결소리' 그 속성에 형상화된 작가의 현실적 심리구조를 자연과 교감되는 샤먼적인 '억새꽃의 은빛 춤' 을 가지고 작가는 자신의 빈 가슴을 채워보려는 욕심을 보인다. 하늘과 땅 사이에 내재하고 있는 시적 자아를 통해서 '나' 라는 존재를 다시 들여다보고 싶다는 욕심이 돋보이게 만드는 대목이 아닐까(?)하는 생각이다.

'돌 빌레' 그리고 '늦가을' 때문에 바다의 울부짖는 물결 소리는 더욱 황당하여 마지막으로 부를 이름까지도 망각해 버리려는 작가의 심회가 더욱 안타까운 것이다. 지나버리는 세월의 아쉬움이나 안타까움이 억새에 이는 바람이 되고 만 것이다. 두려움인 것이다.

4. 상징과 자연과의 만남

섬은 자연이 우리들에게 선물한 마지막 유산일 수도 있다. 그렇다면 섬과 고독이란 정체는 도대체 무엇일까? 혼자나 외로움 아니면 인생의 뒤안길과 같은 그러한 사전적 속성을 말할 수도 있을 것이고, 아니면 생명이나 어떤 체온까지도 전무한 그 자체를 말할 수도 있을 것이다. 그러나 그 안에는 바로 사랑이란 상관적 의미가 함께 존재하고 있기 때문에 고독이라는 어의는 언제나 살아 움직이는 사랑인 것이다. 결국 사랑이란 개념이 전제되지 않고서는 고독이란 어사는 성립될 수 없는 것이다.

때문에 섬에는 외롭고 지쳐버린 인고의 세월이 살고 있으며, 그리움과 위로를 받고자 하는 그러한 침묵이 또한 살고 있는 것이다. 그러나 세찬 파도에 부서지고 마는 세월과 추억만이 살고 있는 그러한 곳일 수도 있다. 그래서 섬 그것은 덧없는 세월과 삶의 안타까움만을 안겨다 주는 그러한 곳이 아니던가? 그래서 섬은 수평선만을 바라보면서 침묵하고 있는 것이다. 문학적 유토피아로 점지하는 이유 역시 여기서 기인하는 것이다.

섬은
외로와야
섬이다.

바람 부는 날엔 / 종일 / 바다가 / 파도소리로 울고

깃 젖은 / 갈매기들만이 / 서로 부르고
대답하다가
날이 저문다.

〈섬〉(1)의 전문

섬은 역시 고독해야 섬이라고 했다. 곧 기다림이 그대로 살고 있다는 논리에 접근하고 있지만 소식을 나르는 파도소리가 있기 때문에 아쉬운 눈물을 뿌리고 있다. 기다리는 사랑이 전제된 말이다. 그래서 깃 젖은 갈매기가 되어 그들만이 허우적대다가 날은 저물고 만다는 안타까움, 가슴에 와 닫는 언어의 파편이 되고 말았다. 결국 벗어나지 못하는 숙명이라는 명제에 감정 이입된 서정적 포만감이라 말해 두고 싶다.

〈전략〉
섬에서는
진종일
모두가
물결소리로

흔들린다.

〈섬〉(2) 중에서

두려움 그 자체 바로 심리적 갈등을 섬을 통해서 승화시켜 보려는 시도가 신선하다. '물결 소리' 라는 시각적 시상과 청각적 시상을 조화시켜 '이미지의 시' 로 발전시켜 보려는 표현기법 역시 이색적이다. 섬은 이렇게 자연과의 주종관계 속성 속에서 언제나 '나' 라는 존재를 알리고 있는 것이다.

(A)

꽃은 피면서 / 눈송이로 덮여 가는 / 아, 누구라서 알리 / 이 아픈 사연을 ..... 〈생략〉

〈봄 눈〉 중에서

(B)

낙엽을 태운다 / 휴지가 되어버린 이력서에 / 불을 지핀다. / 바삭바삭 마른 낙엽은

청자 빛 연기를 솟구치며 / 분홍빛 불꽃으로 / 활활 타오르고 있다. .... 〈생략〉

〈낙엽을 태우며〉 중에서

(C)

별을 별답게 느끼게 하는 것은 / 어두움이다 / 별은 홀로 / 눈부신 모습으로 나타난다.

〈별은〉 중에서

현곡은 그의 작품을 통한 인간과 자연과의 조우(遭遇)를 통하여 자신의 인생을 다음과 같이 관조시키고 있다. 즉 (A)는 '꽃' 으로 (B)는 '불꽃' 으로 (C)는 영원한 '별(星)' 로 승화시킨다. 봄눈에서의 '꽃' 은 아픈 사연으로 묘사되었고, '낙엽' 은 분홍빛 불꽃으로 그래서 별은 영원한 빛인 '별' 로 승화되어 시심을 일깨우고 있다. 물론 작품 전반에 흐르는 언어감각은 그렇게 신선한 맛은 없었지만 그러나 그의 순수나 개연성을 필요로 하는 시적 이미지의 유추는 대단한 것이다.

5. 맺는 글

현곡 양중해님은 이제 세상을 떠나셨다, 1959년 사상계를 통하여 중앙문단에 데뷔한 그는 첫 시집 「파도」로 시작하여 「한라별곡」 「수평선」이렇게 상재(上梓)했지만 일관된 작가의 서정세계는 '바다' 와 '수평선' 을 모티브로 설정하여 시적인 이미지의 세계를 풍요롭게 만들고 있다는 점이다. 여기에는 어떤 조작이나 꾸밈이 있는 것도 아니고 또한 지나친 상징이나 기교가 전제된 것도 아니다. 그래서 이미지의 회화성이나 상징이라는 언어의 집이 빈약하여 간혹 흠이 되기도 하였지만, 그러나 자연과 인간을 또 다른 세계로 승화시켜 보려는 그의 문학적 노력은 긍정적으로 평가되어야 할 것이다. 그 역할이 바로 '바다' 와 '수평선' 을 통하여 시인 자신의 길을 회귀곡선으로 점지하고 있다는 사실이다. 이러한 사실은, '바다' 를 숙명적인 공간으로 설정하여 섬과 고독 그리고 사랑을 노래하는 언어의 유희들이 바로 이를 입증하고 있다. 그래서 저마다의 시심을 끊임없이 일구어 가면서 가슴으로 노래하는 것이다.

시인 현곡 양중해님의 서정은 영원한 고향인 제주의 섬과 고독을 함께 하면서 살아왔고 또한 바다와 수평선을 바라보면서 세상을 떠나신 것이다. 때문에 그의 서정적인 작품 세계는 인고의 세월과 함께 영원할 것으로 믿고 있다. 이러한 그의 바다와 수평선은 그의 인생을 모토로 하는 주관성이 뚜렷한 회귀곡선이 되고 있다는 사실이다. 고인의 명복을 빕니다.

정체불명의 우울증, 사랑은 어디에

- 작가 김가영의 작품세계 -

수필가 김가영의 작품세계는 한 마디로 독백을 즐기는 연극적인 삶 그 자체다. 평범한 인생을 관조하는 여성으로서의 독특함도 돋보인다. 인생 종사자로서의 극본까지 끌어안으면서 역량을 과시하는 다작작가로서 위상도 크지만 하나같이 그의 테마에서 포용하는 어사는 '남자' '여자' '사랑' '우울증' '불륜' '나'와 그리고 '당신'이라는 공간에서 떠나질 않는다.

그래서 '남자'와 '여자' 그리고 '부부'라는 일상적인 공간 속에서 시적 공간을 찾아가려는 유랑자 의식 또한 매력을 끈다. 즉 일상신변의 사회상을 평범하게 대두시켰지만 그러나 우리들에게 주지하는 '사랑'에 대한 메시지는 대단한 것이다. 미셀러니(Miscellany)적인 작품 속성에서 운명을 환기시키고자 하는 데 성공한 것이다. 그리고 '나'와 '너' 그리고 '당신'라는 대상을 설정하여 여성의 권리 개념을 윤리 도덕적으로 논한다는 측면이 강하게 제시되어 '남'과 '여' 내지는 이성관계에서 나타나는 사이비 모랄(moral)들을 그는 낱낱이 고발하고 나선다. 부연하자면 요지경속의 페미니즘(Feminism) 논리들을 과단성 있게 돌출 시키려는 시도 또한 그의 작품에 나타난 특징이라 할 수 있겠다.

이렇게, 작가 김가영의 작품세계는 모름지기 미셀러니적인 관점과 페미니즘적인 관점 이 두 가지 시점에서 조명되고 있음을 조심스럽게 말하고 싶다. 말하자면, 논리성을 중시하지 않은 것처럼 보이면서도 이성논리에서는 칼바람을 불러일으키는 차가운 고발정신이 있었음을 밝혀두고 싶고, 운명이든 궁합이든 그 사이에서 뿌리는 눈물과 마음의 응어리는 도대체 누구의 몫입니까(?)하는 외침까지 들린다. 이렇게 언어의 숲을 가지고 문학이라는 집을 지를 때 중요한 것은 작가로서 지녀야 할 품위와 자존심 즉 개성과 감화인 것이다.

문학 작품에는 이처럼 그 작가만이 지니는 독특한 개성이 없어서는 체온이 없는 글이 되어 생명을 잃고 마는 것이다. 또한 숨길을 통해서 형상화되는 어느 인물이나 사실들에 대한 가치, 우열, 선악 기타 어떠한 에세이(essay)적인 삶의 정서를 담는 인생 모습들 역시 독자들에게 어필되지 않고서는 예술로서의 여운을 남기지 못하는 것이다.

마치 단상(斷想)처럼, 생각이 미치는 대로 붓을 잡아 그때 그때를 기록한 것이 수필이라고는 하지만 장르로서 성숙미에는 문제가 가끔 나타난다. 말하자면, 한 쪽으로는 객관적이면서 지적인 관심사를 중시해야 하며 또 한 쪽으로는 주관적이면서 비평적인 특성을 조화롭게 제시하지 않고서는 수필영역에 문제가 생긴다는 논리다. 때문에 개성과 감화를 중시하면서도 지적인 품위와 삶의 철학을 독자층에 선물하는 노력이 있어야 할 것이다. 고독과 자기 학대 그 자체로만 인생을 살다 타계한 어느 여류시인 일생이 그러하듯이, 한 사랑을 놓고 불행과 행복이라는 정체를 체험하면서 살아가는 한 작가의 모습 자체는 멋스러움이 있다. 이것이 바로 작품을 대하는 오늘의 가치기준이 될 것이다.

김가영은, 어느 작품집 머릿글 첫 줄에서 이를 포용하고 있었다. 정체불명의 우울증, 무력감, 권태감 그것들로부터 탈피하고 싶어서 몸부림쳤다. -중략- 자기가 아파 봐야 타인의 아픔을 알 수 있다. 아픔을 모르는 사람은 타인을 진심으로 사랑할 수 없다. 모든 괴로움에서 도망치려는 생각만 하기 전에 그 괴로움을 철저하게 괴로워하는 편이 해결책이라는 결론을 얻은 것도 불과 얼마 전이다. 아니 조금 강해졌다고 하는 편이 맞을지도 모른다. 사랑도 그렇다. 상대에게 의존하는 한 진짜의 관계는 성립되지 않는다. 자기 혼자서도 살아갈 수 있다는 강함이야말로 사랑의 괴로움에서 벗어날 수 있는 것이다. 그는 이렇게 제 인생을 몸소 체험하면서 사랑에 대한 정체를 밝히려 몸부림친다. 어쩌면 작가 자신만이 지니고 있는 간곡한 의지일 수도 있을 것이다. 아니면 작가 자신만이 지니는 하나의 '끼' 라고 전제한다면 이것은 곧 '개성' 이 될 것이다. 요지경 속의 다행스러운 발견이라 생각된다.

그러나 〈무기를 든 여자〉는 유형을 달리하고 있다. 그 들머리 일부에서 접하는 조각난 의식 하나를 소개하자면 '남자란 참으로 제멋 대로다' 이렇게 시작한다. 실컷 꽃구경을 하고 나니까 늘 푸른 소나무가 좋다고 야단이다. 소나무는 소나무 나름대로의 생각이 있다. 그 소나무인 여자가 남자에게 해서는 안 되는 말이 있다. 예를 들어 '꽃도 단풍도 반드시 진다구요. 그 다음에 분명히 나의 애정을 알 거예요. 그러니까 지금은 좋을 대로 하시라구요' 이것은 결국 희곡이란 장르에서 효과를 전제로 하는 독백이나 방백에 토를 달고 있다. 그래서 그는 다음과 같이 자신을 위로하고 있었다. '꽃은 반드시 지는 것. 아름다움은 반드시 소멸하는 것. 나는 수수한 소나무. 지지 않은 자체만으로도 이겼어. 그것은 진리니까. 무기니까.' 이러한 대사다. 꽃은, 피는 것은 어렵지만 지는 것은 쉬운 것이다. 이것이 인생인 것을.......

어떻게 보면 인생이라는 공간을 스스로 설정하여 터득한 사랑이란 정체를 토로한 대목인데 문제는 '소나무' 에 '여자' 를 대비시켰다는 아이러니가 또한 클 것이다. 꽃과 단풍을 제 인생에 대비시켜 숙명적인 차원에서는 행복이었지만 그러나 운명적인 차원에서는 이를 불행으로 분출시켜 사랑이란 실체를 재현시켰다. 우리 인간은, 숙명이라는 화살과 운명이라는 화살 촉 사이에 잠시 존재하는 것이다. 그래서 인간은 언제나 두려움의 존재인 것이다. 내가 주관하는 사랑이란 주체 역시 결국은 행복과 불행이란 두 개의 축 사이에서 우리 인간은 언제나 시험 당하고 있음을 증명하고 있다.

수필가 김병권은, 김가영의 〈무기를 든 여자〉 장수필 월평에서 다음과 같이 말하고 있다. 가정을 소홀히 하는 남자와 그런 남자를 상대로 일시적 유희를 즐기는 제3의 여성에게 던지는 이 자위변은 결국 만고불변의 진리임을 수긍케 하고 있다. 그것은 마치 그 옛날 궁중비사(宮中秘史)를 풍자한 민요 가운데 "장다리는 한 철이요, 미나리는 사철이라"는 구절을 연상시키기도 한다. 즉 숙종의 애비(愛妃) 장희빈이 대군을 생산함으로써 방자해지자 당시 중전인 민씨에 대한 연민의 정이 세간에 회자(膾炙)되면서, 장다리는 장희빈을, 미나리는 민비를 비유하여 이런 민요가 생겨났던 것이다. 이것은 또 조강지처불하당(糟糠之妻不下堂)이라는 우리 고유의 전통윤리에 근간을 두고 있기 때문에 종국에는 제자리로 돌아온다는 것을 암시하고 있는 것이다. 이런 관점에서 볼 때, 이 작가는 여성에게 결코 조급하거나 서두르지 말고 느긋한 마음으로 기다리노라면 반드시 행복한 종장(終章)을 장식할 수 있다는 강한 메시지를 전한다고 진언을 하고 있다.

그리고 다음과 같은 시각 역시 좋은 예가 될 것이다. '남자' 와 '여자' 아니면 '남편' 과 '아내' 관계속성에서 높게 놓여 있는 벽을 예민하게 접근하면서 진언을 마다하지 않는다.

'분위기 있는 카페도 좋고 어느 좋은 이색지대에서 그녀를 만나 멋진 포즈로 함께 사진 찍기를 청한다면 거절하는 사람은 없을 듯 싶다. 더욱이 대상이 남자라면, 남자가 작품에 등장하기 때문에 작가에 대한 남자들의 관심이 많으리란 생각은 하지만 그녀의 지적 도도함은 그럴 때 여간한 무기가 아니다.'

이러한 평이한 일상의 언어들 역시 페미니즘의 범주를 넘어선 여성의 우월감 내지는 자신에 가득한 항변들이 된다. 여성으로서 자존심을 매우 소중히 생각하면서 삶을 향유코자 하는 작가로서의 세련미 그 자체라 말할 수 있다. 그래서 그녀의 목청은 언제나 여성으로서의 존재에 두어 자신의 가치관을 최대한으로 관리하는 것이다. 그러면서 여성이 남성에 의하여 예속되는 것을 완강하게 거부하는 것이다. 그녀는 그만큼 작가적인 특유의 개성과 자존심을 중시한다는 실상도 가능한 것이다.

그리고 작가 김가영은 '불륜' 이 만드는 사랑이란 실체에까지 접근을 한다. 남자와 여자 그리고 모든 연인들에게 보내는 사랑의 메시지 〈불륜의 사랑이 어리석은 이유〉가 그것이다. 그는 그의 책머리에서 분명하게 지적한다. '타인을 사랑하는 일은 참으로 어려운 일입니다. 그러나 분명한 것은 진짜 사랑은 상대방과 나 양쪽을 모두 행복하게 해 줍니다. 그리고 괴로움, 불안, 혼란, 모욕, 질투 그리고 소유욕. 그 때문에 괴로워하는 걸 열정이라고 하는 불륜은 불모입니다. 불륜이라는 사랑의 이름으로 덧없이 흘려 보내는 시간은 파멸일 뿐입니다. 지금 당신의 사랑은 어떻습니까?' 그리고 다음과 같은 제 문제점을 심도 있게 자문하고 있었다. '모르는 사이에 함께 인생을 걸어갈 수 없는 사람과 있으면서도 헤어지지 못하고 있습니까? 아닙니다. 그것은 사랑이 아니라 무의미한 열정입니다.' 인간은 태초부터 미완성된 존재로 태어났기 때문에 언제나 시행착오적 오류를 범하면서 살고 있어 그런 것이리라.

작가의 인생 그 여행길에는 수많은 계단이 쉬지 않고 놓여 있음을 실감케 하는 대목이다. 오르내리는 계단에서는 인생은 쉴 수도 있는데 세월은 계단의 용도가 자주 바뀌는 바람에 사랑의 계단은 완성을 지키지 못하고 만다. 불륜의 계단이 될 수도 있다는 것. 그래서 이 작품에서 발견하는 세련미 있는 표현기교 그 어사들은 한결같이 '또 하나의 러브스토리' 로 시작하여 '성숙한 여자' '여성적 요소 남성적 요소' '이별' '미망인의 사랑' '비밀과 연애' '질투' '편리한 여자' 등 일상적인 논조들을 서로 조화시켜 결국 불륜 그 윤리적 모랄을 고통스럽게 토로한다. 사랑이 어리석은 그 이유를 귀납 논리로 접근하고 있는 것이다.

끝으로, 작가 김가영은 그의 문집 〈왜 사랑하는 것을 안다면〉에서 제시된 "왜(?)"를 통해서 그는 사랑을 지속시키는 비결을 내놓는다. 왜(?)는 결국 인생에 대한 재발견이며 기발한 성숙을 의미한다. 그것은 곧 새시대에 대한 눈이요 사고(思考)의 원천이기 때문에 상당한 의미를 지니는 것이다. 다음과 같은 그의 입김으로 그의 작품세계를 더 느껴보는 것이다.

'겸허함이 있으면 어떤 의미에서 결혼 생활을 오래 지속시킬 수 있다. 겸허함이 그 비결인지 모른다. 겸허함이 결국 정신의 안정감을 주고 안심을 준다. 운명적인 만남이든 궁합이 맞는 사람들 사이든 기본적인 내용은 같다. 모든 인간관계에 있어서 중요한 요소는 겸허함이라는 것이다. 겸허함이 있을 때 만남이라든가 자신의 선택이 더욱 빛나는 것이다. 사랑이란 아름답고 매력이 있는 것에 마음이 빼앗기는 게 아니다. 외면적 아름다움이 사라지고 매력이 빛 바래도 그것을 소중하게 여기는 것이다.'

염정(艶情)과 풍류적 시풍의 정체성

1. 머리말

술과 노래는 태초부터 인간들이 지니고 있는 원초적 생활본능이다. 특히 어떠한 상황이나 시류에 따라서는 이것은 더욱 기승을 더했다. 그 풍류 시풍들이 바로 경기체가인 것이다.

이러한 경기체가는, 결국 상류층에서 태동된 시가문학의 한 장르이긴 하지만 무신집권 이후에 등장된 소외계층의 심상이었기 때문에 내용이나 형식면에서는 그렇게 소외될 수밖에 없었을 것이다. 부연하자면, 한문을 통해서 소외된 심상을 표현하려면 가락과 홍취를 돋우는 새로운 시형이 필요했을 것이고 그래서 즉흥 등장된 것이어서 경기체가는 염정과 풍류로만 그렇게 일관할 수밖에 없었던 것이다. 바로 무신들이 집권하여 정치적 주변을 장악하였고, 벼슬들은 조정에서 초야로 밀려나와 현실 도피적인 생활에 취해 있었기 때문에 작품 역시 그럴 수밖에 없었을 것이다. 때문에 내용이나 형식에 있어서도 정상적일 수는 없었던 것이다. 그 결과는 후렴구에 나타나 있는 "경 긔 엇더 ᄒᆞ니잇고" 이 내용이 이를 입증할 것이다.

양주동은, "최우의 집권을 중심으로 귀족계급의 문화는 퇴폐적 향락 즉 풍류연악 공히 갈수록 심하였다. 당시 상류 계급의 반시대적인 호화로운 생활상, 정신상 그 원숙한 문화에 잠긴 유연한 생활태도, 현실 도피적인 퇴폐사상을 여실히 표현하고 있다."[1]고 하였다.

또한 조윤제는 "그 때 고려는 무신이 집권하고 문인들은 조정에서 밀려나와 정치권 외에서 교계를 맺어 한갓 현실 도피적인 청유연락(淸遊宴樂)에 빠져 있었으므로 한학자들이 그러한 환경에서 일종의 유흥기분에 잠겨 문필을 종횡 하던 사이에.."[2]라고 말한다. 결국 고려 고종 때부터 쫓겨난 한학자들에 의하여 향락과 유흥적인 생활을 바탕으로 하여 그들의 어쩔 수 없는 심상을 술과 노래와 춤으로 소일 즐겼다는 사실을 알 수 있다.

2. 풍류적 시풍의 미학

우리 민족은 예로부터 둥근 달을 벗 삼으면서 술과 노래와 춤을 좋아

주1) 양주동 : 고려전주 . P31.
주2) 조윤제 : 국문학사 . P91.

했던 민족이다. 정월이면 하늘에 제사를 지내면서 나라 안에 큰 모임을 가지고 술을 마시고 노래하고 춤을 추는 부여의 영고가 그것이고, 시월이면 하늘에 제사를 지내고 나라 안에 안녕을 위하여 밤낮 술과 노래와 춤으로 즐겼으니 이를 고구려의 동맹이라 했었다. 그리고 항상 시월이면 하늘에 제사를 지내면서 밤낮 술 마시며 노래하고 춤을 추면서 즐겼는데 이를 예의 무천이라 했다. 이렇게 술과 노래와 춤을 즐기면서 풍요를 영위했던 것이 우리 민족의 미풍이었다.

그러나 태조는 고려를 건국하면서 서경에 학교를 세워 교육과 문치에 전념했으며, 광종 때는 과거제도를 실시하면서 한문학 발달에 비상한 충격을 주었던 것이다. 이와 같은 한문학의 발달은 상대적으로 우리 고유문학이었던 향가를 쇠퇴의 길로 몰았던 것이다. 그러나 향가문학이 쇠퇴한 후 그것을 표현할 수단을 잃었기 때문에 고려의 시가문학은 사실상 정상적인 발달을 보지 못했던 것 역시 사실이다. 말하자면, 한학자들이 아무리 한문에 능하여 시(詩)·부(賦)를 잘 한다 해도 그것으로는 우리 민족의 고유한 정서와 심상을 충분히 표현할 수는 없다는 것이다. 때문에 무신정변(武臣政變)이 겹치면서 조정에서 밀려난 귀족층 벼슬들이나 한학자들은 초야에 묻혀 살면서 차차 자기 각성이 생기고, 한편으로는 우리말을 가지고 생각과 감정을 현실적으로 표출시키고자 하는 욕구가 자연발생적으로 태동하게 된 게 아닌가싶다.

ㄱ) 사대부들의 풍류와 염정

그러면, 먼저 〈한림별곡〉을 통해서 작품에 나타난 상층사회의 풍류적인 생활 단면들을 접근해 보도록 하겠다. 이 작품의 연대와 작가에 대하여는, 고려사 악지에 기록된 것으로 보아 고종 때 유학자들에 의하여 만들어진 것으로 본다. 그 내용은 모두 8장으로 되어 있었다. 즉 시부·서적·명필·명주 ·화훼· 음악·누각·추천 이렇게 8경을 노래하여 당시 신흥 사대부들의 호화스럽고 향락적인 생활단면을 그대로 보여주고 있었다. 특히 중요한 것은, 안으로는 무신들의 집권과 밖으로는 몽고의 국토유린 이렇게 내우외환으로 인하여 전체적으로 아주 불안한 배경 속에 놓여 있었기 때문에 노래 역시 향락적이면서 당시 상층사회 문신들의 생활을 비유적으로 표현하고 있었다. 그 일부를 살펴보기로 한다.

〈3장〉

양의 수염으로 맨 붓, 쥐의 수염으로 맨 붓을 비스듬히 들어

아! 획을 찍는 광경 그것이 어떠하옵니까?

↑

〈4장〉 ← **풍류적시풍** → 〈5장〉

〈4장〉

댓잎 술, 배꽃술, 오가피

앵무잔 호박배에 가득 부어

아! 권하는 정경 그것이 어떠합니까?

〈5장〉

능수버들과 옥매, 누른 장미와 자줏빛 장미

아! 어우러져 핀 정경 그것이 어떠합니까?

합죽과 복숭아꽃 고운 두 그루,

↓

〈 6장〉

아아! 밤을 새우는 정경 그것이 어떠합니까?

일기홍이 비끼 부는 피리소리

아아! 듣고야 잠들고 싶습니다.

↓

〈7장〉

아름다운 여인이 수놓은 비단 장막을 쳐 놓은 방 안에서 구슬발을 반쯤 걷고

푸른 버들과 대나무를 심은 둔덕에

아아! 꾀꼬리와 앵무새의 지저귐 반갑기도 하구나

↓

8장

붉은 실로 붉은 그네를 맵니다.

아! 나의 가는 곳에 남이 갈까 두렵구나.

옥같이 예쁘고 가냘픈 두 손길에

아! 손을 마주 잡고 노는 정경 그것이 어떠합니까?

「악장가전」

이렇게 사대부들의 여유 있는 풍류와 염정이 노골적으로 표출되어 나타난다. 제3장인 경우는 상층사회 문신들의 생활단면이 그대로 잘 나타난다. 감히 넘보지 못할 위상이 어떤 사실과 해학성에 바탕을 두어 표현되었지만, 4장으로 시작하여 8장까지는 한결같이 그들의 풍류적인 생활 즉 호화스럽고 향락적인 생활감정이 그대로 묘사되어 잘 나타나고 있다.

배꼽 술을 앵무잔 호박 배에 가득 부어 마셨다. 또한 능수버들과 옥매의 옷고름을 풀고 있으니 이 얼마나 에로틱한 상황이겠는가. 아름다운

연인이 수놓은 비단장막은 또한 무엇을 비유하고 있는지, 말 그대로 하나하나가 다 색정적 상황들이 아닐 수 없다.

그리고 대나무를 심은 둔덕은 무엇에 빗대어 표현하고 있으며, 꾀꼬리와 앵무새의 지저귄 소리들이 요란을 치고 있으니 방안의 정황은 가히 짐작이 가고도 남음이 있다할 것이다.

그래서 그네에 내 인생을 띄어보는 여유까지 보이고 있으니 그 풍류와 염정은 극에 달하였다 해도 과언은 아닐 것이다.

ㄴ) 향수와 그리움의 염정

고향에 대한 향수와 서경이 잘 묘사된 작품은 역시 〈죽계별곡〉이다. 고려 충숙왕 때 강릉 순무사로 있던 근재 안축(1287-1348)이 지은 경기체가인데, 사대부들이 자연에 접하는 감흥과 위상들이 조화 있게 잘 반영된 작품이다. 그리고 이 작품은 전 5 장으로 되어 있으며 작자의 고향인 풍기 . 죽계의 경치를 노래한 우수한 서경문학으로도 알려진다. 우리는 이 작품을 통하여 고향에 대한 애정과 사랑이 어느 정도인지 통석 자체에서 음미해 보도록 하겠다. 대부분은 이두로 표기되어 있지만 여기에서는 그대로 현대문으로 접근하도록 하겠다.

〈4장〉

초산효와 소운영 기녀들과 동산에서 노닐던 좋은 시절에,
꽃은 만발하여 그대 위해 훤히 트인 버드나무 골짜기로,
바삐 오길 기다리며 홀로 난간에 기대어, 꾀꼴 새 울음 속에는,

아! 꽃처럼 검은 머릿결이 구름처럼 흘러내려 끊임 없는데,
타고난 천하절색인 소도홍 마음이면
아! 천리 먼 곳에서도 그리워함을, 또 어찌 하겠습니까?

〈5장〉
붉은 살구꽃은 휘날리고 풀은 푸른데, 술동이 앞에서 긴 봄날이,
녹수 다락은 깊고도 그윽한데, 거문고 타는 위로는 여름 훈풍이,
황국단풍은 청산을 비단처럼 꾸미고 하늘은 기러기 날아간 뒤라,
아! 눈 위로는 달빛이 어리비치는 광경, 그것이야말로 어떻습니까?
중흥하는 성스러운 시대에, 길이 태평을 즐기느니,
아! 사철을 즐거이 놉시다그려

이 작품은 「근재집」에 수록되어 전해지고 있는 작품인데 일반적으로는 고향에 대한 향수와 그리움으로 일관된 서경문학으로만 알고 있다. 그러나 4장과 5장은 그것이 아니다.

초산효와 소운영 기녀들과 유쾌히 놀던 "동산"의 개념이나 여인네들의 화색(꽃)은 날로 홍분되어 결국 버드나무 골짜기로 유인되면서 한사코 바삐 오시길 기다리고 있으니 그 정황인즉 얼마나 다급했겠는가. 짐작이 가고도 남음이 있다할 것이다.

그리고 술을 앞에 놓고 붉은 살구꽃 긴 봄날을 즐기고 있다. 또한 거문고 타는 그 위로는 여름 훈풍을 만끽하는 여유도 있는 것이다. 황국단풍은 청산을 비단처럼 꾸미고 있지만 그러나 기러기의 외로움은 무엇에 비유할 것인가. 사철을 배경으로 지니고 있는 자연과 계절감각도 그렇

지만 더한 것은 연인에 대한 그리움이나 염정은 더욱 버릴 수 없다는 것이다.

ㄷ) 노래와 술과 여인들

상층사회의 유생 호걸들은 한결같이 노래와 술과 여인들을 즐겼고 풍류 또한 대단한 것이다. 〈화전별곡〉이 그것이다. 이 작품은 중종 때 자암 김구가 을묘사화로 인하여 해남 화전에 유배되어 있을 때 지은 전 6장으로 구성된 경기체가인데, 여기에서는 원문은 밝히지 않고 다만 통석만을 통해서 花 + 田 = "꽃밭"이 주는 어떤 이미지처럼 각 장마다 요염하게 흐르고 있는 내용만을 읽으면서 나름대로의 생각을 펴보도록 하는 데 의미가 있을 것이다.

첫 장에서는, 산천이 빼어나서 유생·호걸·준사들이 모여들매, 인물들이 번성하느니 노래·술·여인들과 더불어 모여들었던 인걸들이, 아! 나까지 보태어서 몇 분이나 되겠습니까. 이렇게 花와 田의 풍류를 노래하였다. 결국 술과 여인과 노래는 버릴 수 없는 것이었다.

둘째 장에서는 유배지에서의 교우관계를 노래하였는데, 박 교수가 손을 저으며 술 취한 가운데 버릇과, 강륜이 잡담과 방훈이 자는 모습과 정기가 잘 먹는 모습들, 아! 벼슬들이 모여드는 광경, 그것이야말로 어떻습니까. 겨루는 시 짓기의 풍월에서 운을 부르면 화답하는 광경들 겸하여 비록 유배지라 할지라도 술과 시와 노래를 즐겼다. 현실적으로는 이해가 어려울 정도임에도 그들은 낙천적으로 살기를 원했고 그래서 술과 노래와 여인은 필수적인 것이었다.

셋째 장은, 화전의 빼어난 아름다움과 연악을 노래하였다. 강금의 노래와 춤·녹금의 장구소리 버린 학비와 못났는 옥지. 아! 꽃 수풀의 아름다움을 이기는 광경, 그것이야말로 어떻습니까 철석같이 굳고도 단단한 지조라 할지라도 아니 끊어질 리 없도다. 이쯤이면 소위 화림승미 경이 어떠한 경지라는 것을 접할 것이다. 또한 꽃 수풀이 지니는 음미의 세계를 접근할 필요가 있다.

제4장은 연악 중의 좋은 음악을 노래하였는데, 한원금은 시문으로 노래하고, 정소는 풀피리를 잘 부느니, 혹은 바릿대도 치고.혹은 소반도 두드리고, 잔대도 쳤도다 그 취한 모습들 .... 스라렝딩하며 타는 거문고 소리를 듣고서야 잠에 들 것이라고 한다. 제5장에서는 각양각색의 주효가 풍요로움을 노래하였다. 녹파주와 소국주에 맥주와 탁주 등 여러 가지 술에다 황금빛 나는 닭과 흰 문어 안주에 유자잔을 접시대에 들어 잔을 권하는 광경, 그것이야말로 어떻습니까. 아! 어느 때 슬플 적이 있을고. 감히 짐작이 갈 법도 한 것이다. 마지막으로 제6장에는, 바로 안빈낙도의 생활에서 행복을 찾는다는 노래로 끝을 맺고 있다.

3. 미학적 특성

경기체가는 빈번히 사용된 전통적 율격 양식을 따라 그 내용을 전개시켜 나갔기 때문에 나름대로의 특유한 율동적 개성이나 형식에서 미학적 특성을 점지하는 것이다. 형식의 필연적인 까닭은 그 작품 배경과 작가의 정서에 직결되어 있기 때문에 표현 기교와 의미 역시 특이하다고 할 수밖에 없는 것이다. 이러한 특성을 밝히는 데 가장 중요한 열쇠는 바로 전환의 규범적 격식인 "위 ~ 경 긔 엇더 ᄒᆞ니잇고" 이 부분에 달려 있다고 보는 것이다. 이것은 곧 경기체가를 경기체가답게 해주는 가장 핵심적인 독특한 시적 기능인 것이다.

"위(爲)" 또는 "위(偉)"로 출발하고 있는 " ~ 경 긔 엇더 ᄒᆞ니잇고"에는 주관적인 감정 내지는 정서를 환기시켜주는 그러한 미적 기능을 그대로 수행하고 있기 때문이다. 자연과 인간 . 환경과 나 그 사이에 인식의 주체인 자아와의 관계 즉 작품 속의 "나"와 연결된 시적 세계가 유기적으로 연결되어 있다는 논리다. 이것은 바로 정서적 관상물로 치환된 관조적 의미를 충분히 개현시켜주는 구실을 하고 있다는 것이다. 작품의 일부를 접근하면서 이를 살펴보기로 한다.

「안진경의 글씨, 비백서, 행서와 초서 / 양의 수염으로 맨 붓, 쥐의 수염으로 맨 붓을 비스듬히 들어 / 아! 획을 찍는 광경 그것이 어떠하옵니까? / 오생과 유생의 두 분 선생 ~ / 아아! 갈려 써 내려가는 정경 그것이 어떠합니까?」이러한 표현기법이나 그 의미의 깊이는 현대문학에서는 감히 넘보지 못하는 그 어떤 매력이 있는 것이다. 상층사회의 유생·호걸들만이 지니는 위상인 것이다. 즉 일반 서민층에서는 찾아 볼 수 없는 사대부들만의 지닐 수 있는 기풍이요 여유인 것이다.

「황금주, 백자주, 송주, 감주 / 댓잎 술, 배꼽술, 오가피주 / 앵무잔 호박배에 가득 부어 / 아아! 권하는 정경 그것이 어떠합니까? / 유령과 도연명의 두 신선 / 아! 취한 것이 정경 그것이 어떠합니까?」

유령과 도연명의 신선주가 부러울 정도의 여유와 주흥을 즐기는 평화향의 정경을 진솔하게 꾸며주고 있는데 이것 역시 귀족층에서나 헤아릴 수 있는 풍요로움이요 해학성인 것이다.

「붉은 모란, 흰 모란, 정홍모란 / 능수버들과 옥매, 누른 장미와 자줏빛 장미, 지란과 영지와 동백 / 아아! 어우러져 핀 정경 그것이 어떠합니까? / 합죽과 복숭아꽃 고운 두 그루 / 아! 서로 비친 경치 그것이 어떠합니까?」 옥매와 동백 할 것 없이 인간의 삶과 마음 그 자체는 바로 사랑 그 자체이며 인간이 바라는 미의 도달점 역시 자연과 사랑이라는 일상적인 시각으로 접근할 수 있을 것이다.

이러한 기법 외에도, 명승고적들을 두루 살피면서 자연을 관조하는 능력이라든가 여유, 고향에 대한 향수나 그 주변을 묘사하는 서경기법 같은 것들 역시 미의 특성으로 지적할 수 있을 것이다. 윤리·도덕관을 주축으로 이어졌던 효의 실체나 교육적인 기대 역시 대단한 것이었다. 특히 〈화전곡〉같은 작품에서 처리된 노래와 술과 여인들과 즐기는 유흥이나 그 여유 그 표현기법은 당대가 아니면 찾아 볼 수 없는 시풍으로 지적하고 싶은 것이다.

이러한 시점에서, "위 ~경 긔 엇더 ᄒᆞ니잇고"가 포용하고 있는 범주에는, "위(爲)"와 "경(景)" 속에 귀결되는 시적 자아와 정서는 이러한 속성을 포용하는 미적 특성인 것이다. 작품들의 배경 자체가 설령 정치적인 혼란이나 사회적인 불안 때문에 야기되는 어떠한 상황이 급박한 처지에 놓여 있었다 할지라도 작가들은 이를 충분히 수용할 수 있는 여유가 있었다. 삶의 지혜는 폭넓은 자기 관리와 자신의 인생으로 작품 속에서 누리고 있었던 것이다. 혹, 지나쳤을 때 술과 염정이 있었다고 볼 수 있으나 일반적으로 풍류경에 접근되었을 뿐이요, 혹 좌절이란 시각으로 퇴폐적인 경향으로 접근할 수도 있었으나 그것은 구극적인 삶을 기대한다는 조화의 기법에서 해법을 찾을 수 있었던 것이다. 필자는, 양자를 다 같이 조화와 의지를 갈구하는 지향적인 시의 세계로 바르게 설정하고 싶은 것이다. 곧 자아와 주관에만 의존코자 하는 것이 아니라 시적 자아와 현실적 자아 사이에서 정체성을 찾고자 하는 것이다. 절대적 진실에 대한 갈망보다는 비중이 더 큰 시적 가치에서 심연의 미적 숨골을 찾고자 하는 것이다. 이것이 곧 경기체가의 형식과 내용을 통해서 노리는 미학적 특성인 것이다.

4. 맺는 말

고려시대 후기, 새로운 이념 세력으로 등장한 신흥 사대부들에 의하여 또한 신흥 지식인 특유의 사유방식에 의하여 태동된 이 경기체가는 그 성격이나 형식이 비교적 선명한 것이다. 다만, 특이한 운율형식과 한문 중심으로만 이루어졌기 때문에 우리말 시도 아니요 한시도 아닌 그래서 기형적이라는 어사를 붙여 평가를 내리는 시가이긴 하지만 그 생성력과 전파의 힘은 크다고 볼 수 있다. 그래서 거듭되는 반복과 전환의 구조 그리고 변화와 분방함 때문에 이 시가를 가리켜 일종의 변주장치라고까지 말하고 있는 장르가 된 것이다.

이를 입증할 수 있는 것은, 동일한 구조를 지닌 몇 개의 연이 중첩되어 한 작품을 이루는 연장형식이 그것이요, 각 장의 구조 자체 즉 단연 형식은 작품다운 시적인 맛을 낼 수 없도록 짜여져 있다는 사실이다. 그래서 3장 이상을 필요로 하고 있다. 그리고 경기체가는 일반적으로 한 연이 7행으로 이루어지는데 이것이 다시 두 개의 구조적 단위로 양분되는 분절형식을 취하고 있기 때문이다. 이러한 구조적 특성을 주도했던 사대부 계층들은, 불교 중심 문화의 모순과 한계를 인식하면서 유가적 세계관을 영입하려는 현실의식 역시 작품 속에서 강렬했던 것이다. 경기체가에 보이는 미학적 특성은 바로 이러한 의식과 자신감은 물론 지향적인 세계를 객관적인 현실에서 찾고자 하는 의욕이 대단한 것이다.

결국, 경기체가라는 장르는 사라졌지만 그러나 당시의 강렬했던 신흥 지식인들의 세풍은 영원할 것이다. 말하자면, 초기 한림제유의 〈한림별곡〉과 안축의 〈관동별곡〉 〈죽계별곡〉 등 고려 작품들이 바로 이러한 신흥 사대부들의 표현기교와 미학적 특성들이 그것이요, 인간의 심리적 정신적으로 나타나는 강박관념의 실체 속에서 여유를 찾고자 하는 심상이 결국 술과 여인과 춤이 어우러져 있음도 간과해서는 아니 될 것이다. 윤리·도덕적인 노래로 현실성을 중시하고자 했던 것들, 그리고 자연과의 조화를 시도하면서 인간의 심리적 정서까지 일관하고 있는 시풍들이 바로 이 시가에 나타난 미학인 것이다.

시 론(時論)

Public opinion

십수 년을 시론(時論)과 함께 걸어왔다.

통탄스런 사건들과 안타까운 의식에 이르기까지도 .....

올바른 역사관과 새로운 삶의 정도(正道)를 위함이라 해 두자.

200자 원고지도 한숨을 뇌쉬었고,

컴퓨터 활자 역시 눈물을 흘렸다.

이것이 "나"였을까?

알 수 없는 것이리라!

숱한 원고들은 활자화 되기를 원했다.

때문에,

여기 모음 역시 서슴치 않았다.

시론(時論 Public opinion)

입술에는 반 미소 달고

요즘 TV에서는 인기 속에 방송되고 있는 몇 편의 사극들이 있다. 그 하나는 KBS "王과 妃"요, 또 하나는 MBC 창사특집 드라마 "허준"이란 사극이 그것이다.

여기서 지켜보고자 하는 것은 역사의 흐름 앞에 외줄을 긋고자 하는 논리가 아니라, 어제 오늘 계속되고 있는 혼탁한 정치권의 실상을 연계시켜 정치일각의 명암들을 찾아보고자 하는 것이다. 왕조와 왕권만을 지키기 위하여 무모하게 움직이는 온갖 계략과 비(妃)의 독소들이 그것이요, 권세와 명예를 부지하기 위해 꾸며대는 알량함과 그 이중적인 표정 속에 전개되는 간신들의 농간이 사극 "왕과 비"의 실체인 것이다. 한을 푸는 데에 굿이 필요한 것처럼 역시 칼과 피는 어쩔 수 없는 것이었을까. 착잡한 심정으로 오늘의 실상과 그 흐름을 지켜보고 있는 것이다.

나는 가끔, 고조선으로 시작하여 우리 나라 국호들을 읽으면서 이런 생각을 해 본다. 어째서 왕조의 명칭들은 이렇게 많이 바뀌었을까 하는 것이다. 상처의 흔적임에 분명한 것이다. 때문에 왜침이 계속되었고 식민지 통치와 숱한 내. 외란으로 죄 없는 백성들만 모진 풍파에 시달린 역사의 꼴이 되고 말았다는 사실이다. 역사는 깊은데 어째서 문화는 뒷전이란 말인가? 그 이유는 바로 여기서 성립되는 것이다. 이런 시점에서 요즘의 정치 즉 미묘하게 움직이는 정가의 정치 작태들을 직시하자는 것이다. 마치, 선무당 장구 탓하듯 입들만 떡 벌리고 서있는 국회의 꼴들을 지켜보자는 것이다. TV를 통해서 자주 듣는 정치무대의 목소리까지 읽어보자는 것이다. "모든 국민들의 여망에 따라서…" 입술에는 반 미소 달고 "국민" 이 말이 닭살을 일게 만든다. 구실 이러한 것들이 문제인 것이다. 철새 정치인들이나 아니면 정부나 정당에서 어떤 시책이나 당론을 발표할 때면 으레 입에 달고 다니는 말이다. 이러한 상황들은, 우리 국민들의 의사나 아니면 아무런 동의 없이 그저 멋대로 내뱉는 似而非 짙은 말들 그 정체들을 알아야 할 것이다. 개탄할 일이 아닐 수 없다.

세상은 좋은 머리가 필요한 것이 아니라 좋은 사람이 필요한 때이다. 그래서 특집 드라마 "허준"이란 주인공이 우리에게 주는 의미는 대단히 큰 것이다. 물론, 허준은 선조 때 왕명에 의하여 '동의보감' 을 저술한 인물이지만 이 드라마에서 주목해야 할 대목은 의술 그 자체가 아니라 '하늘의 법전' 인 것이다. 곧 사랑과 참 인간의 모습을 모토로 하고 있기 때문에 여기에서는 그 어떤 권력이나 명예가 필요한 것도 아니었다. 권위나 명세가 전부일 수는 더욱 없는 것이다. 그래서 참 의술에 의해서만이 참 생명이 존재한다는 철학을 공부하고 있다.

요즘 정가는 때를 타는 모난 얼굴들이 우후죽순처럼 떠다닌다. 알량한 정객들은 체면이나 법 윤리도 전혀 없는 상태다. 때문에 이러한 상황들을 극복할 만한 생각이나 이해의 시각은 전무한 대상이 되고 말았다.

인간의 삶의 속내를 보여주는 어설픈 사설에 불과할 것이지만 국민들의 의중을 무시하면 고매함도 무시되는 세상임을 그들은 똑똑히 느껴야 할 것이다.

'왕과 비' 는 바로 이러한 낡은 정치의 일상을 조명하는 것이어서 더없이 좋은 표본이 될 것이다. 원망과 한의 종말은 결국 피와 죽음이 있었을 뿐이었다. 그러나 '허준' 은 숱한 희생과 고생 끝에 참 의술 즉 '동의보감' 이라는 참 생명이 탄생된 것이다. 이 얼마나 훌륭한 우리 인류사의 큰 업적이란 말인가.

이제 우리가 처한 세상은 많은 변화를 요구하고 있다. 정치무대에서 균형을 잃게되면 우리 모두는 표류 아니면 난파선의 운명을 면치 못할 것이다. 우리 모두 미래를 위한 민족사의 항해를 긴 안목으로 걱정해야 할 때이다

대학교육의 허(虛)와 실(實)

본래, 대학교육이 지니고 있는 목적은 광범한 지식은 물론 심오한 학문과 예술을 교수 연구하여 지적 도덕적 능력을 발전시키는 데 있는 것이다. 그런데 요즘의 흐름이나 추세는 그것이 아닌 것이다.

오직 직업적 능력에 대하여 일정한 자격의 유(有)·무(無)만을 기대하는 교육 즉 산업화의 구도 그 자체에서만 머물고 있으니 문제가 되는 것이다. 그래서 인성교육에 먹구름이 일고 있는 것이다.

예로부터 우리 나라는 유구한 역사와 전통 속에서 면면히 이어지는 정신적 지주가 있는 것이다. 그것은 다름 아닌 국조 단군의 건국이념이면서 교육의 지표가 되었던 홍익인간의 정신 그것이다. 다함께 잘 사는 인간세계를 만드는 것, 결국 지(知)·정(情)·의(意)의 조화 속에 바람직한 인격과 넓은 교양을 두루 갖춘 인간을 교육하는 데 큰 뜻을 두었던 것이다. 그런데 요즘의 교육현장은 그것이 아닌 그저 자격증 속성에만 몸과 마음이 묶여 있는 듯 안타까움이 말이 아닌 것이다. 사랑을 바탕으로 하는 참교육의 근본인 인성교육·전인교육은 간 데 없다. 교육의 주체는 자율화의 입김만을 가지고 좌지우지하고 있기 때문에 혼란과 오류는 더욱 가중되어 표류만 계속되고 있는 것이 현실인 것이다.

다음은, 일관성 없는 정책과 정체성이 애매한 자율화 바람이 문제인 것이다. 교육의 지표는 분명 참인간 참 이론인데 이것들이 전부 사장되어가고 있는 것이다. 때문에 대학의 권위는 물론 전공 이론까지도 외면당하는 처지에 놓인 것이다. 원인은 바로 교육주체가 제시하는 대학 특성화 구조조정이 그 하나요, 가끔 대학 자체에 일임한다는 자율화 바람이 문제를 일으키고 있는 것이다. 물론 부분적으로는 득도 있을 수 있는 것이다. 그러나 방향도 책임도 없는 교육 자율화 바람은 언제나 경쟁 쪽에서만 초점이 모아지고 있기 때문에 특히 사립대학인 경우는 더욱 큰 문제로 대두되고 있는 실정이다. 내년 학기부터는 수시 모집제도를 도입하여 대학자체에서 자유 선발까지 일임하도록 하고 있기 때문에 대학교육에 대한 신뢰는 물론 어쩌면 대학교육이 아닌 일반 학원화 경향으로 전락하기에까지 이른 것이다. 자율화 그 자체가 능사만은 아닌 것이다.

그 다음은, 컴퓨터에 의존하는 교육 흐름이 그것이다. 대학 교육은, 자기 인생에 대한 재발견이며 제반 이론에 있어서는 기발한 성숙을 기대할 수 있는 폭 넓은 학문의 전당이어야 한다. 그러나, 새로운 눈과 훌륭한 사고(思考)의 원천이 되는 대학생활의 꿈과 낭만은 한갓 허상에 불과한 것이 되고 있는 것이다. 그 하나가 컴퓨터 의존 교육에만 절대성을 두고 있기 때문이다. 대학마다 가정마다 빠져들고 있는 컴퓨터 교육의 실상을 어떤 교수는 "인간 스스로 만든 무덤"이라고까지 말하고 있다. 이 말은 결국 컴퓨터 자체는 모든 면에 있어서 상당수준의 정보기관이며 또한 우리 생활을 직접·간접으로 중요한 역할은 하고 있겠으나 지나친 의존도 때문에 "나"라는 주체는 알게 모르게 함몰되고 있다는 논리다. 이렇게 된다면 감정의 체험에서 유발되는 정서에 문제가 생긴다. 정서(情緒)는 모든 심적 능력의 모태이기 때문에 심적 능력의 발달은 결국 정서교육이 어떠함에 따라 결정된다고 하겠다. 부정적인 인간관계가 그것이요, 메말라 가는 시각들이 또한 그러한 것이다. 교육이 흔들리면 민족의 정서는 물론 한 국가의 운명이 기로에 서게 되는 것이다. 인간 그 자체에서도 모진 갈등과 대립적 관계로 삭막한 세상이 되고 말 것이다. 때문에 대학교육은 제도에서 시작하여 교수 학생들도 피나는 연구와 이론을 이어받아 떳떳한 참 교육이 실행되도록 노력해야 할 것이다. 그리고 예리한 평가 속에서 실추된 권위와 위상까지도 바로 세워야 할 것이다.

교수 재임용제도는 필요한 것인가?

생각이 바뀌면 세상도 바뀐다고 하는데 우리는 지금 그대로 앉아 있는 것이다. 오늘이 오늘로 그대로 앉아 있게 되면 우리들에게는 내일이 있을 수 없고 또한 미래는 언제나 어둡기만 할 것이다.

우리는 지금 엄청난 변화의 시대에 살고 있는 것이다. 때문에 바른 눈을 가지고 살펴야 할 것이며, 밝은 생각을 가지고 멀리 바라보지 않으면 언제나 악순환 그 자체뿐인 것이다.

모든 일에는 언제나 시행착오가 있을 수 있다. 그러나 교육은 낡은 사고(思考)를 과감하게 털어 버리면서 새롭게 태어나야 하는 것이다. 이러한 시점에서, 지난 11일 국무회의는 교원지위향상을 위하고 기타 분쟁조정을 위한 「교원 예우에 관한 규정」을 통과시켰다. 다행스러운 일이 아닐 수 없다.

이것은, 교원에 대한 경시풍조와 교권보호에 대한 국가정책의 부재 속에 가속화되어 온 교육위기를 극복하고 사회적으로 인간적으로 존경받는 새로운 교육여건을 조성하자는 데 그 의미가 있는 것이다. 또한 교권확립을 돈독히 하고자하는 정부차원의 의지이기도 한 것이다. 정책 부재, 홀대 교육 이러한 여건 속에서 그나마 기대되는 바 크다 할 것이다. 지금까지는 검찰총장의 지시 및 국무총리 지시(총리훈령) 형태로 교권침해 사건은 그 한계를 들어내고 있었는데 지금은 대통령령으로 격상시켜 제정 공포했다는 것이 높이 평가되고 있는 것이다. 이제는 실추된 교권을 되찾고 요지경으로 활보하던 제반 오류들을 일소하면서 교육풍토 개선에 획기적인 전환점을 모색할 때이다. 특히 사립대학인 경우는 일방적인 사립학교법에 맞물려 제반 규제와 압력 그리고 온갖 횡포로부터 말못할 불이익을 감수하면서 살고 있는 것이 현실인 것이다.

교원예우에 관한 규정 제7조(교원에 대한 민원 등의 조사)를 보면, "국가 및 지방자치단체는 교원에 대한 민원·진정 등을 조사하는 경우에는 관계법령이 정하는 바에 따라 당해 교원에게 소명할 기회를 주어야 하고, 정당한 사유가 없는 한 그 결과가 나오기 전에 인사상의 불이익한 조치를 하여서는 아니 된다. - 중략 - 국가 및 지방자치단체는 교원의 정당한 교육활동이 부당하게 침해되거나 교육활동과 관련하여 교원에 대한 폭행·협박 또는 명예훼손 등이 있는 경우에는 이를 관계법령에 따라 엄정하게 조사·처리하여야 한다."라고 규정되어 있다. 이 법령은 결국 교원지위향상을 위한 대단한 포고령인 것이다. 문제의 온상은 바로 사립학교법의 실체와 교수 재임용제도의 부당성에 맞춰지고 있다는 사실이다. 본래, 교수 재임용제도의 제정배경은 80년대 학원가를 휩쓸고 있었던 학생 운동권에 가세하려는 일부 교수들의 활동을 저지하려는 정책의 일환으로 잠정 제정되었던 것이다. 그런데 지금은 악법으로 둔갑되어 각 대학마다 특히 사립대학에서는 시퍼런 칼날로 군림하고 있는 것이 현실이 아니던가? 또한 많은 교수들이 이 법에 의하여 연구에 지대한 영향을 받고 있으며 그 가족들까지도 정신적 심리적으로 남모르는 고통을 의식하면서 살고 있는 것이 사실이다. 물론, 잘못된 타성에 젖어 있는 일부 교수들이나 아니면 단 꿀만 빨아먹는 안일무사 또는 기회주의만을 노리는 그러한 교수들에게는 간혹 경종이 될 수도 있겠지만, 그러나 일단은 악법논리로 정의하고 있음을 간과해서는 아니 될 것이다. 이제 대학은 꿈과 낭만이 넘치는 학문의 전당으로 탈바꿈할 것이다. 우선 교수들에게는 학문에 대한 믿음과 힘을 주어야 한다. 때문에 교수 재임용제도는 과감하게 없애버려야 할 것이다. 그래서 교수평가제를 강화시키면 더욱 좋은 효과를 볼 것이 아니던가. 이제 우리는 새 천년을 살고 있는 것이다. 선진국의 위상은 결국 경제가 아니라 교육이라는 것을 잊지 말아야 할 것이다.

낳아주신 어버이·길러주신 선생님

- 어린이는 우리들의 미래 -

오월은 사랑을 상징하는 가정의 달이다. 사랑을 맘껏 실천하는 신록의 계절이기도 한 것이다.

때문에, 오월은 언제나 푸르고 싱그럽기 그지없는 가장 위대한 성숙의 계절도 되는 것이다. 이처럼 오월은 어린이날로 시작하여 어버이날 스승의 날까지 겹치면 언제나 포근하고 사랑으로 가득한 달이 아니던가. 이러한 시점이고 보면 우리는 다시 한번 사랑의 실체에 대하여 생각하지 않을 수 없다. 사랑은 미래를 만드는 위대한 힘이지만 그러나 위기를 걱정하지 않을 수 없는 것이다. 사랑은 행복을 일구는 위대한 마음이지만 그러나 불행을 생각하게 만든다. 이처럼 사랑은 아름답고 우리 모두가 향유코자 하는 대상이지만 그렇게 편한 것만은 아닌 것이다. 사랑은 언제나 시기하지 않고, 사랑은 언제나 교만하지 않으며, 사랑은 언제나 무례하지 않고, 사랑은 언제나 자랑하지 않는 결국 사랑은 온유하며 진리를 보고 기뻐하는 것이라고 말하지만 그러나 우리들의 상황은 그것이 아니다.

이제 우리는 어린이날을 보냈다. 이 날은, 우리 어린 새싹들이 슬기롭고 씩씩하게 자라도록 하기 위하여 만들어진 날이다. 우리들은 지금 어떤 마음으로 이 날을 맞이하고 있었는지 돌이켜 볼 필요가 있다. 혹시 부모들의 지나친 기대 때문에 혹사는 없었는지(?) 아니면 따돌림 대상으로 심한 고통은 없었는지… 여러 측면에서 걱정이 말이 아니다. "날아라 새들아 푸른 하늘을 / 달려라 냇물아 푸른 벌판을 / 오월은 푸르구나 우리들은 자란다 /오월은 어린이날 우리들 세상" 이렇게 어린이날 노래를 부르면서 혹 구석진 마음은 없었는지 찾아 봐야 할 때이다. 마음놓고 씩씩하게 자라도록 온갖 관심과 사랑을 주어야 할 터인데 아무튼 안타깝기 그지없는 것이다.

다음은 어버이날인 것이다. 원래 그 취지는 어른과 노인에 대한 존경심과 특히 조상과 어버이에 대한 사랑과 은혜를 헤아리도록 하여 이어진 날인 것이다. "낳으실 때 괴로움 다 잊으시고 / 기르실 때 밤낮으로 애쓰신 마음 / 진자리 마른자리 갈아 놓으며 /손발이 다 닳도록 고생하셨네 /하늘아래 그 무엇이 높다 하리요 / 어머님의 은혜는 가히 없어라." 나는 가끔 이 노래를 접할 때마다 가슴에 와 닿는 그 무엇이 있다. 후회도 한숨도 그러나 이제는 영영 기회를 주지 않는다. 다만 한의 세월만이 마음에 응어리로 남아 돌 뿐이다. 이 노랫말에서 헤아려야 할 어버이의 마음과 그 고생을 언제 보답할 것인지 알 길이 없어 혼자 한숨을 뿌린다. 그래서 교육이 필요한 것이고 또한 스승을 찾는 것일까?

"스승의 은혜는 하늘같아서 /우러러볼수록 높아만 지네 /바르거라 참되거라 가르쳐주신 /

스승의 마음은 어버이시다. /아 - 아 - 고마워라 스승의 사랑 /아 - 아 - 보답하리 스승의 은혜"

그런데, "선생은 있어도 스승은 없고, 학생은 있어도 제자가 없다"라는 아이러니한 논조가 역시 우리 마음을 슬프게 만든다. 물론, 산업화의 속성 때문에 그럴 수도 있겠고, 아니면 교육제도 때문에 이러한 상황이 발생할 수도 있겠으나 더욱 우리를 슬프게 만드는 것은 제자들이나 가정 사회에서 보는 스승에 대한 의식이나 시각이 우리를 더 슬프게 만들고 있는 것이다. 그래서 교원 지위향상을 위한 특별법, "교원예우에 관한 규정"이 대통령령으로 발표되긴 했지만 그러나 교권존중의 사회적 풍토나 스승에 대한 공경의 마음은 아주 멀리만 있어 보인다. 특히 중요한 것은, 교수신문이 전국 88개 대학 전임강사 이상의 교수 205명을 대상으로 실시한 설문조사 결과, 72.5%가 2002년부터 실시하는 평가제와 연봉제 계약제 때문에 소위 신분에 불안을 느낀다고 대답하고 있다는 사실이다. 큰 부담으로 내재하고 있다고 볼 때 우리들 교육환경은 언제나 악제 속에서 벗어나지 못한다는 논리가 성립된다.

어쨌든 5월은, 낳아주신 사랑과 길러주신 사랑 속에서 언제나 넉넉함이 계속되기를 기원해 본다.

6월의 꿈은 통일로 가는 길

6월의 꿈은 오직 통일로 가는 길이다. 6월은, 6·25의 포화로 인하여 슬픔과 눈물로 얼룩진 한의 반세기 침묵 그 자체였다.

검은 제복에 1분의 묵념, 그래서 원혼들의 구천길도 편치 못하여 허공에 한숨만을 뿌리며 토하고 있었지 않았던가! 그러나 지금은 끊겨졌던 남북 정상회담으로 다시 새로운 희망의 숨골을 찾게 되었다. 한민족 새천년의 만남 그 기대가 자못 크다고 아니할 수 없는 것이다. 이왕인지라, 여기에는 지나친 염세관이나 비관론은 절대 금물일 것이다. 다만, 우리 민족사의 미래를 위하여 긍정적인 사고와 시각을 통하여 멋진 세계를 탄생시켜야 할 뿐이다. 여기에 너와 내가 따로 있을 수 없다. 여기에는 민주주의나 공산주의가 따로 존재할 수 없다.

주객일체(主客一體), 이것은 곧 현실 그 대상을 인식하는 정신작용이지만 역시 주인과 손이 따로 있을 수 없다는 논리다. 다행스러운 것은 민족의식을 제일로 하여 민족의 독립과 자립 또는 통일을 중시하는 사상은 南이나 北 할 것 없이 그대로 살아 있다는 사실이다. 오직 자유와 평등 이념논리에서 정치적으로 사상적으로 잘못 이용된 것이 오늘의 분단

55년 세월이 되고만 것이다. 안타까운 일이 아닐 수 없었다. 그러나 통일된 우리 역사는 다시 개현(開現)되고 있다. 얼은 할아버지요 말은 아버지요 글은 아들과 딸이다. 이 말은 결국 민족이라는 개념을 시사하는 말이 되고 있다. 어떤 언어이론에서 접했던 내용이지만 결국 지금의 현실을 실감케 만드는 훌륭한 말이다. 왜(?)와 어디(?)의 근원은 뿌리 즉 존재의 원천이 되는 논리다. 그것은 또한 우리 민족이 지녀야 할 가치를 제시하고 있는 말이다. 언어의 개념과 민족정신과의 관계를 깊게 음미할 수 있게 만든다. 이처럼 언어에는 민족정신이 살아 숨쉰다. 한 국가를 형성하는 데 주체가 되는 민족혼이 존재하고 있다는 것이다. 우리 나라 역사는 어쩌면 수난의 역사이면서 고통으로 얼룩진 세월이라 말할 수도 있겠지만 그러나 우리 나라 장구한 역사 속에는 언어라는 실체가 존재하고 있었기 때문에 우리 나라는 중국화나 몽고화 아니면 일본화가 안되어 오늘날까지 같은 민족으로 역사는 이어지고 있는 것이 아니던가. 가장 훌륭한 문화유산이 바로 '언어' 인 것이다. 그러나 문제가 전혀 없는 것은 아니다. 예를 들면, 호칭에 있어서 북에서는 '군중가요' , 남에서는 '대중가요' 로, 남에서는 '상호간' 이라 하고 북에서는 '호상간' 이라 하는 것들이 있는가 하면 정도나 그 이상의 무제까지도 많은 것들이 있다. 그러나, 저마다 다른 환경에서 성장한 남녀가 서로 만나 부부가 되는 것처럼 미래의 민족사 역시 이 과정을 생각하면 이해가 가능할 것이다. 우리 민족의 고향을 가리켜 '고조선' 이라 하는 이유 역시 같은 맥락에서 이해할 수 있을 것이다. 고조선은 우리 나라 최초의 부족국가이므로 고조선의 개념은 곧 우리의 역사를 그대로 의미하고 있다.

우리 선조들은 옛부터 자연을 숭상하면서 삶의 지혜를 터득했으며, 풍류에도 대단하여 그대로 소탈한 전통을 즐기면서 살아 온 것이다. 어쨌거나 모든 인간은 소중한 생명과 자유와 행복을 추구할 수 있는 권리를 지니고 있다. 그리고 기본적인 인권은 최고 불가침의 원리이기 때문에 우리들은 이를 위해 정성스럽게 한 영토의 미래를 걱정하자는 것이다. 허물은 씻어주고, 마른땅에는 물을 찾아주고, 병든 것은 고쳐주고, 매듭진 마음은 풀어주면서 이제 바른 통일의 길로 함께 갈 수 있도록 서로를 이해하고 인정해야 할 때인 것이다.

분명한 논지는, 이번의 남과 북 정상회담을 통하여 목마르게 기다리던 통일을 이룩하자는 우리 민족들의 기대를 저버리지 말아야 할 것이다. 미래는 우리 스스로 만드는 것이다.

"예약문화" 제도적 장치가 시급하다.

휴가철이다. 가고 싶은 곳 하면 역시 제주도 그러나 갈 수 없는 곳도 제주도인 것이다.

항공권이 문제인 것이다. 두 달 전에 찾았어도 '좌석 없다', 한 달 전에 물었어도 역시 좌석은 '없다' 일 뿐이다. 간단한 대답이었다. 우리는 초조함이 있었는데 그들은 미안해하는 기색도 없이 어쩌면 당연하다는 것이다.

제주의 미래산업은 뭐니뭐니해도 푸른 산과 바다, 푸른 하늘 이렇게 삼청(三青) 천혜자원을 이용한 관광산업이 분명한 것이다. 때문에, 요즘 휴가철 관광들은 더욱 이곳 제주를 버릴 수 없어 애타게 찾고 있는데 결국 '없다' 아니면 '이곳은 아니다' 의 대상이 되고 만 것이다.

성수기를 맞이하는 모든 시민들의 한결같은 관심 역시 이러한 문제에 상당히 예민해 있는 것이다. 행정은 감시를 통감해야 할 것이다. 항공사에는 이미 매진되었다고 한다. 그러나 여행사에는 항공권이 '있다' 는 것이 문제의 초점인 것이다. 문제 해갈을 위해 뭔가 제도적으로 풀어야 할 과제라 실감하고 있다. 특히 급한 상황이 발생했을 경우도 함께 생각해

보자. 제주를 포기하고 외국이나 타 지역으로 휴가나 관광을 떠나고 있다는 이유도 여기에서 기인되는 것이다. 때마침, 제주시청에서 공모한 예약문화에 대한 수기와 표어 작품들을 심사할 기회가 있었다. 심사에 임하면서 느낀 것은, 참으로 한심스럽고 이럴 수가 있는가(?)라는 경악과 함께 제도장치의 불가피성을 찾게 해 주었다. 결국 영리만을 위한 한탕주의 소위 '무더기 예약' 또는 '매수' 여기서부터 시작된 이기주의 소산이 이렇게 만들고 있다는 것이다. 이렇게 된 상황인데 개인이나 소수의 예약이 가능할 리가 없는 것이다. 이러한 불건전한 예약문화 때문에 시민의식도 또한 병들고 있고 사회적으로는 지나친 불신 이로 인하여 질서는 심히 사그라지고 있는 것이다. 자명한 논리인 것이다.

얼마전의 일이다. 건강 진료를 위하여 서울 강남에 있는 S병원에 진료예약이 되었다. 오후 3시 30분, 그런데 내 앞에는 약 30여 분 동안 환자가 없었다. 물론 의사선생님은 계셨다. 초조한 마음으로 간호사에게 "어떻게 안 되겠느냐?"하고 물었는데 역시 "그 시간입니다"라고만 한다. 어느 재미교포는, 고향방문 길에 치통이 생겨서 어느 유명세 있는 치과로 전화예약을 하고 그 시간에 어김없이 병원을 찾았다. 그런데 그 간호사는, 11시는커녕 벌써 오전 10시에 오신 분들도 그대로 있다는 말뿐이다. 그래서 점심도 거르고 막연한 오후시간까지 치통을 경험했던 이야기를 털어놓는다.

우리는 이제 2000년대를 살아가고 있다. 버릴 것은 버리고 고칠 것은 과감하게 바로 잡으면서 혁신적인 의식전환이 필요한 때이다. 언제까지 이러한 구태에 그대로 머물고 있으란 말인가. 미래는 그대로 오는 것이 아니라 만드는 것이다. 불건전한 예약부도로 인하여 우리는 얼마나 많은 수치를 당하고 있는지를 우리는 뼈저리게 느껴야 할 것이다. 독일의 예도 그렇지만 선진국들의 일반적인 예약문화는, 한 달 전의 예약, 2주 전의 예약 또는 1주전의 예약 등 예약시점에 차등을 두어서 항공요금이나 선박요금 기타 요금을 탄력적으로 운영하고 있는 것이다. 말하자면 예약부도에 따른 위약금 부과장치까지 제도적으로 법률화시켜 집행하고 있는 것이다. 그들은, 이러한 제도를 통한 의식전환 그래서 편한 생활을 서로 즐기고 있지 않는가. 건전한 예약문화, 오직 제도적 장치만이 시급할 뿐이다.

50년 세월! 그 눈물과 한의 의미

눈물과 한(恨)의 정체는, 심리적으로나 정신적으로 가슴에 사무친 묘한 것들이 여러 형태로 복합되어 나타나기 때문에 이에 대한 개념이나 해석은 그렇게 단순하지가 않다. 이것들이 심리적 자극이나 정신적 충격으로 발전되었을 때 그것은 결국 한숨이나 눈물로 개현(開現)되는 것이다. 그래서 한의 소리는 한을 낳고 한의 응어리는 다시 절규가 되어 죽음을 부르기도 할 것이다.

지금은 분단 50년 세월! 그 반세기의 눈물과 한의 실체를 지켜보고 있다. 이 얼마나 안타깝고 통한의 아픔들이란 말인가? 이 얼마나 한심스럽고 고통스러운 세월들이란 말인가? 그저 멍하니 TV화면만을 지켜보면서 깊은 회한에 잠겨 있을 뿐이다. "피는 물보다 진하다"라는 평범한 이야기가 오늘따라 더욱 가슴을 저미게 만든다. "북녘 땅 고향은 바로 저긴데…" 설령, 목소리는 없었다 할지라도 이 얼마나 응어리진 마음의 절규였다는 말인가! 고향 땅에는 아름다운 추억과 사랑이 살고 있는데 그런데 이제는 백발로 시야를 가려 돌아 갈 수 없는 인생이 되고만 것이다. 이 산하(山河)! 민족은 하나인데 도대체 무엇이 우리를 이렇게 만들었다는 것인가? 다시 한번 생각하지 않을 수 없다.

예로부터, 우리 인간은 덕의 근본인 효(孝)를 가지고 사랑을 실천했다. 그러므로 어버이를 하느님처럼 지엄하게 모시는 것이 효의 끝이라 했는데 그런데 이데올로기의 이념논리가 등장되면서 우리들의 정신적 가치기준도 바뀌지게 되었고 또한 동서간의 냉전기류에 휘말리면서 결국 골깊은 장벽과 통한의 세월은 이렇게 시작되었던 것이다. 우리 민족의 설움은 이러한 와중에 50년의 그 눈물과 한의 희생양이 되고 만 것이었다. 때문에 요즘의 한과 눈물이 지니는 의미는 더욱 우리들의 마음을 아프게 하고 있다. 빠른 걸음으로 내닫는 세월을 보면서 그들은 한숨을 멈춘 적이 없었을 것이다. 어느 날 갑자기 하늘을 누비며 지나가는 기러기 소리에도 그들의 그리움의 눈물은 계속되었을 것이다.

가끔은, 녹슨 철조망을 부여잡고 한없는 원망과 회한의 눈물도 흘렸을 것이다. 눈길 하나에도 걸음걸이에도 그저 한숨과 눈물 뿐 그 침묵은 결국 50년을 함께 걸었던 것이 아니던가. 어디 그 뿐이겠는가! 철마는 달리고 싶다라고 했다. 말없이 흐르는 저 강물을 보면서 우리는 무엇을 이야기 할 것인가. 응어리진 통한의 세월만이 이 마음을 짓누르고 있는 것이다. 가끔은 삭풍도 지난다. 거세고 에이는 추위도 있었겠지만 그러나 북녘에 고향을 두고 온 사람들에게는 그것도 더 없는 정겨움으로 느껴졌을 것이다. 더욱 간절한 것은 추석에 뜨는 달을 보면서 어렸을 적 아름다운 추억들을 연상할 것이다. 텅 빈 들녘에서 멋대로 돌아가는 허수아비 그 손짓까지도 눈에 선하여 더욱 가고 싶은 고향이 되고 만 것이다. 정월 명절 저렇게 둥근 달 속에는 당연히 그리운 어머님 얼굴이 떠 있는 것이다. 아버님의 기침소리, 내 형제들의 깔깔대는 웃음소리까지 너무도 선하여 남몰래 흘린 눈물이 얼마나 되었을까.

이제는 경의선이 숨골을 트고 있는 것이다. 바닷길 금강산 관광이 시작되었다. 서울과 평양 하늘 길 직항로가 마음을 나르고 있다. 제사상이 잔칫상으로, 사망호적이 출생호적으로 대부분 바뀌지고 있는 것이다. 어쨌거나 설레는 마음을 안고 그리운 고향 땅으로 가고 있는 것이다. 하루속히 고향 땅 뒷동산에 올라서 내 어렸을 적에 불렀던 노래를 목놓아 불러보리라. 부모님 묘소를 찾아서 "이 아들 이제야 왔습네다."하면서 실컷 울음이라도 울어봐야 할 것이다. 응어리진 한과 눈물의 50년 세월을 시원스럽게 토해버려야 할 것이다. 우리들의 꿈은 오직 통일이 있을 뿐이다.

새 천년 한글날 〈통일국어사전〉은 언제?

오늘은 한글날이다. 물론 연년 맞이하는 날이겠지만 그러나 오늘만큼은 그것이 아닌 것이다. 특히 남북 정상회담 후 상당한 변화기류 속에 맞이하는 날이어서 더욱 기대가 남다르다 할 것이다.

언어는 바로 우리 민족사의 정신적 지주인 것이다. 민족의 정체성을 헤아려 본다는 시점에서도 중요한 날인데 그런데 이제까지는 행사표 어느 구석에 잠시 머물고 있는 기록에 불과한 날이었다. 어찌 그 뿐이겠는가? 국제화다 세계화다 하면서 우리의 말과 글의 정체성은 더욱 혼란스럽기만 했고 또한 무질서하게 나붙은 간판들하며 기타 많은 잡지에서 유영하는 언어들까지도 어쩌면 민망할 정도로 우리말과 글의 위상은 말이 아닌 것이다. 얼은 할아버지요 말은 아버지요 글은 아들과 딸이라는 논조가 있다. 이 말은, 언어는 바로 민족의 정신과 뿌리를 지켜주는 정신적 가치기준이 된다는 논리인데 그런데 우리 주변의 상황들은 그것이 아닌 것이다. 분명 짚고 넘어가야 할 것이 있다. 우리말과 글이 없었다면 우리 역사는 어떻게 되었을까(?) 하는 것이다. 벌써 우리 나라는 중국이 되었을 것이고, 아니면 몽고가 되었을 것이고, 또 아니면 일본이 되고 말았을 것이다. 뻔한 이치다. 결국, 우리 민족의 역사는 왕건이 지켜 준 것도 아니오, 이성계나 이순신이 지켜 준 것도 아닌 바로 우리말 우리 글이 존재하고 있었기 때문에 오늘의 우리 역사는 단절되지 않고 오늘까지 이어지고 있다는 사실을 우리 모두는 똑똑히 알아야 할 것이다. 그것은 역사가 이를 증명하고 있는 것이다. 우리 국어는 국가관으로, 언어는 민족의 뿌리로 당연시되었고, 지금은 이념 논리도 뛰어넘는 그래서 드디어 우리 민족사의 숙원인 조국통일로 가고 있음을 우리는 실감하고 있지 않는가?

차제에 지적하고자 하는 것은 우리말과 글의 현주소인 것이다. 우리가 사용하고 있는 어사들은 모국어에 대한 애정 결핍으로 아직도 한자의 지배 속에 있다는 사실이 마음 아픈 것이요, 또 하나는 일본어의 남용과 무절제 그리고 외래어의 범람 이것들이 큰 문제인 것이다. 이러한 상황 속에서 우리말과 우리 글 특히 우리 고유어가 설 곳은 전혀 없는 것이다. 우리 민족의 정신, 혼, 넋, 얼이라 하는 그 실상들은 다 무엇이란 말인가? 그저 안타깝고 슬픔 그 자체일 뿐이다.

그런데, 요즘 따라 부쩍 관심으로 떠오른 것은 북한 말 곧 조선말의 정체인 것이다. 나는 북한의 국어사전 〈현대조선말 사전〉을 전부 소장하고 있다. 이 사전에는 한자는 물론 영문이나 기타 타국어로 된 외국어나 외래어 표기가 전혀 없다는 사실이다. 다행스러운 것이다. 최현배 선생을 만난 기분이라 해 두자. 그네들은 소위 민족의 언어라 하여 우리 고유어에 대한 애정과 의지가 분명하다는 것을 느낄 수 있었다. 그런데 문제가 전혀 없다는 것은 아니다. 어법이나 어사풀이에 있어서는 상당한 골이 놓여 있다는 사실을 발견하게 된다. 우리 사전은 과학적이면서 정서적인 면을 중시했다면, 조선말의 실체는 이념적이면서 사상적 풀이에 연연하고 있기 때문에 상당한 불편이 있었음도 사실인 것이다. 어쨌든, 북한 말은 고유어 즉 순수한 우리말·토박이말을 지키려는 근본 의지는 물론 이것을 민족어로 승화시키려는 긍지는 높게 평가해야 할 것이다. 그래서 통일을 기다리는 것이요 때문에 〈통일국어사전〉 역시 멀지 않은 장래에 기대할 수 있을 것으로 믿고 싶다.

이제 우리는, 우리말과 우리 글을 가지고 단일민족, 반만년 역사를 조명할 때가 온 것이다. 우리 나라는 모진 수난과 시련으로만 점철된 역사였지만 그러나 우리말과 글이 있었기 때문에 반만년 우리 민족사가 이어지고 있음을 간과해서는 안 될 것이다. 반드시 〈통일국어사전〉은 탄생시켜야 할 것이다.

드라마 〈애드버킷〉과 법정논리

검찰은 사정과 수사의 최고 주체인 곳이다. 그렇지만 그 결과는 법원의 판결에 따라 시각은 달라진다. 요즘 정국은, 검찰수뇌부의 탄핵안 처리문제를 놓고 국회 파행은 물론 심한 냉각기류에 휘말리고 있다. 정부는 부정 부패와 마지막 결전을 선언한다. 그 배경과 이유는 도대체 무엇인가?

애드버킷은 바로 이러한 시점에서 새롭게 조명되고 있는 드라마다. 오직 정의만을 위하여 뛰고 있는 젊은 변호사의 법정신과 검찰 수사관들의 맹 활약상이 돋보일 것이다. 문제는 그 음해의 배경과 그 고리들이 어떤 형태로 개현되고 있는가(?) 하는 것이다. 집요하게 은폐된 경제사범들을 놓고 강력하게 추적하고 있는 한 변호사와 특수 수사관들의 활약이지만 마침 요즘의 법정 세태에 적격으로 와 닿는 점이 많아서 더욱 흥미를 끌고 있는 것도 사실이다. 세병그룹 회장의 그릇된 기업윤리와 그 야심 때문에 발생하는 온갖 비리와 또한 이를 비호하기 위하여 자행되는 살인과 폭력들이 바로 이 드라마의 주된 테마인 것이다. 일부 몰지각한 법조인들의 오류와 법논리 속성에서 빚어지는 제반 사건들 어쩜 오늘을 보는 데 좋은 거울이 되고 있다. 국회 청문회까지 열었던 옷 로비 사건의 배후는 물론 동방상호금고 부정대출을 둘러싼 사설펀드의 비리와 특히 금융감독관의 구속과 직접 관련자 자살 등 숱한 의혹과 혼돈을 사고 있음도 사실인 것이다. 여기서 발생하는 수사의 무리수는 세인들에게는 온통 불신의 함수관계로 나타나고 있는 것이다. 소위 비자금 유출 라운드의 배후에 대한 미묘한 연결고리에 모든 관심이 집중되고 있다는 사실이다. 불신에 대한 무서운 시선인 것이다.

이제 12월은 참으로 두려운 시간이 될 것이다. 대학가에서는 취업한 파로 이 계절을 가리켜 "절망의 계절"로 표현한다. 대우와 현대 사태와 맞물려 야기되고 있는 협력업체들의 부도설과 노동자들의 대란설(?) 같은 것들도 예외는 아니다. 이러한 시점에서 계절은 어김없이 긴 겨울로 치닫고 있는 것이다. 한라산에도 눈 백두산에도 눈 "백설이 만건곤할 제 독야청청 하리라." 차라리 이 부끄러운 세상을 온통 대설로 덮어버리고 새로 시작하는 맑고 깨끗한 세상을 만들어 보았으면 얼마나 좋을까 하는 심정이다. 어쩌면 철모른 독백이라 했어도 좋다. 아니 세르반테스의 돈키호테라 했어도 좋다.

차제에 온 도민과 함께 지켜보고 있는 경제사건이 있다. 바로, 제주 검찰의 기획수사로 구속 기소된 김동권 전 학장에 대한 지방법원의 판결인 것이다. 전형적인 사학비리 횡령사건인데도 선고는 3년형이 전부다. 벌금형도 없어진 것이다. 검찰 기소내용에 따르면, 탐라대학 공사비 116억3000만원, 서울 빌딩 구입비 52억6000만원, 채무변제 및 사생활비 12억5천600만원, 이어도 골프장 4억1430만원 등 총 185억5630만원 기타

거액의 사학기금을 횡령하여 구속 기소된 사건인 것이다. 55만 도민과 함께 경악과 충격을 주었던 전무후무한 형사사건인데 이에 대한 형량은 그것이 아니다. 판결에 대한 법정논리는 참으로 어렵다는 여론만 무성할 뿐이다. 이제 학교교육은 말 그대로 살얼음 위에 앉아 있다. 관할청인 교육부는 무엇을 하는 곳인가? 관선이사까지 파견 못하여 강 건너 불 구경하듯이 그렇게 무심할 수 있겠는가(?)하는 통탄들이다. 겸하여 문제로 대두되는 것은, 법정증인으로 출석한 김모 교수의 법정출두의 배경과 발언내용인 것이다. 이처럼 중차대한 사건을 놓고 학장의 사전허가도 없이 법정에 출두한 것은 무엇을 의미하는 것인가. 이를 똑똑히 밝혀야 할 것이며, 발언 내용까지 엄히 확인하여 이에 대한 응분의 조치를 취해야 할 것이다. 어쨌든, 제주검찰의 결연한 수사결과는 이렇게 끝날 수밖에 없었던 것인가(?) 하는 아쉬움이 마음을 괴롭힌다. 심히 안타까울 뿐이다.

고달픈 대입전형 무엇이 문제인가

요즘 따라 신문광고나 여타 언론 매체에 으레 뜨는 것들이 있다면 그것은 당연히 대입에 관련된 유혹광고(?)일 것이다. 시간이 흘렀어도 세월이 흘러가도 변치 않는 삶의 논리는, 인간은 언제나 교육 속에서 자라나고 성숙하고 있다는 사실이다. 그러나 그 모습은 간 데 없고 요즘의 세태는 혼란과 부풀려진 개인주의적 자기 속성들이 전부인 것이다. 학생들은 학생들 나름대로 대학은 대학 나름대로 남들이 감히 넘보지 못할 기특하고 야단스러운 그러한 눈매들로 가득 차 있으니 마음에의 부담은 어느 누구에게도 존재한다는 논리다.

사람이 살아가는 모습들은 여러 형태들이 있을 수 있다. 그 중에서도 제일 마음에 드는 말은 역시 올곧은 사람이요, 다음은 열성적이고 책임을 다하는 사람, 그리고 신명을 다하여 땀을 흘리는 사람이다. 교육은 이것을 책임지는 곳이다. 여기에는 감히 정책적이다 아니면 정치성이란 말이 존재할 수가 없는 것이다. 그러나 일각의 교육은 그것이 아니고 완벽한 개인주의 내지는 이기주의 성향으로만 치닫고 있으니 걱정이 말이 아닌 것이다. 마음도 미래도 그저 두려움 속에 유영하고 있는 것이다.

때문에, 가끔은 법정의 수상집 〈無所有〉를 교육에서 상기시키곤 한다. 즉 인간은 소유하고자 하는 욕망만큼 고통도 따른다는 논리를 교육이나 일반 삶에서 제시하는 것이다. 이것은 결국 요즘의 이론 자체가 전략적 · 정책적 교육에서 벗어나지 못하고 있다는 증거인 것이다. 우리들 인체의 구도 역시 상당한 조화를 전제로 하는 적당한 움직임이 필요한 것이다. 인성을 중시하는 교육 논리에 문제가 생겼다는 증거인 것이다. 이러한 불균형 속성에 휘말려 있는 교육자나 피교육자 특히 태풍의 눈 속에서 방향을 잃은 학부모들의 심상은 그저 고달프기만 한 것이다.

이제 한 해가 훌쩍 또 지나간다. 이래저래 힘들고 고달픈 시간만 지나갈 뿐이다. 부모들은 아이들의 눈총만 살필랴 허둥지둥, 교사들은 학생들의 성향을 가름못해 또한 갈팡질팡이다. 그도 그럴 것이 대학측에서 유혹하는 계열별 모집경향도 그렇지만 여기에다 늘 붙어 다니는 학과명칭 또한 다변적이어서 대단한 혼란 속에 몸살을 앓고 있는 것이다. 솔직한 심정으로, 이를 담당하고 있는 전문직 교원들까지도 그 속성을 접하지 못한 학과명칭이나 전공이론이 존재하기 때문에 그러한 것이다. 한심한 일이 아닐 수 없다. 결국 대학측은 선발에 있어서의 자율성과 다양성을 전제로 학생 유치에만 골몰하고 있기 때문에 상당한 오류와 혼돈이 계속되고 있는 것이 현실인 것이다.

교육부의 정책적 시각은, 학생은 대학선택의 자율화와 정보제공의 다양성을 갖도록 하는 입시제도의 틀을 마련했다는 주장일 뿐 이에 대한 부작용이나 책임을 제시하지는 않는다. 소위 다단계식 선발 방식으로 하면, 전형요소를 몇 개 선택하고 가중치를 어떻게 조합하든지 대학과 전공분야의 특성에 따라 얼마든지 다양하게 활용할 수 있는 가능성에만 선이 놓여 있을 뿐이었다. 그래서 "실속파 수험생 유치경쟁"을 선포하면서 각 대학은 혈안이 되어 있는 것이다. 여기서, 몇 가지 문제를 터득하게 된다. 즉 학문과 인격을 중시하는 인성교육은 어디서 찾을 것이며, 또한 자격증 자체에 얽매여 있는 현실 교육을 도대체 어디서 보상 받을 것인가(?)하는 것이다. 수험생들은 한 마디로 최면에 걸려 있는 상태인 것이다. 물론 제도 자체에서 완벽한 만족이나 공감을 얻는다고는 할 수 없을 것이다. 그러나 교육은 철학이 있어야 하고 상당한 조화 속에서 나름대로의 미래가 전제되어야 한다. 인생 모델를 생각하면서 설계되어야 하는 것이다. 대학간 유치경쟁에만 급급하는 특차모집 광고나 그 외의 어떠한 오류들은 그만큼 일관성이나 신뢰를 버린다는 논리를 걱정해야 할 것이다.

용(龍)과 여의주(如意珠)는 혼돈의 늪으로 사라지다.

명암이 분명해야 할 경진년, 용(龍)의 해가 저물고 있다. 용과 여의주는 불가사의한 힘과 조화의 상징인 것인데, 어쩌다 이렇게 혼돈의 늪으로만 빠져들고 있는 것일까? 추운 겨울이 되고 말았다.

대학가는 온갖 부정과 비리 때문에 몸살을 앓고 있고, 사회는 자격증시대 운운하는 바람에 인성의 모습은 찾아 볼 수 없게 되었다. 자살이 어려워서 살인을 요청하는 세상에 살고 있는 것이다. 27세의 펀드재벌이 등장하면서 정치·경제권은 온갖 의혹과 혼란을 야기시켜 서로의 불신을 조장했던 것이다. 거리에는 노숙 아니면 동반자살 참으로 그대로는 지켜 볼 수 없는 일련의 사건들, 바로 우리들의 자화상인 것이다. 벽에 냉랭하게 붙어 있는 12월 달력 한장이 그저 아스라하기만 한 것이다.

때를 같이 하면서, 엊그제 화면에 뜬 소식이 또한 가관인 것이다. 꿈길 예감을 쫓아서 복권 12매를 구입한 서울 어느 중국집의 이야기다. 당첨이 되면 서로 나누어 갖자는 약속과 함께 12장을 전부 긁었는데 아니나 다를까 그 중에 한 장이 바로 5천만원에 당첨된 것이 아니던가. 그 기대와 흥분은 상상을 초월했을 것이다. 주인은 정성스럽게 냉장고에 잘 보관해 두었는데 중국집 배달원은 한번 만져보고 싶다고 애걸했던 것이다. 그런데 그 종업원과 5천만원은 바람과 함께 사라진 것이다. 삶의 단면을 보여주는 우리들의 현주소라 해 두자. 개혁 또는 구조조정이라는 명분아래 우리 사회는 상당한 고통과 시행착오를 경험하고 있는 것이다. 시행 시점에서는 시도때도 없이 말바꾸기가 일쑤요 때문에 얼마나 많은 갈등과 시련을 체험하고 있다는 말인가? 기업들의 구조조정 행보 때문에 12월의 증시는 천당에서 지옥으로 떨어졌다. 지면에 유영되고 있는 어사들도 보면, "수급 불균형에서 자생하는 폭락" 또는 "지옥의 시장", "끝없는 추락" 이러한 말들로 가득한 것이다. 서툴게 투입되는 공적자금은 결국 우리 국민들에게 혈세유산으로 남게 되었고, 이럴 때마다 노사문제는 더욱 불화합의 골로 깊어지면서 계속 혼돈의 늪으로 빠져들고 있는 것이다. 안타까운 일이 아닐 수 없다.

이제 우리는, 국민은행과 주택은행과의 합병 반대로 빚어진 농성현장을 지켜 보았다. 그들은 즐거운 성탄절도 없었고 따뜻한 안방도 마다하면서 대정부 투쟁을 계속했던 것이다. 결국 6천여의 공권력에 의하여 1만여 노조원들은 그대로 강제 해체되고 말았다. 그러나 그 흐름은 심상치 않게 어떤 걱정으로 남아돌고 있음도 사실이다. 루머로만 떠돌고 있었던 경제 대란설(?)이 현실화 되는 게 아닌가(?) 하는 예감이 불길하게 머리를 스친다. 은행 수신업무가 막히게 되면 중소기업들은 자연히 연쇄도산이 바로 코 앞이요, 온갖 결제가 마비되면서 수출입 업무까지 발등에 불 이것이 분명한 현실인 것이다. 국제적 신임도가 추락하면 또 한번의 제2 IMF를 경험하지 않을 수 없게 될 것이다. 문제인 것이다.

분명한 것은, 국가는 민생을 보호할 의무와 책임이 있는 것이다. 법치국가에서 민주주의의 기본적인 자유는 바로 "의사표현의 자유"인 것이다. 집회의 저의는 어쨌거나 정당한 사유가 전제되고 있기 때문에 정부나 당국은 이에 귀를 두고 있어야 함이 당연한 논리인 것이다. 그런데 불법집회 내지는 밀어붙이기 식으로 정책이나 행정이 집행되고 있다면 어떻게 될 것인가? 양 은행장에게는 절대적인 권한과 책임을 부여하면서도 되려 목과 발목을 잡는 그러한 정책은 너무나 잔인한 것이다. 한심한 속성이 아닐 수 없는 것이다. 정부나 정치권의 불신 역시 이러한 시점에서 시작되고 있다해도 과언은 아닐 것이다. 나는, 제야의 종소리를 들으면서 그리고 동해를 박차며 솟아오르는 저 해를 바라보면서 크게 외칠 것이다. "법은 특권층 말고 오직 서민들을 위해 존재하게 하라" "경제는 경쟁에 두지말고 오직 복지에 머물게 하여라" "교육은 오직 사랑이 있을 뿐이다" 이렇게 합장하여 기원할 것이다.

궁예의 야단법석(野壇法席)과 시행착오

궁예의 야단법석(野壇法席이)다. 이 말은, 요즘 인기 속에 방송되고 있는 대하 드라마 〈太祖 王建〉에서 새롭게 조명되고 있는 어사이다. 함흥차사(咸興差使)라는 말이 그러하듯이 하나 같이 다 역사적인 배경이나 그 뿌리가 정확한 말들이 아니던가.

사극 〈태조 왕건〉에서 궁예는, 정치적인 입지를 튼튼히 다져 놓겠다는 욕심으로 법회를 계획하게 되는데 이것이 곧 야단법석인 것이다. 궁예는 소위 관심법을 이용하여 관료나 일반 백성들의 마음을 사로잡으면서 자칭 나 미륵의 세계에 동참토록 강요한다. 전국 대소 신료들은 물론 전 지역에 영을 내리고는 모든 승려들까지 이 법회에 강제로 참가시킨다. 그리고 목숨과 함께 가진 것은 모두 내어놓고 궁예에게 순종하도록 설교하고 나섰다. 천상낙원을 책임진다는 것이다. 그러나 백성들은 가난과 굶주림에 죽어가고 있었고, 나라는 이미 병이 깊어 정치적으로나 경제적으로 말이 아닌 상태였다. 이에 석총스님은 직언을 하고 나선다.

"황제 폐하는 한갓 인간일 따름이지 미륵은 거짓일 뿐이옵니다. 또한 조정에는 간악한 간신들로 가득하여 정치는 물론 민생고까지 겹쳐 내일을 예측할 수 없는 지경에 이르렀습니다." 이에 궁예는 석총을 마구니로 간주하여 현장에서 철퇴로 쳐죽이고 다시 내군에게 명하여 이를 만류하는 석총의 제자들까지 생매장을 하였다. 이것이 바로 야단법석인 것이다.

정말 잔인하고 끔찍스러운 상황이 아닐 수 없었다. 사실, 궁예는 미륵으로서 온 백성들에게 는 상당한 존경과 숭앙을 받는 인물이었다. 그러나 이를 정치적인 수단으로 이용하면서 그의 욕망의 칼은 날로 기승을 부리기 시작한다. 결국 그를 몰락시킨 주된 요인은 바로 정치적인 욕망이 그렇게 만든 것이었다. 시행착오(施行錯誤)라는 말이 적절한 표현일 것이다.

요즘의 정치적 상황들이 바로 그러한 것이리라. 분명한 것은 민주주의와 시장경제를 살리겠다고 천명한 것이 엊그제인데, 나라와 국민들의 복지를 위하여 이 한 몸 바치겠다고 공약을 했는데 그러나 요즘의 정치적 행보는 그것이 아니다. 민주주의는 권력에 담보되어 있고, 시장경제는 구조조정과 개혁이라는 명분 아래 혼란과 온갖 오류로 사실상 내일을 예측할 수 없는 상황이 되고 만 것이다. 그리고, 정책은 말 바꾸기로 시작하여 이제는 국회의원 꿔주기까지 하면서 정치적 욕심을 맘놓고 자행하고 있는 것이다. 도대체, 어느 나라 어느 역사에 있는 정치논리란 말인가? 실로 한심한 작태들인 것이다. 의원 당사자들은 권위와 자존심도 없는 사람들이었을까? 그리고 그들의 지역 국민들과의 약속은 어떤 것이었을까? 한심한 꼴, 말 그대로 정치적 구태인 것이다. 사극 〈태조 왕건〉에서 궁예의 역할이 그대로 조명되고 있는 것 같아 더욱 관심이 큰 것이다. 궁예 역시 당초에는 진짜 미륵으로 군림(?)하면서 온 백성들로 하여금 존경받는 존재였다. 그러나 이것을 정치적 야망으로 접근시키는 과정에서 오류 내지는 시행착오를 불러일으킨 것이다. 정치 목적을 위해 종교(?)를 파괴시킨 것이다.

이제 신사년(辛巳年)이 밝았다. 우리는 분명 새로운 변화를 기다리고 있다. 의식이 변해야 한다. 소크라테스나 공자는 철학이 있었기 때문에 존경을 받고 있고, 예수나 석가모니는 사랑을 깨닫고 실천하였기 때문에 영원한 생명을 얻은 것이다. 그러나 궁예는 관심법으로, 대중은 자진법으로 이게 웬 말이던가? 역사는 예리한 눈초리를 가지고 이들을 지켜볼 것이다.

제주케이블카는 흉물에 불과할 것

케이블카는 1877년 스위스에서 처음으로 건설되었다. 스위스의 버멜라에 있는 두레박 식 장치로 시설된 차량이 그것이다. 때문에 두레박 식 케이블카는 21세기의 첨단시설은 결코 될 수 없다는 것, 바꿔 말하면 차세대의 아주 멋진 미래과학을 기대하자는 주장이다.

이제, 한라산 케이블카 설치문제가 뜨거운 감자로 등장하고 있다. 각종 환경단체나 많은 시민단체들의 저항과 반대 여론에도 불구하고 제주도는, 총 3.46Km 철골구조 시설에 약 256억원의 예산을 내용으로 하는 한라산 케이블카 설치를 위한 〈국립공원 계획변경안〉을 12일 환경부에 제출한 것이다. 물론 환경부 장관은, 시민단체를 포함한 민·관이 함께 참여하는 "케이블카 설치 검토위원회"를 구성하여 충분히 검토하는 것이 중요하다는 것을 강조한 바 있지만 그러나 제주도는 그것이 아닌 것이다. 마치 무엇에 쫓기는 사람처럼 아주 초조하고 불안한 상태로 그저 급하게 진행시키고 있는 것이다. 제주의 영원한 관광자원은 역시 산과 바다 푸른 하늘 이러한 천혜의 자연환경 그것뿐이다. 이것을 저해하거나 파괴하는 행위는 바로 자연에 대한 저항인 것이다. 이러한 시점에서 몇 가지 토로하고 싶은 것이 있다. 바로 자연경관을 무시하고 집행된 시설물 인·허가상의 오류행정의 예를 지적코자 하는 것이다.

그 하나는, 해안 경관으로 뛰어난 남원리 소재 해안가(큰엉)에 방갈로용 시설물을 허가한 행정오류를 지적하지 않을 수 없다. 숱한 의혹과 여론 때문에 결국 철거는 되었지만 있을 수 없는 일련의 큰 사건이었다. 그리고 국립공원 영실에 자연경관과 전설로 유명한 오백장군 바로 코앞에 점포용 건축물을 허가했다는 사실이다. 가경할 일이 아닐 수 없었다. 어디 그 뿐이겠는가? 남한 제1의 폭포로 유명한 제주의 명승지 서귀포 천지연 머리에는 호텔이 들어서 있다. 하나같이 이해할 수 없는 오류와 무지의 행정이라 비난받아 마땅한 것들이다.

한라산은 분명 백두산과 함께 한영토를 지키는 영산 중에 영산인 것이다. 어쩌다가 백록담에까지 이러한 시설물을 허가한다면 어떻게 될 것인가(?)하는 두려움도 자못 큰 것이다.

필자는 가끔, 한라산을 가리켜 제주의 알프스라고 자랑한다. 알프스에는 요들송이 살고 있기 때문에 더욱 아름다운 것이다. 이것이 사라지면 인간의 심성도 죽어버리고 말 것이다. 한라산에는 많은 오름과 계곡들이 즐비하다. 여기에는 그렇게 정겨운 메아리들이 살고 있지 않는가. 만약 여기에 케이블카가 들어선다면 역시 메아리도 사라지고 말 것이다. 때문에, 산은 산 자체로 보존되어야 그 존재이유가 성립되는 것이다. 이것이 또한 자연의 법칙인 것이다.

히말라야의 세계 최고봉인 에베레스트(8848m)는 마지막 희망봉 그 자체로 존재하기 때문에 관광의 눈길은 물론 세계인이 동경하는 곳이 된다. 아프리카 탄자니아와 케냐 국경에 있는 킬리만자로(5895m)의 키보는 최고의 화산과 만년설 그 자체 때문에 그 진가는 언제나 보석인 것이다. 이제 우리는 눈길을 돌려야 할 때이다. 만약, 금강산(1638m) 1만 2천봉 곳곳에 관광산업을 위하여 케이블카를 설치했다고 가상해 볼 필요가 있다. 백두산(2744m) 천지못에 유람선을 띄워 놓고 술과 풍월을 즐긴다고 상상해 보자. 결국 수치 그 자체일 뿐이다. 소위 "관광은 관광을 파괴시킨다"라는 논리는 여기에서도 충분히 성립되는 것이다.

관광산업은 생명산업, 대단히 중요한 과제다. 그러나 시설에 오차가 발생하고 경영에 차질이 생긴다면 그것은 말 그대로 흉물에 불과하다는 사실 역시 걱정해야 할 것이다.

유토피아(Utopia)와 평화의 섬

우리 문학에는 가끔 피안(彼岸)이라는 용어가 나타난다. 이 어사는 도피안(到彼岸)의 준말로서 불교에서 말하는 바라밀다(Faramita 婆羅蜜多)의 역어인 것이다. 즉 이승의 모든 고통과 번뇌에서 벗어나 근심이 전혀 없는 편안한 경지에 이른다는 말이 될 것이다. 말하자면, 생사를 해탈하지 못한 이승의 세계에서 열반의 세계에 도달하는 바로 불생불멸의 경지 이것이 바로 피안의 세계인 것이다.

그리고 유토피아라는 용어가 있다. 이 말은, 토마스 모어(T.More)의 공상적 사회소설인 〈유토피아(Utopia)〉라는 작품 제목에서 유래를 하고 있는데, 무가유향(無可有鄕) 즉 "어느 곳에도 없는 장소"라는 뜻으로 문학에서는 이것을 이상향이라 말하고 있다. 모어의 작품에 나타나는 이 유토피아는 바로 "가상의 섬나라"를 말한다. 당시 영국과 대조적인 이상국을 설정하여 정치와 경제 교육과 종교에 이르기까지 그 당시의 사회실상을 자세히 묘사한 훌륭한 휴머니즘 작품인 것이다. 예이츠의 시 세계에서도 역시 "호수의 섬"을 통하여 서정적인 사랑과, 신비적인 미의 세계를 추구하고 있다는 사실이다. 어디 그 뿐이겠는가. 〈귀거래사〉로 유명한 도연명의 작품 〈도화원기 桃花源記〉에서도 "평화향"이 등장한다.

그런데, 우리 나라 문학에서 그리는 섬은 그것이 아니다. 한결같이 고독과 인고의 세월 아니면 도피적인 그러한 모습으로 등장하거나 형상화되어 나타나는 것들이 일반적인 것이다.

그 한 예로, 허균의 〈홍길동전〉에서 그리는 섬 "율도국"이나, 박지원의 〈허생전〉에서 등장하는 "외딴 섬"이 또한 그러한 것이다. 신출귀몰한 재주와 학식을 겸비한 길동은 비록 정승의 아들로 태어나긴 했지만 한갓 첩의 소생인 탓으로 천대가 심하여 결국 집을 나와 활빈당을 조직하고 의적의 괴수가 된다. 그리하여 양반과 부유층만을 상대로 금품을 털면서 불쌍한 선민들을 도왔고 또한 항거하면서 그들을 괴롭혀 왔던 것이다. 가끔은 수배도 당했고 관아로부터 회유도 있었지만 초지일관 하다가 어머님을 모시고 율도국을 건설하는 이야기가 전자인 것이고, 후자는 심한 가난 때문에 공부를 중단하고 장안 갑부 변씨를 찾아가서 10만금을 빌리고는 허생은 큰돈을 번다. 그는 그 돈을 가지고 우선은 불쌍하고 가난한 사람들만을 도우면서 20여 년을 보낸다. 그리고 변씨에게는 20만금을 갚은 것이다. 그러나 살고 있는 곳은 역시 남산 밑 오두막집인 것이다. 변씨는 크게 감탄하여 이정승과 시사를 논하다 말고 함께 허생을 찾아가 보았다. 그는 이미 외딴 섬으로 떠나고 없었다는 이야기다.

바로 무위도식하는 양반들의 무능을 풍자한 소설이지만 문제는, 유토피아를 가상의 섬이나 호도(湖島) 그러니까 외딴 섬이나 율도국 이렇게 한결같이 "섬"으로 설정하고 있다는 사실에 초점을 모아 보자는 것이다.

전설적인 섬 이어도가 또한 그러한 섬이 아니겠는가?

이제 우리 제주는 국제적인 위상과 함께 상당한 변화를 하고 있다. 소련의 고르바쵸프나 중국의 강택민과의 제주 정상회담은 바로 철의 장막과 죽의 장막의 베일(Veil)을 완전히 없애버린 것이다. 그리고, 미국의 클린턴과 일본의 하시모토나 ASEM 즉 아시아 유럽 정상들의 미팅 역시 이 곳 제주에서 있었지 않았는가? 이념의 벽도 없고 전쟁도 없는 섬, 오직 세계가 지켜보고 있는 제주도, 유토피아적인 평화의 섬으로 태어나고 있는 것이다.

日本의 역사 왜곡은 간사한 오류정책

왜곡된 역사교육! 지금의 일본은 학부모들도 분노하고 있고, 지식인들도 이에 합세하고 있다. 日本의 역사 왜곡을 놓고 그들의 위상은 이렇게 사구의 태풍으로 회오리치고 있는 것이다. 독도는 우리 땅 하면서 티격태격하던 때가 바로 엊그제인데 이제는 전쟁사의 허물까지 위장하려는 허상 때문에 문제는 더욱 심각한 것이다. 세계 언론들까지도 우려를 표명하고 나섰다.

그렇다면, 일본은 도대체 어떠한 나라인가? 임진왜란과 일제침탈을 계기로 하여 발생한 신사참배나 창씨개명·조선어학회 사건 이러한 치욕적인 사건들까지 접해보면 그들의 정체는 분명히 나타난다. 억울하고 분통함도 그렇지만 지금은, 성장하면서 많이 들었던 말들까지도 우리들 심기를 괴롭힌다. 큰 복숭아는 "일본 복숭아", 작은 복숭아는 무조건 "조선 복숭아"라고 했었다. 좋은 된장은 "일본 된장", 나쁜 된장은 "조선 된장"이라고 했다. 전시에 있어서 일본 대국임을 과시하려는 왜곡된 계책들인 것이다. 어찌 그 뿐이겠는가? 일본 약 중에서도 너무나 알려진 "正露丸"의 그 글자 역시, 원래는 바를 "正"자가 아니라 정복할 "征"자로 쓰였던 사실을 우리는 똑똑히 기억해야 할 것이다. 즉 "러시아를 정복하라" 바로 「노일전쟁」 당시 병사들에게 지참케 했던 약이지만 여기에는 분명 그들의 침략정신이 살고 있는 것이다. 침략근성이라는 사실을 간과해서는 아니 될 것이다.

예로부터, 정복자들의 야망이나 침략주의자들의 속성은 한결같이 간사한 계책에 의하여 저질러 놓는 일방적인 오류정책, 여기에 기인하고 있음을 쉽게 알 수 있는 대목이다. 비근한 예로, 갓 출생한 어린아이들의 엉덩이에 가끔 생기는 파란 반점을 놓고 "몽고반점"이라고 했다. 이 말 역시 칭기스 칸(Chingiz Khan)의 대제국건설과 지배 근성에서 의도적으로 유포시킨 루머에 불과한 말이다. 우리는 분명 한민족이지 어째서 몽고족이 될 수 있다는 말인가? 가당치 않는 논리다. 다만, 계략에 의하여 몽고 혈통이 우세함을 제시하고자 했던 계획된 왜곡 역사에 분노하지 않을 수 없다. 이 모두는, 역사를 두려워하거나 인간 그 자체를 무시한 데서 나타나는 오류정책에 불과한 것이다. 일본도 바로 이러한 부류에서 그들의 역사는 지탄받고 있는 것이다. 심히 안타까운 일이 아닐 수 없다.

일본 정부는 지난 3일, 일제침탈과 만행을 합리화하고 위안부들의 아픔이나 침략사실을 왜곡하면서 일본 자국의 역사관만을 정당화시켰다. 또 그대로 역사 교과서를 검정 통과시켰던 것이다. 일본 최대의 교원단체인 「일본교직원조합」역시 왜곡된 일본의 역사관은 교육적으로 문제 있다고 지적하면서 교과서 채택 거부운동을 벌일 계획이라고 한다. 9일 탑골공원에서는, 과소비 추방 국민운동본부 등 40여 개 시민단체들이 함께 모여 "日本 교과서 왜곡승인 규탄 및 日 상품 불매운동 대회"를 열고는 국민적 각오와 함께 일본 상품들을 화형 시켰다. 또한 정부측은 주일대사를 전격 소환시켜 대책회의는 물론 귀임을 유보시켰다. 이러한 분위기는 결국 온 국민과 더불어 외교 마찰 조짐을 예견하는 대목이 분명한 것이다. 중국 정부도 성명을 통하여 일본을 규탄했고, 북한 역시 유엔 인권위원회에서 강경한 입장을 제시한 경우들을 잊지 말아야 할 것이다.

역사는 결국 거짓이 될 수 없다. 역사는 인류사에 있어서 언제나 산 교육장이 되는 것이다. 진리와 사랑과 정직 속에서만 꽃을 피우게 되어 있다. 그러므로 두려운 존재인 것이다. 때문에 일본 정부는 하루 속히 올바른 역사관과 미래의 눈을 가지고 자국의 역사를 재조명하는 데 전력해야 할 것이다.

실타래 교육제도, 고3은 울고 있다.

2002 대입에 수시모집이란 제도가 새롭게 등장되었다. 교육에도 빈익빈 부익부 논리가 예견되고 있는 것이다. 개혁은 어디까지나 미래와 순리가 전제되어야 하는데, 마치 망치로 못질하는 식, 톱으로 나무를 절단하는 식이다. 반란군 입성을 방불케 하는 대목이다.

그래서 교육이민 또는 탈 교육이란 심각한 상황으로 급류를 타고 있는 것이다. 해마다 바뀌는 교육제도 대입제도 때문에 나타나는 도피성 해외유학, 이에 따른 학생과 학부모들의 고충들 도대체 우리 교육은 어디로 가는 것일까. 그저 당혹스러울 뿐이다.

공부는 학원에서 하고 학교는 쉬는 곳으로 전락해 버린 실상들도 아주 가관인 것이다. 교과목을 중심으로 예습과 복습 이러한 자발적인 수업공간이 그렇게 아름다울 수가 없었는데 지금의 상황은 한 마디로 열차 화통을 삶아먹은 그러한 공간일 뿐이다. 선생님들이나 교수님들은 당치 않게 머슴으로 전락한 꼴이 되고 만 것이다. 환멸감에 교단을 지켜야만 하는 초라한 처지가 되고 만 것이다. 어처구니가 없고 한심스러울 뿐이다. 안타까운 일이다.

한국 교육개발원의 최근 발표에 따르면, 학생의 31.2%가 학교를 반드시 다니지 않아도 된다라고 생각하는 것으로 드러났다. 그리고, 과다한 학생 수·경직된 교육과정·관료적인 교육운영·명문대 위주의 입시과열 풍토·기타 제반 교육제도 모순으로 인하여 교육현장은 붕괴되었고 황폐화되었다는 논리를 펴고 있다. 때문에 대부분의 학생들은 일찌감치 대학을 포기하는 소위 "대포생"을 자처하면서 도피성 해외유학 말하자면 교육이민 내지는 탈 교육이라는 노선을 택하고 있는 것이다. 최근, 서울 강남 코엑스 전시장에서 있었던 해외 유학박람회에서는 이틀동안 무려 4만 5,000여명이 몰려 성황을 이루었다고 한다. 이는 바로 현 학교교육에 대한 불신이요 교육부 제도에 대한 위기를 대변하는 전 국민적인 공통된 정서라는 사실을 알아야 할 것이다.

입시 전문기관인 중앙교육진흥연구소는, 재학생 10만 5,000여명과 재수생 4만 여명 등 14만 5,000여명을 대상으로 치른 대입수능 모의고사 결과를 외부에 발표하지 않기로 방침을 정했다는 기사를 읽었다. 그 이유는, 모의고사 결과 고3 재학생들과 재수생간의 점수 차가 너무 벌어져 공개할 수 없다는 것이다. 결국, 학교 교육현장에 미치는 파장이 크고 혼란이 우려돼 점수를 공개하지 않기로 했다는 것이다. 이 학생들은 이른바 "이해찬 1세대"로 불리는 현 고3 재학생과 재수생을 대상으로 대입수능 모의고사를 치른 결과인데 이러한 현상은 고1~2는 물론 중학생에 이르기까지 총체적인 학력저하 현상으로 나타나 교육제도에 대한 불신의 목소리로 번지고 있는 것이다. 아니 대학이라 하더라도 일부 명문대학이나 일부 인기학과를 제외하고는 결석생은 물론 교재도 없이 수업을 받는, 교육실종 그 자체가 오늘의 실상인 것이다. 더욱 충격적인 것은, 소위 "자격증"만 따면 졸업은 물론 자신의 인생까지 전부 해결된다는 단순한 생각 때문에 꿈과 정신적 가치는 마구 혼돈으로 빠져들고 있는 것이다. 큰 사건이 아닐 수 없다. 이러한 총체적 상황은 바로 교육부의 공격적인 교육정책에서 비롯되었다고 감히 말할 수 있을 것이다.

교육은 바로 현실의식과 잠재의식 사이에서 신기한 상호작용에 의하여 이루어진다는 원리를 정책 당국은 분명히 깨달아야 할 것이다. 탈교육적인 한국의 교육현실을 그대로 방치해서는 절대로 안 된다. 뒤엉킨 실타래처럼 눈물을 만드는 제도는 속히 개선되어야 할 것이다.

6·25의 상흔과 햇볕 정책

"아아 잊으랴! 어찌 우리 그 날을 / 조국을 원수들이 짓밟아 오던 날을" 목이 타도록 불렀던 6·25의 노래다. 지금은 새삼스러운 이야기(?)로 혹자들은 생각할 수도 있겠지만, 그러나 만신창도 이만저만 정말 그럴 수가 없었던 역사가 아니던가. 호박잎에서도 한겨울을 지내던 세월들이 주마등처럼 지나간다. 1950년 6월 25일 04시가 바로 그것을 만든 것이다.

이제 6·25를 치른 지 반세기를 넘기고 있다. 아직도 치유되지 못한 상흔들이 응어리로 머물고 있는 요즘이다. 꽃다운 청춘, 그들이 마지막 숨을 거두면서 남긴 한 마디는 무엇인지, 지금 이산가족들의 아픔과 유족들의 한과 고통은 어떤 것들인지, 현실은 현실대로 냉정하게 짚고 넘어가야 할 시점인 것이다. 역사를 위해서는 겸허한 자세만이 필요하다는 논리다.

우리 민족사는, 고구려 4세기 초부터 6세기 후반까지 수(隋)의 침입으로 시작하여 1950년 6·25동란까지 무려 930여 회의 외침을 당한 것으로 한국전쟁사는 기록하고 있다. 이럴 때마다 우리는 구국항쟁을 외쳤고 생존권 수호라는 야속한 현실을 체험했던 것이 사실이다. 그러나 살아 움직이는 거울처럼 지금도 우리 눈앞에 선한 것은 오직 6·25의 비화일 것이다. 어쩌면, 이민족의 지배보다도 결코 덜하지 않는 민족적 아픔과 고통을 경험하였던 것이다. 게다가 끊임없는 전쟁위협, 1천만 이산가족들의 슬픔과 애환들, 도대체 이 세상 어느 나라에 이러한 불행과 냉전이 존재하고 있었단 말인가. 차제에 우리가 똑똑히 기억해야 할 것이 하나 있다.

그것은, 1948년 8월에 공포된 이른바 "조선 민주주의 인민공화국 헌법" 제103조에 명시된 내용이다. "조선 민주주의 인민공화국의 수도는 서울시이다."라고 규정하고 있다. 남침전략은 이렇게 시작되었던 것이다. 고금을 막론하고, "수도"의 개념은 정치 경제는 물론 이념적 핵심지이며 국가 상징이기 때문에 전략적으로 103조가 목적하는 바는 분명한 것이다.

이제 시대는 많이 변하고 있다. 1970년대 초부터 일기 시작한 소위 강대국들의 데탕트 정책에 힘을 얻어 우리 역시 한영토의 평화적 재통일을 희망적으로 갈망하고 있는 것도 사실이다. 그래서 남·북 관계노선은 더욱 호전되어 결국 김대중 대통령은 방북하는 데까지 성공한 것이다. 실향민들이나 이산가족들의 마음은 벌써 고향열차를 타고 있었던 것이다. 통일은 바로 눈 앞에 있는 것처럼 보였다. 한 편의 드라마인 것이다. 이것이 문제인 것이다.

그들의 사상과 이념논리는 그것이 아닌데, 드디어 정부측에서는 김정일 국방위원장의 서울 답방을 애걸복걸하는 꼴이 되어버린 것이다. 김정일 서울답방 운운하는 공식 발언은, 김대통령을 비롯하여 정부 요인들까지 포함하여 무려 8회나 된다고 하니 이 얼마나 황당한 일이겠는가. 마치 "굶주린 아이가 엄마 젖을 그리워하는 꼴"이 되어버린 것이다. 특히 현충일 국립묘지 행사 때, 김정일 국방위원장 서울 답방을 거론하는 사고라든지, 또는 인민군 묘지에 참배하겠다는 어느 각료의 발언같은 것들은 결국 국제적인 위상이나 국무 상식에서도 도저히 납득할 수가 없는 것들이다. 유족들에게 큰 상처를 입힌 격이 된 것이다.

이제 우리는 비극적 분단이라는 아픔을 치유하고 있는 것이다. 그러나, 다시 한 가족으로 통일하는 "민족통일"은 그렇게 쉬운 것이 아니라는 사실을 알아야 할 것이다. 다만 가야만 하는 기로에 서 있다는 것 뿐이다. 그래서 우리는 가고 있는 것이다. 설령 고달픈 긴 여정이 된다 하더라도 통일을 위해서는 가야만 하는 길인 것이다.

공멸·공생의 철학

철학이란 어의는 필로소피(Philosophy) 즉 사랑과 지혜의 뜻을 지닌 합성어인 것이다. 평소 상대를 논할 경우에도 우선은 철학이 "있다" "없다" 이러한 시각으로 저울질하기도 한다. 때문에 인생철학·교육철학·종교철학·법철학·정치철학… 이렇게 그 용례는 일상적이면서도 다변적으로 쓰이는 어사가 되고 말았다. 그 배경은 도대체 어디에 있다는 말인가?

자연은 결국 섭리라는 개념 속에서 존재하겠지만 그러나 우리 인간은 사랑과 지혜라는 속성에서 언제나 방황하고 있다는 실증적인 논리가 아닐까 하는 생각이다.

인간이 추구하는 것은 사랑이다. 인간 생활에서 필요한 것은 지혜인 것이다. 이를 입증할 수 있는 것은, 종교 역시 그렇지만 교육 역시 사랑이란 지표가 설정되지 않고서는 그 결과는 뻔한 것이다. 때문에 문학에서 주된 테마 역시 사랑을 모토로 삼고 있다는 것이다. 지혜는 역시 상당한 경험과 시행착오를 거치면서 얻어진 의식의 주체인 경험철학인 것이다. 여기서 철학이란 존재가치는 그 의미를 지니고 있다.

요즘, 정치 경제권 정황이나 교육현장 등에서는 마치 공멸(共滅) 공생(共生) 이러한 극한적 악의 고리들로 하여금 많은 갈등과 혼란을 야기하고 있다. 이러한 시점에서 아주 옛날 모 중앙지에 게재되었던 만평 하나가 생각난다. "민나 도로보데스" 우리 글씨로 일본말을 써놓은 것인데 "모두 다 도둑놈들"이라는 표현이다. 여기에는 분명 주체성 결여라는 강한 의미도 가미되었겠지만 더욱 중요한 것은 의식의 오류라는 것이다. 어찌 그뿐이겠는가. 60년대 모 중앙지에서 읽었던 만평 하나가 또한 마음을 괴롭게 한다. 즉, 38선을 넘어온 간첩과 그 손에는 살생용 세균이다. 세균의 원산지는 일본 그래서 간첩에게 내려진 지령은 인간의 생명줄인 수원지에 뿌려서 남한을 멸망케 한다는 것이다. 자승자박이 아니던가! 결국 남과 북이 함께 공멸된다면 일본은 가만히 있다가 우리 영토를 그들의 속국으로 만든다는 속셈이고 보면 이 얼마나 어리석고 통탄스러운 일이라 아니할 수 있겠는가.

여기에 비유할 수 있는 것은 동물의 세계가 아닐까! 먹느냐 먹히느냐 하는 생존경쟁이 치열한 자연의 법칙은 즐겁기도 하지만 또한 잔인한 세계임에 틀림이 없다.

이 세계에서 아주 밉살스러운 동물은 떼강도인 하이애나라는 동물이다. 어슬렁대는 모습도 그렇지만 이것은 언제나 다른 동물들이 사냥한 먹이만을 훔쳐먹는 습성이 특이한 것이다. 자진할 때까지 기다렸다가 아니면 남의 굿을 구경하다가 떡이나 얻어먹자는 속셈이다. 오류로 점철된 잘못된 사고이거나 아니면 집단적 이기주의 유산일 수밖에 없는 것이다. 우리 주변에서 일고 있는 정치권의 구태들이 그것이요, 권력을 이용하여 일시 부를 누렸던 사건들이 그것이다. 정상화 방안이라는 명분을 놓고 갖은 공세를 부렸던 상황들 역시 그러한 맥락일 것이다.

이제, 우리 손으로 정경유착 그 악순환의 고리들을 제거해야 한다. 은근 슬쩍하는 하이애나의 부정적 어리석음을 단절시켜야 할 것이다. 다만 우리는 공생의 원리 속에서 미래만을 생각하는 그러한 의식전환과 행동만이 필요한 것이다. 우리는 국제화 시대를 맞이하고 있다. 때문에 공생을 위한 새로운 의식전환과 성찰이 필요한 때이다. 부정적인 눈은 부정적인 존재를 만들고, 미워하는 마음은 결국 공생하지 못한다는 철학을 우리는 잊지 말아야 할 것이다. 우리 후손들에게 물려 줄 훌륭한 문화유산이 될 것이다.

매화야 옷고름을 풀어라

이른 봄 상춘계절이라 했던가! 산과 들에는 벚꽃들도 그렇지만 특히 갓 겨울을 넘긴 홍분된 매화가 눈길을 유혹하고 있다. 학교마다 신학기 강의는 시작되었다. 하여 처음으로 판서한 내용인 즉 "매화야 옷고름을 풀어라" 이렇게 분위기를 잡은 것이다. 학생들은 의아스럽다는 눈초리로 판서된 내용만을 응시하고 있었다. "매화가 옷고름을 풀면 과연 그 속에 무엇이 있을까" 온갖 상상력을 동원하는 그 표정들이 볼만한 것이다.

매화가 옷고름 속에 품고 있었던 것은 바로 한겨울을 이겨낸 "봄"인 것이다. 홍분된 봉우리를 터트리면서 우리를 마중하고 있다. 우리를 반기고 있었던 것이다. 첫 강의에 대한 어색한 분위기를 푼 것이다. 일각으로는 혹 성 모랄에 대한 호기심 내지는 교육 현장에서의 신성성 상실 여부 이러한 혼돈으로 오해 접근도 가능했다고 볼 수 있었으나 그러나 일상적인 성추행 개념과는 분명 다르다는 것을 깨닫는 순간이 될 것이다. 문학의 속성일 수도 있다.

이제 우리는, 한 겨울을 이겨낸 삶의 지혜와 움츠렸던 마음과 생각들을 새롭게 펼 수 있는 봄의 기운을 만난 것이다. 경제도 정치도 그리고 교육이나 인간관계 역시 그러한 것이다. 특히 경제인 경우는, 소위 거품 경제를 바로 잡기 위하여 뼈를 깎는 구조조정이 불가피한 것이었다. 숱한 갈등과 고통 속에서 살얼음을 딛고 가는 위기감 그 자체였던 것이다. 국민들 역시 뜬구름 잡는 나그네 신세가 되었었다. 그러나 지금은 A학점을 받아 국제적 신임을 얻은 것이다. 다행스러운 일이다. 한겨울을 이겨낸 일종의 끈기인 것이다.

그러나 정치권이나 인간관계는 그것이 아니다. 자신의 입지나 영달만을 위하여 온갖 수단과 방법을 가리지 않는 음해나 모함으로 포장된 개인주의나 이기주의가 그 실체인 것이다. 또한 이념이다 색깔이다 하면서 우리 주변을 항상 음산하게 만들고 있는 것이 현실이다. 그대로 간과할 수 없는 무서운 세상에 살고 있는 것이다. 어떻게 할 것인가. 답답하기만 하다.

이러한 상황에서 상처받는 것은 역시 인간관계뿐이다. 참다운 인간관계란 바로 스침의 관계가 아닌 만남의 관계 속에서 이어지는 개인과 사회적 관계인 것이다. 더욱 중요한 것은 자신의 약점이나 모자란 점을 진솔한 마음을 통하여 언제나 노출시켜야 하는 것이다. 그러면 이웃이나 주변에서는 관심과 애정을 가지고 서로 걱정하고 서로 도우면서 참다운 인간 사랑으로 발전할 수 있는 계기를 만들 게 분명할 것이다.

문제는 교육인 것이다. 근본은 인성교육이다 정서교육이다 하고 있지만 사실은 그것이 아니다. 교육이 가고 있는 도달점은 어쨌든 사랑을 찾는 길인데 그런데 요즘의 교육정황은 그것이 아닌 듯 싶다. 자격증 하나만 있으면 되는 교육, 명문 졸업장만 거머쥐면 되는 교육, 돈만 벌면 되고, 명예 그리고 기득권만 잡으면 모든 것이 해결되는 그러한 시대교육에 살고 있기 때문에 사회적으로 많은 문제가 되고 있다. 교육은 죽던 말던, 대학은 쓰러지던 말던 지금의 자리만을 고수하려는 파렴치한 사고가 있다면 그것이 문제인 것이다. 먼 훗날 죄악의 소치로 큰 책임을 면치 못할 것이다. 욕심을 버리고 봄을 마중할 줄 알아야 한다.

교육은 바로 참 인간을 위한 공생의 원리 속에서만 존재할 뿐이다. 참 인간은 참 사랑을 베푸는 데 큰 의미가 있을 뿐이다. 과욕은 풍파를 조장할 뿐이다.

잊을 수 없는 6월 바람

그렇게 우리 마음을 부풀게 했던 월드컵 축구가 대단원의 막을 내렸다. 23인의 태극전사들은 여한이 없을 정도로 잘 싸웠고 그 땀과 투혼으로 민족의 저력을 세계만방에 떨친 것이다. 흥분된 열광과 감동 "대-한민국"을 새롭게 창조한 것이다.

국민들에게는 감격의 역사를 선물한 것이다. 32개국이 참가하는 월드컵 축구대회의 우리 소원은 다만 16강이 전부였는데 그런데 16강을 넘어 8강, 다시 8강을 넘어 우리는 드디어 4강이라는 유래 없는 신화를 만든 것이다. 한밭에서, 빛고을에서 그리고 달구벌에서 "오 필승 코리아" 그 열망 그 함성으로 세계를 놀라게 한 것이다. 유사이래 없었던 이러한 신화는 결국 23인의 태극전사들과 붉은 악마들 그리고 전국민이 함께 만들고 있었다는 사실에서 큰 의미가 있는 것이다. 이왕이면 준결승을 치르고서 "이제는 요코하마로…" 이렇게 열망하였지만 그러나 그 꿈은 이대로 접어야만 했었다.

"이제는 꿈을 접겠습니다……" 6.13 선거 결과 어느 후보의 기자회견에서 밝힌 말이다. 때문에 우리는 6.13 선거 그 낙수(落穗) 바람들을 또한 만나보아야 하지 않겠는가. 격돌현장에서는 허위사실 유포-고발·인심공격-물증공세·공약난발-멋대로, 차마 헤아릴 수 없는 계책으로 우리 도민들을 우롱하였다. 더욱 한심스러운 것은, 자존심까지 버리면서 초상집 똥개가 되기도 했고, 술집이나 식당에서는 때아닌 풍년이 들어 갈비와 소주로 흥청대고 있었다고들 하니 얼마나 한심스러운 정황들인가? 문제는 우리 도민들의 의식도 그렇지만 선거풍토는 되려 60~70년대에서 벗어나지 못하고 있다는 여론들이고 보면 걱정이 큰 것이다. 제주의 비전은 도대체 어디에 존재하고 있다는 말인가? 매우 한심스러운 일이 아닐 수 없었다.

어쨌든 우리에게 6월은 잊을 수 없는 달이다. 현충일, 6.25동란, 6.13 지방 선거, 한 달 내내 지속되었던 월드컵 축구 그 열망 이러한 것들이다. 그런데 예상치 않았던 돌풍이 또 지나갔다. 바로 6월 29일 서해안 연평도 근해에서 북한 경비정 선제포격 도발사건이 발생하여 많은 피해를 자초한 것이다. 3년 전 연평해전이 있은 후에 벌어진 심상치 않는 접전인 것이다. 햇볕정책은 무엇이며 평양 남북정상회담의 정체는 도대체 무엇이란 말인가. 4명의 전사자 1명은 실종 20여명의 사상자와 고속정 1척 침몰 그 유족들의 오열과 통탄 그 슬픔을 무엇으로 보상할 것인가. 6월은 이렇게 승자와 패자를 가늠하는 시점에서 발생한 것들이어서 심상치 않는 터부(taboo)가 있어 보인다. 흥분 감동 통탄 어쩌면 태풍처럼 회오리 치던 그러한 6월 바람이기도 했고, 아니면 한여름에 온몸을 쥐어짜던 무더위 바람이 되기도 했었다. 그러한 6월 바람이 지나간 것이다.

이제, 6월을 읽는 바람은 공원에서도 일고 있었다. 공원에 있는 돌 이

자에 잠시 몸을 맡겼다. 너절하게 버려진 담배꽁초들을 발견할 수 있었다. 아니 긴 한숨소리가 들리는 것 같았다. 지척에는 〈오일장〉이란 광고지가 가련하리만큼 헐떡거리고 있었다. 어느 젊은이의 따분한 사정이 술렁대는 것이다. 실연 아니면 어떤 실업자의 넋두리일 수도 있었겠지만 어쨌든 그것은 마음에 이는 보이지 않는 큰바람인 것이다. 물이 지났던 길에는 계곡이 만들어진다. 그러나 바람이 지났던 길에는 세월을 읽는 주름들로 가득하여 그 무엇으로도 대신할 수 없는 것이다. 6월은 결국 월드컵 열기로 가득한 것처럼 보이겠지만 그러나 사실은 고독한 혼의 소리로 바람을 일게 하는 잊을 수 없는 달이 되고 말았다.

여성 그리고 인격권의 실체

여성주간을 엇그제 맞이했었다. 관심의 초점은 역시 도지사 성추행사건, 그래서 제주여민회 등 전국 41개 단체인사로 구성된 〈성폭력추방책위원회〉의 결의는 대단한 것이었다.

필자는, 그냥 침묵으로 일관할 것인가(?) 이러한 망설임도 있었지만 그러나 "무관" 그 자체는 필자로서의 도리가 아니기 때문에 어렵사리 펜을 들고 그들의 고통을 함께 하기로 결심한 것이다. 특히 성추행 사실들이 법정문제로 전개되면서 그 속에 숨겨 있었던 한 여성의 눈물까지도 그대로 외면할 수 없었다는 것이다.

우리는, 드라마 〈명성황후〉의 죽음과 그 눈물의 의미를 지켜보았다. 그 당시 절실했던 역사의 진실들을 읽을 수 있었지 않았던가. 여성의 눈물 속에는 결코 버릴 수 없는 그 어떤 진실과 순수함이 존재하고 있음을 증명해주는 그러한 대목인 것이다. 때문에 여성의 눈물에는 대단한 호소력과 억울함이 함께 상존하고 있다는 논리가 성립된다. 한 여성의 눈물은 결국 이러한 한숨과 고통이 서로 어우러져 마음의 응어리로 발전된 것이 분명한 것이다.

여성이란 속성에는 남성들이 이해 못하는 심리적 정신적 질서인 아주 소중한 자존심이 살고 있다. 또 자존심 속에는 무엇으로도 바꿀 수 없는 명예와 프라이버시가 존재하는데 이것이 바로 인격권의 실체인 것이다. 우리 인간은 만남과 스침의 관계 속에서 언제나 또 하나의 "나"를 창조하면서 살아가고 있다. 여기서 인격 그 자체는 간섭받지 않는 권리이기 때문에 얼마나 예민한 감각을 지닌 또 하나의 "나"란 것을 우리는 잘 알고 있어야 한다. 이것은 결국 윤리·도덕적 행위에서 비롯된 상처받는 한 여성의 인격에 비중이 더 큰 것이다. 인격은 바로 권리, 의무의 주체가 되는 것이다. 때문에 언행에서나 여타 어떠한 욕구가 있었다 할지라도 이는 어차피 법률적 책임이 따르게 되어 있다는 것이다. 그대로 넘길 문제가 아닌 것이다. 흔한 이야기로, "심증은 가지만 물증이 없다"하여 이를 묵살할 수 없다는 해석으로 가능한 것이다. 물증만이 법률적 효력이 성립된다면 그것은 한치의 의혹도 없이 판결은 쉽겠지만 그러나 의도적인 피부접촉이나 불손한 언행 그 자체는 설령 물증은 없다 할지라도 인격권의 범주 속에서 처벌은 가능한 것이다. 지난 7월 15일자 J신문에 기사화 된 성추행 사실들은 아주 충격적인 것이었다. D대학 K교수의 성추행 사건, 모 언론노조 K씨의 성폭행 사건, 죽암휴게소 P씨 성추행 사건, 모 도지사 성추행 사건 이와 같은 것들은 모두가 이중피해로 남아 있는 여성의 눈물 그래서 안타까운 일이라는 것이다. 이대로 있을 수 없다. 이제는 어쩔 수 없다. 하여 모종의 활동을 준비하고 있다는 것이다. 필자도 여기에 동참하고 싶은 것이다. 사실은 사실대로 철저히 규명해야 한다. 한 여성이 흘린 눈물의 실체를 명확히 밝혀내야 한다는 것이다. 제주여민회를 비롯한 각종 여성단체에서도 수차 성명이 나왔고 크게는 여성부의 결과까지 지켜본다는 의지이고 보면 예사롭지 않다는 느낌이 드는 대목이다.

주목해야 할 것은 여성들의 이중피해 이것이 문제인 것이다. 사회의 눈은 아주 예민한 것이다. 검찰과 법정은 최고의 믿음과 존경을 받는 곳이 아니던가. 예전처럼 그 어떤 아이러니나 한치의 오류가 발생해서는 아니 될 것이다. 인륜과 질서는 "가치"가 부여되면서 생명력을 가지게 된 것이다. 때문에 마음의 응어리 그 눈물 속에는 한치의 거짓이 존재할 수 없다는 것을 이 기회에 밝혀줘야 할 것이다.

물은 생명의 원천이면서 두려움의 실체

물은 생명의 원천이면서 두려운 존재다. 샤먼도 물을 이용하여 금기와 제의(祭儀)를 그래서 민간신앙의 원류가 되고 있고, 노아의 홍수·노아의 방주 이것 또한 그러한 것이다.

캘리포니아 버클리 대학의 민속학자인 던데스(Alan Dundes) 교수는 "괴물이 세계의 물을 다 가두었다" "영웅은 괴물을 죽이고 물을 방출시켰다" 이렇게 인디언 설화들을 소개하고 있다. 사월 초파일에는, 석가모니 탄생불을 놓고 감로수를 가지고 동자불 머리에 끼얹는 관불(灌佛) 또는 욕불(浴佛) 의식을 행하고 있으며, 천주교에서는 성세(聖洗) 또는 세례(洗禮)라는 것이 있다. 물을 통하여 원죄를 씻어 없애고 다시 태어난다는 성스러운 의식이다. 역시 "물"을 가지고 행해지고 있다. 물은 역시 신성하면서도 두려운 존재임을 입증하는 대목이다.

태풍 "루사"와 함께 수마가 할퀴고 간 그 현장을 지켜보고 있다. 폐허와 허기진 슬픔과 고통뿐이다. 댐은 무너지고 알 수 없는 진흙덩이들은 온 마을을 덮쳤다. 숨통을 잡아버린 것이다. 창세기를 장식한 노아의 홍수를 방불케 하고 있다. 여호와는 인간들이 스스로 만든 죄상 때문에 취해진 150일 동안의 대홍수를 통하여 온 인류를 멸망시켜버린다. 그러나 노아와 그의 가족들은 금수들과 함께 네모진 배 즉 방주(方舟)를 이용해서 또 다른 지금의 인류를 탄생시킨 것이다. 그렇다면, 물에 대한 제반 두려움의 실체는 우리 인간들이 스스로 만들어 가는 그러한 재앙의 일부가 아닐까 하는 생각도 버릴 수 없는 것이다.

민간신앙에서 이야기하는 샤먼(무당) 역시 물과 직접 관련되어 나타난다. 러시아인에 의하여 퉁구스인을 처음 만난 곳 역시 시베리아의 바이칼호(수심1620m-세계최대)로 이어지는 예니세이 강가인 것이다. 이것이 근간이 되어 지금의 샤머니즘이 원류가 된 것이다. 한국적 샤먼 역시 물을 이용하여 목욕재계하는 금기라든가 제의(祭儀)를 통하여 진혼을 하면서 현세적 고통과 두려움에서 벗어나려고 했던 것이다. 인간은 삶과 죽음을 앞에 놓고서야 드디어 생명에 대한 욕구와 갈등을 토로할 것이다. 저승사자 카론(Charon)이 위치한 곳 역시 강물이었던 것 그것이다. 강물은 일반적으로 시간과 세월을 상징할 것이다. 때문에 삶과 죽음은 흐르는 세월 속에서 어쩔 수 없는 숙명이 되어버린 것이다. 그렇기 때문에 인간들은 물을 앞에 놓고 두려움을 달래려는 "비나이다" 이러한 의식이 간절했던 것이다. 제주의 민속에서도 설문대 할망이 바다에서 출현하는 예라든가, 유교적 제의 의식에서 술(酒) 역시 물의 변이상징으로 나타난 것이다. 물은 역시 두려움이 전제된 영원성과 회귀의 상징일 뿐이다.

차제에 밝혀 둘 말이 있다. 평온했던 가정은 불시에 재해를 당했다. 그 슬픔 그 고통 누가 걱정하고 있는가. 얼까지 빠져 자실한 상태다. 정들었던 옛 동산은 간 데 없고 논밭까지도 찾을 길 없다고 한다. 먹을 것이 없다. 입을 것도 잠잘 곳마저도 없다고 한다. 이러한 비극적인 상황인데 국회는 무엇들을 하고 있는가. 병풍이다 노풍이다 하면서 개판을 치고 있으니 이 얼마나 한심한 노릇인가. 민생을 위해 할 일들이 많은데 같은 내용을 가지고 몇 년 몇 달을 허송하고 있다. 국민들은 기가 막혀 할 말을 잃고 있는 것이다. 제 코도 닦지 못하면서 비료다 감귤이다 햇볕이다 할 때가 아닌 것이다. 수재민들에게 삶의 의욕과 희망을 만들어 주어야 한다. 이제, TV뉴스나 신문기사들은 지겨울 뿐이다. 국민의 여망, 국민의 여론 하면서 당치도 않는 당론에 얽매어 흥분하는 그들이 한스럽게 느껴진다. 제발 정치적 속성에서 벗어나 하다못해 정화수라도 떠놓고 추석을 보내도록 관심을 모아야 할 때이다.

교직자도 성직자

종교와 교육, 이것은 이 지구상의 우리 인류문화사를 이끌어 온 가장 훌륭한 정신지주의 산실이라고 말하고 싶다. 유럽사회에서는 군주까지도 포함시켜 세 가지를 들고 있지만 그것은 벌써 자취를 감추었고 결국 남아 있는 것은 전제한 이 두 개의 성역밖에 아무것도 없다는 사실은 누구도 부인할 사람이 없을 것이다.

그런데, 요즘의 세태는 어떠한가. 종교는 종교대로 교육은 교육대로 무질서와 혼란 속에 내일을 예측할 수 없을 정도로 상당한 불신과 표류 그리고 고통 속에 굉장한 홍역을 치르고 있다. 퍽이나 안쓰럽고 괴로운 일이 아닐 수 없다. 제도적으로도 중심을 잃고 있으면서 사회적으로도 어쩔 수 없는 불신 속에 외면당하는 종교와 교육… 참으로 한심한 상황 아니 가공가소(可恐可笑)할 느낌 뿐이다.

예로부터, '세월은 사람을 기다려 주지 않는다' 또는 '좋은 나이는 두 번 오지 않는다' 라는 말들이 불현 듯 머리를 스친다.

이제 내 나이 지천명의 세월을 의식하면서부터 뭔가 이야기하고 싶고, 뭔가를 쓰고 싶은 충동과 함께 찾고 싶은 것들이 너무나 많은 것을 느끼고 있다. 그것은 한 마디로 '사랑' 인 것이다.

얼마 전의 일이다. 시내 4개 대학 연합 모단체 모임에 초청 연사로 강연을 하게 되었다. 문학에 대한 강연이란 너무나 대천바다와 같은 것이다. 여기 문학에다가 '사랑' 을 연계시켜 소위 '사랑과 문학' 이란 주제를 설정해 보았다. 얼마나 크나큰 흥분이었는지(?) 모른다.

동서고금을 통해서 어떠한 문학 장르에서도 '사랑' 이 없는 것은 있을 수 없다는 사실을 발견하게 되었기 때문에 그랬던 것 같다. 사실이다. 만남과 이별, 행복과 불행, 기쁨과 슬픔, 애환과 고독 그리고 질투까지도 전부가 '사랑' 이 전제되어 있다. 그래야만 정신적 심리적으로 나타나는 삶의 정서가 이루어진다. 그리고 '사랑' 은 진정 아름답고 환상적일 수만은 절대 아닌 묘한 힘을 가진 사막의 요정이라고까지 말할 수 있는 정체이기도 했었다.

그렇다면 그 사랑의 뿌리는 어디에서 발아되었다고 볼 것인가. 참으로 분명한 것은 어머님 그리고 종교 그 자체가 근간이 되어 원류를 만들어 오늘에 이르렀다고 하겠다.

그런데 요즘 신문 방송이나 기타 언론에서는 성직자나 종교재단의 재산을 공개하라는 목소리가 커지고 있다.

도대체 어떠한 의미를 내포하고 있는 것일까? 실로 성직자라 하면, 고통과 죽음 곁에 따뜻한 사랑의 손길로 존재해 있어야 한다. 칠흑의 어둠 속에서도 조용한 목자의 노래로 존재해야 한다. 산첩첩 두메산골 깊은 안개 속에서는 은은히 들리는 목탁소리가 되어 있어야 할 것이다. 그런데 기업화 또는 권위주의 운운하는 이야기를 들을 때마다 우리들의 마음은 퍽이나 아프다. 믿고 있었기 때문에 더욱 괴로운 말이 되고 있다.

또 한가지, 누군가는 교육자도 성직자와 다를 바 없다고 말한다. 공감이 가는 말이다. 종교는 깨달음과 사랑실천이라는 대명제 앞에서 내세의 구원을 위한 포교라는 점이 있다면 교육은 사람이 사람을 가르친다는 어려움 속에 인격과 학문적 이론을 접목시켜 주어 실사회에 적응하면서 인간답게 삶의 보람을 찾도록 도와준다는 점이 다를 뿐이다.

인간이 인간을 교육한다는 것이 얼마나 숭고하며 고귀한 사업인가. 그러나 요즘의 상황은 그렇지 못한 것 같다. 마치 내 심장에 가시를 얹혀 놓은 것 같은 고통과 괴로움뿐이다.

교직자가 순간적인 쾌감을 위해 그 어떤 것들에게 몹쓸 생각을 지녔다면 그의 어머님은 얼마나 괴로웠을까를 생각해 본다. 노름빚을 풀기 위해 제자를 유괴살인 했다면 얼마나 통탄할 일인가를 헤아려 본다. 대입 혼란기에 한탕을 노리는 시커먼 손이 선생님의 손이었다면 얼마나 가증스러운 사건이 될는지… 게다가 금력의 정도에 따라 결정되는 대학 부정입학의 양상들이나 알 수 없는 공시지가대로 채용되는 교수임용의 비리들 어느 것 하나 빼어버릴 수 없는 한국교육의 현주소 내지는 사이비 모랄이 아닐 수 없다.

아무리 서구문명이 꼬리를 치고 있고 또한 산업화의 소용돌이가 우리들 사회를 혼란의 경지로 몰고 있다 하더라도 교육만큼은 아니 교육자의 양식만큼은 이러한 혼탁과 불신, 아니 판도라의 궤가 되어서는 절대 안 된다고 숨을 조이며 강조하고 싶다.

"아이를 사랑하거든 매를 많이 주어라", "아이를 미워하거든 먹을 것을 많이 주어라"라는 금언이 있다. 관심과 애정을 조화시킨 평범한 교훈이 되는 말이다.

사실 그렇다. 어마어마한 시설이나 돈만이 교육마당이 되는 것이 아니다. 어마어마한 대학이나 실력을 갖추어야만 훌륭한 교육자가 되는 것은 결코 아닐 것이다. 다만 필요한 것은 엄한 아버지와 사랑스런 어머니의 모습이면 충분할 것이다. 이것이 바로 사랑 즉 애정의 교육이요 믿음의 교육이 될 것이다.

끝으로 부연하고 싶은 말은 교육자를 포함한 모든 성직자들의 숙명적인 소임은 사랑이란 훌륭한 자양분을 통하여 인간을 바르게 세우는 일, 곧 사랑 실천운동을 강조하고 싶다. 이것이 바로 참 삶이 될 것이다. 덜된 권위주의나 금권만능주의 또한 권력형 비리나 부정부패를 몰아내는 큰 힘이 있을 뿐이다. 어쩌면 학생들에게만 희생을 기다리지 말고 잘못된 풍조에 대한 우리들의 자극과 반성을 통하여 우리들의 참삶의 모습을 하루속히 되찾을 수 있도록 노력해야 할 것이다.

정치색상들 유감

유명해진 성수대교를 이제 보수 복원한다고 한다. 크나큰 뉴스감이 되었던 사건들. 정말 어처구니없는 생생한 기억들뿐인데도 그대로 보수, 복원하여 '재활용' 한다고 하니 이렇게 아이러니할 수가 없다. 유령탑을 앞에 놓고 달리는 차량들, 그리고 유족들을 생각해 보자. 아찔거린다.

오늘 아침속보는 대구 지하철공사장서 가스배관이 폭발한 사건으로 그 참사정도가 상당하다. 이 어찌된 색상들인가?

갑자기 머리를 스치는 말이 있다. '민나도로보데스' 어느 신문에 게재된 만평의 일부다. 이 말은, 내용도 그렇지만 굳이 일본말을 우리글로 표기했다는 작가의 저의가 흥미롭기 그지 없다. 빗대는 말에 초점을 모으고 깊게 음미해 볼 필요가 있다.

지방선거를 앞에 놓고 벌어지는 어수선한 분위기하며, 꼬리에 꼬리를 물고 이어지는 선명치 않았던 정치 색상들이 바로 이러한 것들이다.

공천이냐, 경선이냐 그리고 선거법운운하는 바람에 입도 조심 몸도 조심… 게다가 서로 눈치들을 볼랴 꼴불견이 이만저만 아니다. 정말 편치 못하다.

중앙당사 기자회견 내용 또한 가관이다. '지구당을 포기하는 대신 차기 도지사후보로 내락 받았다' 고 한다. 그리고 '공당으로서 사전 약속을 무시하고 경선하겠다는 것은 사기행위…' 라고 주장한다. 지방선거를 앞에 놓고 벌어지는 정치 색상들이다. 개운치 않은 눈총들이 집중되고 있다. 상당한 회의와 의문점을 제시하고 있다.

제주지사 경선구도는 이러한 정치적 배경과 기이한 기류 속에 함몰되고 있었다는 증거가 아니던가(?) 어쨌든 믿어지지 않는 일들이다.

얼굴 없이 놀아났던 녹슨 관행들이 속출되고 있다. 퍽이나 슬픈 일이 아닐 수 없다.

특히, 많은 개혁을 부르짖으면서 세계화를 주도하던 문민정부의 의지에 아랑곳하지 않고 지능적인 방법으로 우리 선민들의 눈을 실망시키고 있었다는 점은 그대로 간과해서는 절대 안 될 일이다.

필자는 문민정부의 그 개념을 충분히 믿고 있다. 정부나 정당을 정치구도에서 연면할 수 있었겠지만 도지사의 선거만큼은 언제나 민의에 실존할 수 있도록 제도나 정부는 도와줘야 한다.

지방화 시대에 지나친 정치 고리는 독선이 될 가능성이 높다. 우리들의 할 일들을 찾아야 한다. 그것은 바른 생각과 바른 판단 그리고 올바른 선택 그 길뿐이다.

日新 又 日新

드디어 민선시대가 열렸다. 그동안의 크고 작은 고통도 있었지만 새 아침을 맞이하고자 하는 산통일 뿐이다. 이제는 새롭게 달라져야 한다.

이러한 시점에서 달라져야 할 것은 무엇인가?

먼저 구태에서 벗어나는 의식전환이 있어야 할 것이다. 그동안 우리를 괴롭혔던 잘못된 관행의 틀에서 과감하게 벗어나야 한다.

다음은 道政과 국회의원, 그리고 언론의 역할이 재정립되어야 한다. 도민을 위한 행정, 중앙부처와 자치단체간의 다리역할을 하는 국회의원, 그리고 바른 소리를 내는 언론의 역할이 調和를 이뤄 제주의 미래를 설계하고 열어나가야 한다.

이러한 측면에서 몇 가지 짚고 넘어가야 할 사항이 있다.

첫째는 정무부지사의 역할이다. 행정부지사와 함께 대내외적인 실무를 효율적으로 엮어 나가야할 정무부지사는 세계화, 지방화시대에 맞는 안목을 가지고 제주도정의 발전과 21세기 제주도를 선도해야 할 것이다.

둘째는 도민을 편안하게 만들면 된다. 그 이상 더 바랄 것이 있겠는가!

우리 삶의 실체는 사랑과 복지 이외에도 아무것도 없는 것이다. 이러한 사랑과 복지를 누릴 수 있도록 행정도 조례나 규정만 따질 것이 아니라 운영의 묘를 살리는 행정을 펼쳤으면 한다.

셋째는 국회의원의 소임 문제이다.

선거철만 되면 늘상 듣는 '도민의 진정한 심부름꾼' 이라는 말이 어느 날 갑자기 권위와 명예 그리고 권력의 상징으로 둔갑해 버린다. 이제는 달라져야 할 때다. 도민의 '심부름' 내용을 찾아 발이 닳도록 뛰어 다녀야 한다. 당리당략에 앞서 도민을 위한, 도정을 위한 의원활동을 펼쳐 달라는 것이다. 이것이 '도민의 진정한 심부름꾼' 으로서 해야 할 일이 아니겠는가.

마지막으로 언론의 역할 문제이다.

언론은 '정론직필' 을 생명으로 여긴다. 지금까지 바른 언론의 길을 걷지 않았다는 것은 아니지만, 어떠한 이권이나 이해관계에 편협 되지 않는 언론, 객관성을 중시하면서 발전적, 긍정적, 생산적인 안목으로 우리 제주사회를 이끌어달라는 것이다. 바로 전체적인 구도 속에서 '견인차 역할' 을 담당해 주기를 바라는 마음이다.

이렇듯 道政과 국회의원, 그리고 언론이 제 역할을 충분히 이행할 때 우리의 삶이, 우리 제주도가 더욱 발전되리라 믿는다.

본격적인 지방자치시대의 우리의 미래는 우리의 노력과 흘린 땀의 양에 의해 좌우됨을 스스로 되새겨야 할 때이다.

일본문화와 우리의 자존심

"독도는 우리 땅… 대마도도 우리 땅" 노래와 함께 일본에 대한 적개심은 그 어느 때 보다도 예민할 것 같다. 올림픽 출전 일본과의 결승전에서도 나타난다. 자존심을 내건 한판 승부, 민족적 울분도 어우러진 대결인 듯, 그래서 2:1 우리나라는 일본을 흔쾌히 눌렀다. 선수들도 땀을 흘렸고 그 응원의 함성은 삼천리를 뒤흔들어 놓았다. 우리 모두는 잠을 설치면서 그 흐뭇함을 만끽했다. 그 통쾌함 또 어디서 찾을 것이던가! 북한에 있는 우리 동포들까지도 이 장면을 지켜봤다면 어떠했을까(?)하는 안타까움도 마음 한 구석에 남아돈다. 우리 민족이 걸어온 뼈아픔 역사도 함께 작용하고 있었을 것이다.

그렇다면 "民族"이란 도대체 무엇인가? 분명한 것은 言語라는 정신적 얼을 통하여 찾는 단일의 개념일 것이다. 예를 든다면, 철의 장막이 해체되면서 우리는 고려족이라는 우리 동포들을 찾은 것이다. 죽의장막이란 장벽이 무너지면서 연변에 살고 있는 조선족 우리 형제들을 만난 것이다. 이들은 모두가 그 나라의 국적과 그 문화 속에 생활하면서도 우리말이 있었기 때문에 민족의 뿌리를 잊지 않았던 것이 그 하나의 예가 된다. 또한 일본의 개국신이 내려 온 산 이름을 보자. "韓國岳"(해발 1,700m)이라 되어 있고 그 밑에 제단을 꾸민 산이름은 "高千穗峰"(해발 1,574m)이라 명기되어 있다. 일본의 고문헌에는 "한국악"을 "가라구니다께"로 "고천수봉"을 "구지후루"라고 읽고 있는데 이것은 바로 가락국(駕洛國)의 시조 김수로왕이 내려온 "구지봉"과 "가락국"에 일치되고 있음을 말하고 있다. 이것은 곧 일본 문화의 제반 뿌리는 바로 우리 민족의 얼로 시작되었음을 말한다. 그런데 가경할 문제가 옆에 앉아 있다. 자리자리마다 술자리마다 "독도는 우리 땅…" 하면서 민족의 정서의 예민함을 보여주고 있는 이 때에, 한쪽 귀퉁이에서는 "우동 맛이 좋다…" 라는 ㅇㅇ선전광고가 TV화면을 지배하고 있었다.

이 얼마나 아이러니한 상황인가? 게다가 집집마다에는 지금도 "正露丸"이라는 약품이 있을 것이다. 원래는 "征露丸" 곧 "러시아 정복"이라는 일본 침략주의 근성이 들어있는 말이다. 이 외에도 일본의 언어정책은 대단했었다. 그런데 우리는 무엇들을 하고 있는가? 차제에 도정에 바라고 싶다. 우리 제주는 일찍부터 일본문화의 온상이 되는 곳이기 때문에 각 업소마다 팽배해 있는 일본어계 외래어를 추방하는 행정도 함께 펴 주었으면 하는 바람이다.

민족정신은 언어생활에서부터 살찌는 것이며, 조국과 국가의 개념도 여기서부터 튼튼해진다는 사실을 숙지해야 될 것이다.

ASEM 유치와 도민의식

- 아름다운 제주는 미래의 고향 -

"부지런하게 살아가는 모습"은 참으로 아름답고 그렇게 밝아 보일 수가 없다.

이 모습에는 욕심이 있을 수 없고 개인이란 개념이 때로 존재할 수 없다.

헤녀들은 바다에서, 농부들은 밭에서 땀을 흘리는 부지런함도 그것이다. 어부들은 테우를 띄워 놓고 보릿고개 가난을 넘기던 지혜도 있었다.

역시 "부지런함" 그 자체에서 찾아볼 수 있는 우리들만의 정서인 것이다.

이제 우리는 ASEM유치를 위해 전략투구 하고 있다. 행정이나 정치권할 것 없이 범도민적인 사업으로 이를 열망하고 있다.

우리 제주가 이처럼 단합된 모습으로 다함께 일어선 것은 그렇게 흔한 예도 아니었다. 일전에 볼 수 없었던 상황들… 모두에게 큰 갈채를 보내고 싶다.

그러나 문제는 많이 남아 있다. 그중에서도 먼저는 도민의식이다. 사업은 단기적일 수가 있지만 미래를 위한 제주설계는 그것이 아니기 때문에 더욱 그렇다.

인간에게는 "손"과 "언어"가 주어져 있다. 손은 도구를 통하여 생활을 꾸려왔고, 언어는 생각과 느낌을 전달하는 큰 그릇이 되어 오늘의 역사를 이끌고 있는 것이다.

이 둘의 정체는 언제나 서로 절충하고 조화를 모색하고 있다. 손이 크게 움직이면 싸움이 되어 전쟁이라는 비극적인 희생과 손실을 경험했고, 말씨를 좋게 거둬들이면 우리들의 주변은 언제나 사랑과 평화를 만끽하는 생활로 가득했다.

이제 ASEM 유치를 위하여 도정이나 언론 할 것 없이 범도민적인 행사나 사업으로 끌고 있음은 그 누구도 부인할 수 없는 현실이 되었다.

일각에서는 소위 "평화의 섬"으로 선포하라는 소리도 들리고 있다. 모두가 일리는 있지만 그러나 시기상조(時機尙早)다. 도둑심리가 득실대고 있고 기회를 놓칠세라 한탕주의나 과욕이 태동되면 어떨까하는 걱정도 해야 된다. 관광이 관광을 파괴시킨다는 말이 있지 않은가? 지나친 개발이 미래의 개발을 저해할 우려가 있음을 잊어서는 안 될 것이다. 더욱 걱정은, 서툰 세대들까지 동참하여 담배를 꼬나물고 질주 추월하는 건방이라도 떨면 어떨까(?)하는 노파심도 생긴다.

아름다운 섬 제주, 남국의 정서가 물씬 풍기는 "우리 제주"가 굴러다니는 돌에 채이어 상처를 입힐까 두렵다. 순수한 섬사람들의 정서에 금이 생기면 절대로 안 된다. 어쨌거나 우리 모두는 힘을 모아 ASEM을 유치해야 한다. 우리 제주를 "세계의 제주"로 숙성시켜 나아가야 함도 기정사실이다. 아름다운 이 제주는, 세계인들이 찾는 "미래의 고향"으로 알리는데 좋은 기회가 되어야 할 것이다.

대통령의 와이셔츠

'대통령의 와이셔츠'. 이 말은 어떤 광고에서 눈길을 끌고 있는 광고 대사의 일부다. 대통령의 '옷'이라! 그렇다. 그 권위나 위상으로도 예사롭지 않게 큰 관심이 되는 대목이다.

역사적으로 볼 때 대통령 즉 임금의 '옷'은 이름하여 '용포(龍袍)'라 하는대 황색과 붉은색 비단이 바탕이요, 가슴과 두 어깨에는 발톱이 다섯 개 달린 용의 무늬를 금실로 둥글게 수놓아 위엄까지 갖추고 있다.

감히 누구도 넘볼 수 없는 그런 것이다. 이처럼 용(龍)의 위상은 불가사의한 존재로 나타나 상당한 괴력과 변화를 돌출시키는 역할을 했다. 때문에 '용(龍)'자는 이름자에서 쓸 수 없었던 어사였던 것이다.

그런데 요즘에는 어떠한가? 일개 관용어로 쓰이고 있으니 이 얼마나 황당한 일인가. 근세사에 이어졌던 역대 대통령의 모습들을 그대로 보는 것 같아 조금은 섭섭한 것이다. 임금 그리고 용은 권위와 신성함의 상징적 의미도 지니고 있지만 어쨌든 하늘처럼 우러러보는 대상이 전부였다. 대통령의 와이셔츠는 그렇게 하여 세인들의 눈길을 끌면서 광고의 효과까지 발휘한 셈이다. 문제를 와이셔츠는 그렇다손 치더라도 어떤 색의 넥타이를 동여맬 것인가 하는 데 변수가 있을 것이다.

사람들은 '인격' 이라는 소중한 인성을 지니고 있다. 여기에는 사상이나 이념까지 살아 움직인다. 현실과 이상이 존재하는 것처럼 가능성과 불가능성 사이에서 갈등적 구조 역시 체험할 것이다.

바로 어떤 색깔의 넥타이를 목에 매느냐에 따라 그 사람의 인품이나 인격의 실체는 달라진다. 우리나라 현실 정치의 현주소라 해두자.

오는 12월 19일은 제16대 대통령을 뽑는 날이다. 21세기 첫 대통령이라는 점에서 자못 기대가 크다. 좌경이다, 색깔이다 하면서 당론과 이념논리에 취해 있던 사람들이 이제는 서서히 고개를 낮추고 칠색 무지개를 만들면서 화려하게 등록을 마쳤다. 황홀한 공약과 진지한 기대치 표정들은 금방이라도 다 된 것 같은 분위기로 기승을 떨고 있다. 갑론을박, 양두구육 말 그대로다. 부연하고 싶은 것은, 어떤 와이셔츠에 어떤 색의 넥타이를 매느냐에 따라 이념이나 사상 아니면 그 분의 실력이나 인품이 달라진다는 사실을 알아야 한다. 색깔을 색깔 나름대로의 독특한 개성을 가지고 자존심을 지키고 있어야 당당한 것이다. 바로 우리 국민들이 심각하게 지켜보고자 하는 정치성 색깔이라 할 수 있다.

이제 새 대통령 선택은 우리 국민들의 몫이다. 바른 눈을 가지고 바른 생각을 가지고 21세기 첫 대통령을 마중해야 할 것이다. 대통령의 와이셔츠는 문제가 될 수 없다. 다만 어떤 색깔의 넥타이를 매고 있느냐를 심도 있게 살피고 선택을 해야 미래를 기대할 수 있다는 것이다.

사이비 논란이 난무하고 있다. 표리관계가 불분명한 곳에 깊은 함정들이 도사려 있게 마련이다. 한치의 앞을 예측할 수 없는 변화무쌍한 정국에 우리는 살고 있다. 이를 접하면서 살펴야 할 것은 분단 현실 속에서 위기를 조장하는 보이지 않는 이념논리인 것이다.

21세기 첫 대통령은 과연 누가 될 것인가. 차제에 밝혀 두고자 하는 것은, 황홀한 칠색 무지개는 잠시 머물다가 사라진다는 사실이다.

대통령 후보는 모두 일곱 분. 때문에 현혹되지 말아야 할 것이다. 대통령의 넥타이는 '빨강이다' '노랑이다' 가 아니라 죽음을 각오한다는 검정색 넥타이나 순수 내지는 순결을 상징하는 하얀색 넥타이가 필요할 것이다. 제발 깨끗하고 정직한 대통령이 탄생되어 국민들의 천복이 되기를 기대해본다.

나무야 7월의 저 소나무야

칠월의 소나무에 생각을 심고 있다. 어떠한 사연이 있었던 것일까? 장마철 미물들까지 꿈틀대고 있다. 그 속성 속에서 그저 겸손함을 배우고 싶은 것이다. 하여 내 평소의 생활들을 돌아보고 있다.

그 와중에서도 내가 좋아하는 일들을 모아보았다. 그 첫째는 교육이요, 다음은 나의 문학이요 그리고 제자들의 혼례를 주재하면서 그들의 앞날을 터주는 일이다. 그런데 요즘 나의 모습은 온통 오염되어 있어 참으로 황당하다. 그래서 저 소나무 솔가지에 나의 초라한 눈길을 걸어보자는 것이다. 당연히 만나는 분이 있다. 수필가요 영문학자인 이양하 선생을 나는 언제나 여기서 만나고 있다. 답답할 때마다 그분을 만나면 언제나 마음이 정돈되고 생각은 의기를 찾을 수 있어 또다른 큰 힘을 얻게 된다. 내 인생의 스승이요, 의식에 버팀목이 되어주는 그러한 훌륭한 분이시다. 그것이 바로 '나무' 인 것이다.

나무는 어떠한 나무였든지 간에 불평을 하지 않는다. 잘생긴 나무, 못생긴 나무 할 것 없이 일절 불평을 하지 않는다. 기름진 토방에 앉아 있으나 아니면 어느 이름 모를 계곡이나 매서운 구렁텅이에 놓여 있어도 그들은 그 어떤 불만이나 고통을 이야기하지 않는다.

모진 태풍에 휘달렸어도 차라리 순리 그 자체에서 벗어나지를 않는다. 그 존재, 이 얼마나 부러워할 부분들인가. 욕심도 없고 질투나 어떤 모략도 하지 않는다. 다만 모든 생명체들을 위하여 항상 봉사하다가 그래도 희생하는 것이다. 한정된 위치에서 주어진 삶을 지탱하다가 자신의 생을 마감하는 것이 나무인 것이다.

나는 가끔 미국이나 UN을 찾아가 본다. 물론 가치는 좋았지만 결국 정치적 이해관계 아니면 사상 그 자체의 온상일 뿐이다. 그리고 가까이 찾는 곳은 역시 가시철조망으로 얽어놓은 피 어린 600리를 살펴보고 있다. 엊그제 상봉만 하더라도 동해를 눈물바다로 만들었지만 이념의 벽은 너무나 터무니없는 칼자루로만 보일 뿐이었다. 어찌 그 뿐이라 하겠는가. 중동권을 보면 피 자체로 성지를 만드는 사악한 분위기가 안타까울 뿐, 그래서 수도 안 보인다.

석가모니나 공자까지도 사라진 지 오랜 것 같다. 흐르는 강물만이 이들을 보면서 말을 숨기며 흐느낄 뿐이다. 철모를 새들만이 알 수 없는 노래로 지저귈 뿐이다. 정처 없는 나그네 신세, 형상 없는 저 구름만이 하늘을 가리고 있을 뿐이다. 때문에 가끔 내리는 빗소리를 들으면서 이내 마음을 헤아리고 있는 것이다.

이 사회는 아주 무서운 병고에 시달리고 있다. 검붉은 흙탕물에서 몹시도 방황하고 있다.

바로 인간 실종을 의미하고 있다. 젊은이들이 모래사구인 컴퓨터에서 함몰되어 헤어나지를 못하고 있음이 그렇게 안타까울 수 없다. 편하게 사용되고 있는 카드의 빚 때문에 사회는 온갖 범죄를 모의하고 다닌다. 물론 자본주의 제도의 모순에서 나타나는 현상들이겠지만 어쨌거나 사랑이 무엇인지 인격이 무엇인지 인생의 깊은 철학도 없는 그러한 삶은 파행밖에 없다고 감히 말하고 싶다. 게다가 개인적인 기득권 내지는 자신의 출세만을 위한다며 이 사회는 오류만이 존재할 뿐이다. 저 소나무를 보면서 먼저는 자기 성찰만이 필요한 것이다.

이제 우리는 참과 기쁨의 모습을 찾아야 한다. 나무는 결국 안개 낀 아침의 고독을 알고 구름에 덮인 저녁의 고독을 안다. 부슬비 내리는 가을의 고독을 알고, 함박눈 펄펄 날리는 겨울 아침의 고독을 안다. 나무는 한여름 대낮의 고독도 알고, 별 얼고 돌 우는 동짓달 한밤의 고독도 안다. 이렇게 나무는 고독을 이기고 고독을 즐긴다. 우리 인간들의 고독은 갈등적인 감성으로 멋을 부린 일엽편주이지만 어찌 이러한 삶의 철학을 외면할 수 있단 말인가.

자살 그리고 죽음

도대체 허무란 무엇인가? 하여, 인생을 가리켜 '이슬과 같다' 라고 했던가? 알 수 없는 상념 속에 잠시 머물게 한다. 니힐니즘이 바로 그것이다. 어느 기업가의 충격적인 자살을 지켜보면서 느낀 부분이지만 우리에게 시사하는 점이 많은 것이다. 그래서 법정의 '무소유' 설법을 생각케하고, '사마르칸드의 전설' 을 읽게 만드는 그것이 아닌가 싶다.

우리 인간들은 생명을 가지고 태어난다. 때문에 죽음을 통해서만이 삶을 마감하는 것, 이러한 자연 섭리를 가리켜 일생 내지는 인생이라 해두자. 그런데 요즘에 와서 부쩍 우리를 경악케 하는 것은 카드 빚이다. 사랑이다 하면서 쉽게 인생을 포기하고 있다는 사실들이다.

자살 사이트까지 만들어 인생을 이야기하고, 가난을 비관하는가 하면 갈등과 고통을 호소하면서 인생을 마감하는 경우가 그런 것들이다. 어처구니없는 유행병처럼 언론을 누비고 있다.

매우 두렵고 안타까운 일이 아닐 수 없다. 필자는 이러한 흐름 속에서 '자살' 과 '죽음' 에 대하여 성찰하는 마음으로 잠시 생각해 보고자 한다.

우리 인간은 숙명이라는 화살과 운명이라는 화살 사이에서 살아가고 있다. 숙명은 뒤에서 날아오는 화살이요, 운명은 앞에서 날아오는 화살이라는 논리를 펴보자. 이 두 개의 화살촉 사이에서 인간은 얼마나 무력한 존재인지를 발견하게 될 것이다.

때문에 온갖 두려움, 공포, 혼란, 분노, 각종 대립적 갈등으로 인하여 심리적, 정신적 내분을 만들면서 살아가고 있는 것이다.

인간은 신이 아니라는 논리가 성립되는 대목이다. 제언하자면 완전하지 못한 존재로 태어났기 때문에 인간은 죽는 순간까지 두려움이나 고통, 갈등 같은 것들을 체험하면서 살아가게 돼 있다. 이러한 삶 자체가 아주 정상적인 삶이란 것이다.

인간은 본시 완전하지 못한 존재로 태어났기 때문에 우리는 죽는 순간까지 완전한 존재가 되기 위하여 온갖 욕망과 고통을 감수하면서 살고 있는 것이다. 그러나 완전한 존재는 영원히 될 수 없다. 부연하자면, 인간은 결국 신처럼 전지전능한 존재가 될 수 없다는 것이 그것이다.

그래서 늙고 병들고 그러한 순리 속에서 맞이하는 것이 '죽음' 인 것이다.

그렇다면 '자살' 이라는 정체는 도대체 무엇일까. 우리 인간들은 어느 누구 할 것 없이 항상 행복과 불행 사이를 오가며 살아간다.

이러한 공간을 유영하는 것은 당연히 사랑이요, 또 이것을 조율하는 것 자체를 인생이라고 해 두자. 이 얼마나 아스라한 곡예인가. 그래서 찾게 된 것이 바로 고행을 통한 예수의 사랑이요, 석가모니의 자비인 것이다. 결국 인간이 찾고자 하는 것은 사랑일 수밖에 없다는 논리가 그것이다. 행복과 불행은 제 마음이 만드는 것이다.

이제 우리는 험준한 인생을 살고 있다. 생명은 하나밖에 없다. 어째서 하늘이 우리에게 부여한 신성한 삶을 포기하려는 것인지 그들에게 묻지 않을 수 없는 것이다. 가난은 불편한 것뿐이다. 분노나 고통, 여타 많은 대립적 갈등 같은 것들도 어느 누구에게 다 있는 것이다.

자살은 모든 고민이나 불행은 마치 자신에게만 와 있는 것으로 착각한 데서 비롯되는 것이다.

이러한 원리를 찾지 못하는 자들은 되레 무지하거나 아니면 시행착오의 오류에 불과한 생트집 그것뿐이다. 동정을 받지 못한 것이다. 자살은 결국 자기 불행에서 시작된 좌절, 절망 그래서 자기포기로 이어지는 것이다. 때문에 이러한 자살행위는 일종의 죄악으로 규정할 수 밖에 없을 것이다. 사라봉 자살 비위에 적혀 있던 '잠깐' 이란 두 글자가 눈에 선하다.

현존 그리고 3월의 생각들

봄비가 대지를 적시고 있다. 새 생명의 탄생을 예고하고 있으면 땅속 깊숙이 잠재된 그 어떤 신비의 메시지를 우리에게 전달하고 있는 것이다. 이름하여 조춘(早春)! 어떠한가.

어느 한적한 시간이다. 나는 부인과 함께 신제주 신시가지에 접근되어 있는 한라수목원을 걷고 있었다. 반갑게 다가선 것은 한겨울을 갓 넘긴 매화 그리고 그 향기였다.

어느 시인의 시 '매화'가 머리를 스친다.

"잔설은 계곡을 붙잡는 속아리가 있다. / 봄을 부르면 더욱 선잠을 뜯는 서툰 몸짓 / 한둘씩 가슴을 열면 단장한 저 눈매들 / 너는 높은 데도 낮은 데도 없어 봉긋한 웃음으로 그 고고한 옷고름을 풀어 보게나 / 이 사람아 시원스럽게 옷고름을 풀게나"

자연을 대비시켜 인간사의 속정을 그대로 음미하려는 것이리라. 요즘의 사회처럼 냉랭한 계곡을 붙잡는 고통과 두려움이 있는 것이다. 바로 매화의 옷고름을 통해서 그렇게 기다리던 봄을 성큼 다가서게 만든 것이다. 인간의 마음을 열게 한 것이다.

자연은 참 위대한 것이다. 3월은 이렇게 미물들까지도 때를 만났다 하여 한겨울 내내 움츠렸던 기지개를 힘껏 켜는 계절이 된 것이다. 3월의 생각들이다. 어떻게 보면 추한 것들을 훨훨 벗어 던지고 새롭게 태어난 카알라일의 '옷의 철학' 도 될 수 있고, 가능성과 불가능성 사이에서 빚어지는 갈등과 대립적 관계로 연명하려는 탄타로스의 '이원성의 원리' 가 또한 그것이 될 수 있고, 아니면 세월을 타면서 삶과 죽음의 강물을 오가는 늙은 뱃사공 카론을 지켜보기도 할 것이다.

한없는 공포와 두려움 속에서 그렇게도 작아 보이는 자신이 될 수도 있다는 논리다. 인간은 생명을 가지고 태어났다. 때문에 죽음을 통해서 일생을 마무리하는 그것이 바로 인생일 것이다. 결국 인간은 숙명이라는 화살과 운명이라는 화살 사이에서 갈등이나 두려움 그 자체에 머물고 있기 때문에 그저 가련하게만 느껴질 수밖에 없는 것이다.

그런데 사람들은 권세와 명예를 위하여 투기하고 질시하면서 살아간다. 기회와 물욕만을 위하여 갖은 수단과 방법을 동원할 것이다. 홍분, 욕정, 사기, 분노, 고통, 좌절, 자살….

'노아와 홍수' 는 그래서 어쩔 수 없었다는 것일까. 사이비 모랄과 표리관계, 이 모든 것들 역시 바로 불가사의한 생각들이 그렇게 만들어 가고 있다. 순수는 바로 우리 인간들의 사악함 때문에 현존의 3월 정서를 저해시키고 있는 것이다.

나르시스는 에코의 사랑에 응하지 않는 상태에서 호수에 비친 아름다운 제 모습에 도취한 듯 바라보다가 물에 몸을 던져 죽는다. 그 혼이 바로 수선화가 되었다는 신화인데 순결함이 오염으로 변질될까 그래서 그러한 선택을 한 것이다. 메아리는 산에 살지만 숨비소리는 바다에 산다. 우리 마음속에 살아 숨쉬고 있는 소리들, 고향을 찾을 때마다 언제나 와 닿는 3월의 소리들인 것이다. 개나리도 목련도 함께 하면서 이 3월을 지키고 있다.

이제 이 3월도 다 지나가고 있다. 이 3월이 우리에게 주는 메시지는 도대체 무엇일까.

제반 의혹은 빈축의 대상이 된다는 사실이요, 불확실성의 본령은 사회적으로 불안심리만을 조장한다는 현실을 우리는 잊지 말아야 할 것이다. 이러한 것들이 악제로 나타나 인간들을 안타깝게 만들고 있는 것이다. 모든 것은 있어야 할 자리에 있어야 한다. 교육자가 있어야 할 자리가 있고 정치인이 있어야 할 자리가 다른 것이다. 그렇지 못하여 오해도 의혹도 미움까지 아픔으로 나타난다. 이 3월을 멍들게 하고 있다. 자신을 발견하는 달이어야 할 것이다.

제주교육 역시 세계화를 노려라

드디어 국제화 바람은 일기 시작했다. 세계 속의 제주로, 제주 속의 세계로 오직 우리의 미래를 향해 비상한 것이다. 특별법이 최종 확정돼 승인된 것이다. 그러나 뜨거운 감자로 부각되고 있었던 것은, 제주국제자유도시 종합계획안에서 문제가 되었던 외국인학교 입학 자격 제한조치 철폐에서 비롯되고 있는데 필자는 이러한 분분한 갈등들을 지켜보면서 걱정과 안타까움을 버릴 수 없었다. 그 해법은 없는지 함께 모색코자 하는 것은 당연한 것이다.

교육은 미래를 만들기 위한 인간 설계임에 틀림없다. 이러한 차원에서 국제감각을 위한 세계적인 엘리트교육 아니면 인성교육에 몫을 다해야 한다는 작금의 현실은 어느 누구도 부인하지 못할 것이다. 조기 유학을 통한 외국어 능력 개발이나 지식 개발에 온 국민이 혈안이 되어 있다는 사실이 이를 입증하고 있다. 때문에 제주교육이 처한 지금의 변화 역시 대국적인 자세로 수용하는 것이 중요할 것이다.

우리 인간들은 언제나 모험과 시행착오를 거치면서 오늘에 이른 것이다. 공교육 부실 또한 계층간 위화감 조성이란 논리로 지금의 상황을 너무 고민하거나 두려워할 필요는 없다고 판단된다. 그 이유는 매우 간단하다. 즉 제주교육 역시 세계 규모의 글로벌 프로젝트(Global project)가 절실한 때이기 때문이다. 이러한 시점에서 내국인 입학자격 폐지는 긍정적인 큰 변화로 인정해야 하며, 외국대학 설립 및 인허가도 어쩔 수 없는 상황으로 수용해야 한다. 불가피성 그 자체다.

우리나라의 교육은 갑오경장(1894년) 이후에야 어렵사리 신교육 흐름으로 등장한 것이다. 그러나 그것도 잠시에 불과해 일제 강점기가 시작되었고, 게다가 6·25사변까지 접하면서 우리의 교육은 온갖 상처와 고통으로만 점철되고 있었던 것이다. 무려 반세기 이상을 허송세월한 셈이다. 제주교육 역시 제외는 아니다. 이런 현상은, 어쩌면 정책부재와 우리 스스로 내외적 상황을 극복하지 못한 데서 오는 역사적 과오임을 인정하지 않으면 안 된다.

우리 현실 앞에 놓인 과제는 뭐니뭐니 해도 소극적인 교육정책의 제도적 오류를 개선하는 일이다. 정치는 복구하면 되겠고 경제는 땀을 흘리면 되겠지만 교육이 죽으면 역사가 죽는다는 사실을 망각해서는 안 된다. 한 국가의 존망을 가늠하는 저울대는 곧 교육이 된다는 사실이다.

교육을 제대로 변화시키려면 정책은 정통성을 바탕으로 변화의 속도감각이 먼저 이루어지지 않으면 안 된다는 논리다. 또한 교육의 균형적인 발전은 결국 개방을 통해 경쟁력을 수용하지 못하면 그것은 후진성에서 벗어나지 못한다는 사실이다. 때문에 국제화 교육환경 조성 차원에서 마련된 특례법 조항은 그런 대로 설득력을 지니고 있다.

그래서 '외국인학교 입학제한 폐지'를 어느 정도 긍정적인 시각으로 보는 입장이다. 공교육은 더욱 큰 자극과 경쟁력으로 활기찬 미래교육으로 발전할 것이고, 조기유학 내지는 외국대학 행렬을 막아 자체 소화를 가하면 교육의 빈익빈 부익부 현상 역시 막을 수 있는 해법도 얻게 될 것이다.

이 얼마나 다행한 일인가. 특히 외국과의 '교환학생제도' 나 '복수학위취득' 그리고 각종 외국의 장학혜택 역시 다양하지 않을까 하는 기대를 가져 본다. 세계화의 물결은 이제 시작되었다. 젊은 세대들의 원대한 꿈과 희망인 것이다.

이제 우리 제주는 싱가포르나 홍콩과 같이 국제자유도시로 변신하기 위하여 온갖 노력을 다할 것이다. 시행착오 역시 어쩔 수 없는 것이다. 그러나 그것은 우리가 넘어야 할 필연적인 고개라 해두자. 미래는 만드는 것이다. 긍정적인 사고와 지혜가 있을 뿐이다.

4월의 메시지, '패션 오브 크라이티브'

4월을 가리켜 잔인한 달이라 했던가? 이에 약속이나 한 것처럼 등장한 영화가 바로 '패션 오브 크라이티브' 다. 그리스도의 마지막 만찬 후부터 진행된 12시간의 고행과 그 처절함, 어쩌면 지금의 지구촌 전운들과 사건들을 그대로 체험하는 것 같아 충격이 큰 것이다. 생살을 뜯는 잔인함과 피를 뿌리는 고통 속에 골고다의 산길을 걸어가는 그리스도의 그 가시관과 십자가의 행보는 마치 오늘의 세상사 인간사를 보는 것처럼 예사롭지 않다는 논리다. 이스라엘과 필레스타인 사람들 간에 끊임없이 계속되고 있는 그들의 피의 보복과 항쟁들이 그것이요, 이라크에서 벌어지고 있는 테러리스트들의 인질과 학살들은 지금도 혼돈의 늪에서 헤어나지 못하고 있다. 아프리카 수단 국경에서는 민족분쟁, 그래서 시민군에 의한 대량학살 역시 몸서리친다. 또한 4월에 희생된 제주의 '4·3 양민 대학살' 과 민주화를 외치던 '4·19의 학생의거' 는 더욱 마음 아픈 것이다. 이렇게 4월은 어느 것 하나 그대로 넘겨버릴 수 없는 잔인한 사건들이 많은 달이다.

종교는 이러한 '4월의 희생' 을 통하여 새로운 생명과 사랑의 메시지를 전하고 있다. 바로 고행을 통해서 탄생시킨 부활, 즉 '사랑' 인 것이다.

세계를 들끓게 한 화제작 '패션 오브 크라이스트' 는 '영화 사상 가장 위대한 사랑' 이라 말하는 이유 역시 여기서 그 가치를 지닌다. 사탄의 유혹을 물리친 그리스도는 유다에게 배신, 체포되어 예루살렘으로 끌려온다. 바리새인들은 그리스도를 신성모독죄로 단죄(斷罪)하고 사형을 선고한다. 팔레스타인인 로마 제독 빌라도는 바리새인들의 요구 주장에 잠시 고민하고 있었지만 목적성을 띤 편향된 군중들의 정치적 집회는 어쩔 수 없는 것이었다. 빌라도는 할 수 없이 밀집되어 있는 군중들을 상대로 그리스도와 죄수 바라바를 놓고 그 중 한 사람에게 석방을 결정하도록 주문을 한다. 이 때 군중들은 바라바에게는 자유를 주고, 그리스도는 처형을 주장하면서 마치 피에 굶주린 이리떼처럼 돌팔매와 함께 그 흥분을 말이 아니었다. 로마 병사들로부터 잔인하게 채찍질을 당한 그리스도를 놓고도 피에 굶주린 군중들은 이에 만족하지 않았다.

골고다의 언덕까지 십자가를 메고 가는 그리스도는 모든 두려움을 극복하고선 오직 죽음만을 기다리고 있었다. 결국 십자가에 못 박혀 죽는 순간은 그의 어머니인 마리아를 바라보며 그녀만이 이해할 수 있는 마지막 한마디를 조용히 남긴다. "다 이루었도다", "내 영혼을 아버지 손에 맡기나이다." 천지는 진동하였다.

T.S 엘리어트는 이러한 면들을 예지하여 4월을 가리켜 '잔인한 달' 이라 했던 것일까? 생명은 결국 고통 없이 태어날 수 없는 것이다. 바스까의 신비로 세상은 새롭게 태어난 것이다. 그런데 지금의 이스라엘과 팔레스타인들의 끊임없는 피의 보복들은 언제까지 지속된다는 말인가? 이

라크에서 벌어지고 있는 인질, 반전학살, 테러 공포들은 도대체 언제까지 이어진다는 말인가? 우리의 분단 현실 역시 예외는 아닐 것이다. 그러나 '4·19 학생의거' 나 '4·3의 양민학살' 까지도 그 희생은 회복되어 이제는 새롭게 태어난 것이다.

엊그제 우리는 4·15의 총선거를 치렀다. 이제는 제발, 자만심이나 오만함 같은 것들을 다 버리고 기필코 새롭게 태어나야 할 것이다. 여기에는 대통령까지도 예외일 수는 없다. 그래서 신뢰받는 정부, 신뢰받는 국회로 다시 태어나는 것이다.

이것이 바로 4월이 주는 메시지인 것이다.

5월의 노래! 나의 어머니

신록의 계절이다. 이 오월에 들을 달려본다. 찔레꽃들이 하얗게 얼굴을 단장하고 있다. 밭에는 누런 보리 이삭들이 인상적이다. 미소와 함께 달려드는 어머님 모습이 반가워진다.

오월, 어느 좌담에서 엿볼 수 있었던 '어머니' 라는 낮은 음계의 목소리를 잊을 수가 없다. 어머님 사랑을 그렇게 받았어도 갚지 못하는 한탄이었을까? 어쨌든 우리 마음속에 언제나 살고 있는 '어머니' 라는 말에는 어쩔 수 없었던 것이다. 침묵이다. 그리고 눈물이었다.

어렸을 때는 '철부지' 라서 어머니를 몰랐고, 젊었을 때는 '바쁘다' 하여 어머니를 잊었고, 철이 들고서 들러보니 어머님은 벌써 찾을 수 없는 어머님이 되어버렸다. 세상이 이렇게 만드는 것인지, 아니면 덧없는 세월이 또 그렇게 만든 것인지는 알 수 없지만 안타까운 일이 아닐 수 없다. 멀어져만 가는 어머니 그리고 고향의 모습들까지 마음을 무겁게 만든다.

오월은 어린이날과 어버이날 그리고 스승의 날까지 포함되어 있어 가정의 달이라 한다. 하여, 오월이 되면 어느 누구도 즐겨 부르는 노래를 찾는다. 흥얼거림도 함께 하는 노래-.

"나실 때 괴로움 다 잊으시고/기르실 제 밤낮으로 애쓰는 마음/진자리 마른자리 갈아 뉘시며/손발이 다 닳도록 고생 하시네/하늘 아래 그 무엇이 높다 하리요/어머님의 은혜는 가히 없어라"

'어머님 은혜' 다. 이 노래는 언제 어디서 불러 봐도 그 은혜 끝없게 느끼게 하는 그러한 곡이요, 모두의 마음을 숙연케 만드는 노래인 것이다. 부르고 또 불러도 언제나 우리 마음속에 영원히 살고 있는 노래, 바다보다도 깊고 하늘보다 높은 노래, 설명이 되에 옥에 티가 될 수 있는 정겨운 노래다. 정말 없어서는 안 될 사랑의 노래인 것이다.

고향은 이미 멀어만 가고 있다. 추억도 이제는 늙어가고 있다. 산업사회 유산이 아니던가. 사랑까지도 계산이 전제되는 세상이다. 그렇다면 어머니에 대한 사랑까지 변질되어 있다는 말인가? 통탄할 일이다. 하여 가끔은, 파도소리 바람소리에 귀를 주어 그리운 소식을 기다려 보기도 하고, 또 가끔은 빗소리를 통하여 내 어렸을 적 아름다웠던 추억과 따뜻한 이웃들 품 안으로 안겨보려는 몸부림도 쳐본다. 그래서 바다를 찾을 때면 긴 한숨을 풀면서 괴로움보다도 조용한 미소로 자신의 마음을 진정시킨다. 서툰 대로 잘못된 본심도 일깨워 본다.

"내 고향 남쪽 바다/그 푸른 물 눈에 보이네/꿈엔들 잊으리요/그 잔잔한 고향 바다-."

언제 들어도 싫지 않은 이 가곡, 어쩌면 어머님과 같은 고향바다인 것이다. 그리움의 연가인 것이다. 어디 그 뿐이겠는가. "초록 바다 물결 위에 황혼이 오면/사랑이 지고 새는 서귀포라 칠십리가…" 오월의 초록색감이 있어 고향의 바다는 더욱 우리를 흥분시킨다. 또한 어머니의 체온과 숨길이 살고 있어 내 인생 칠십리 길도 된다. 한 폭의 동양화를 보는 것 같아 한결 마음이 한가로운 것이다. 영원한 사랑이 꿈틀대는 초록바다 아름다운 추억인 것이다.

이제 우리는 각박한 세상을 살아가고 있다. 인성은 간 데 없고 정치성향들만이 기승을 부린다. 춤을 춘다. '조직인생' 들인 것이다. 때문에 '하나' 라는 개념은 더욱 '따돌림 인생' 이 되고 말았다. 학문이다 예술이다 그런 것들이 다 필요한 때인가? 하여, 양념갈비에 소주 몇 잔이면 그대로 뻗어버리는 '푸념인생' 이 되고 만 것이다. 마음이 아프다. 가슴이 답답한 것이다. 오월의 노래! 나의 어머니를 찾아라. 마음을 열면 파란 하늘이 다가설 것이다.

교·사대 통폐합은 가능한가?

교대·사대 통폐합은 반대시위를 조심스럽게 지켜보고 있다. 교육대와 사범대의 통폐합은 정말 필요한 것인가? 우리 도민들의 궁금증, 한결같은 것이다.

단적으로 필요한 것이다. 그리고 가능한 것으로 판단된다. 다만 어떠한 내용을 가지고 어떤 형식으로 통합하느냐(?)하는 것이 관건이 될 것이다. 혹 생각이 미치지 못하는 부분? 필자 역시 사고(思考)에는 한계가 있을 수 있겠지만 그렇지만 교·사대 통폐합 문제는 제주의 미래를 담당할 교육자를 양성하는 최고 학부이기 때문에 어느 개인이 아니라 우리 모두의 과제로 걱정해야 한다. 교육은 한 국가의 존폐와 관련된 미래를 만드는 기초이기 때문에 일체의 오류는 있을 수 없는 것이다. 그리고 미래는 오직 '청소년들의 교육' 으로부터 시작된다는 아주 평범한 진리를 익히 알고 있기 때문에 당면한 교·사대 통폐합 문제는 남의 일이 아닌 것이다. 하기야 '내 코도 석자인데…' 하는 현실적 두려움도 있었다. 그러나 제주의 교육과 미래를 책임질 후학 교육자를 양성하는 대학교육을 걱정한다는 것이다. 그러한 간절함이 있었기 때문에, 작은 대로 다음 몇 가지 대안과 해법을 제시코자 하는 것이다.

첫째는, 교·사대 통폐합은 원칙적으로 찬성하되 흡수 통합은 반대한다. 말하자면 특성화 통폐합에 초점을 두자는 주문이다. 사위의 공세가 강해지는 이유는, 구조조정이 본래 지니고 있는 특성화를 몰이해하는 데서 시작된 것이다. 말하자면, 대학 특성화에 초점을 두지 않고, '흡수 통합' 이라는 경제논리에만 급급한다는 인상 때문에 문제를 이렇게 만든 것이다.

그리고 각 대학의 전통과 역사도 간과해서는 안 될 사안이다. 그러나 비전이 전제되는 '특성화 통합' 은 가능한 것이다.

둘째는, 제주교대와 사범대를 합병하되 국제화 시대에 걸맞은 가칭 '제주국제교육대학' 으로 승격시켜 특성화 시켜야 한다. 어차피 우리 제주는 '평화의 섬' 이라는 국제적 신뢰가 세계적으로 알려져 있고 '국제자유도시' 라는 긍정적인 변화는 도민들의 정서나 교육에도 한치 부끄러움 없이 변신되어야 하기 때문에, 이제는 제주교육을 위한 교육자 양성이 아니라 세계교육을 위한 교육자 육성 프로젝트 역시 시급한 것이다. 그리고 외국인들도 이 곳 제주로 올 수 있도록 넓은 시각이 필요한 것이다.

셋째는 가칭 '국제교육대학' 으로 승격 내지는 특성화 통합이 되었을 경우 '교원자격증' 역시 '국제교원자격증' 으로 바뀌어야 할 것이다. '국제운전면허증' 이 필요한 것처럼 말이다. 신입생 모집은 초등계열과 중등계열로 하되, 단 중등계열만큼은 전공별로 세분화시키면 가능할 것이다. 단 해당 국가의 '외국어능력시험' 은 어디까지나 개인의 몫이다.

넷째는, 특성화 통폐합이 가능했을 때 정부 지원금은 약 30억~70억이 될 것이다.

이 재원은 대학 자체에서 구상하는 세계적인 '최첨단 학술기구' 를 건립하여 내실과 경쟁력을 노려야 한다. 결국, 현재 모처에서 건립을 서두르고 있는 국제 규모의 교육투자나 신설 대학과의 경쟁력을 의식하면 될 것이다.

이제 현실은 쓰레기 만두사건과 관련하여 천박한 기업윤리들이 판을 치고 있다. 정치무대 역시 말이 아니다. 모든 것은 일단 '교육부재' 로 통탄해야 할 것들이다. 또 제주는, 지정학적인 열악한 환경 때문에 취업도 제약을 받고 있다. 어찌할 것인가? 세계의 눈을 가지고 외국을 겨냥하는 프로젝트가 개발되기 않고서는 미래는 없는 것이다. 용단이 필요한 때다.

사립학교법은 동네북인가?

교육을 가리켜 백년대계라 했던가? 그런데 사립학교법은 정권이나 국회가 바뀔 때마다 계속 거론되고 있으니 말이 아닌 것이다. 수치스럽고 아니 자존심까지 상한다.

최근만 보더라도, 교직원 임면권은 학교장에게 있었던 사립학교법(1981~1990년)이, 1990년 4월부터는 다시 이사장에게 대부분의 권한을 행사하도록 그들은 만들어 놓았다. 그런데 2001년 4월 16대 국회는 다시 사립학교법 개정안을 보완, 수정하여 국회에 제출하기에 이른다. 하지만 일부당의 반대로 이 법안이 국회 교육위원회에 상정되지 못하여 결국 폐기되고 말았는데 이제 또 17대 국회에서 재론하고 있으니 말이나 되겠는가? 말 그대로 '사학법은 동네북' 이 아닐 수 없다. 백년대계라 말하는 교육현장이 이렇게 되고 있으니 어찌 한심스럽다 아니할 수 있겠는가? 문제의 심각성은 여기서부터 시작되는 것이다.

우리나라 최초의 사학은 고구려가 평양에 천도한 다음 각 지방에서 자생한 문무일치 교육을 위한 사숙(私塾) 즉 경당(扃堂)이 처음이며, 고려시대에는 최충의 구재학당, 조선시대에 와서는 '성균관', '향교' 가 대표적인 교육기관 구실을 하였던 것이다.

이후 사립학교는 민간인계 사립학교와 종교계 사립학교로 분류되어 확대되면서 1910년 7월 전국의 학교 수는 총 2237개교에 달했지만 그 중에 사립학교 수는 모두 2082개 학교로 학부조사는 기록하고 있다. 현재 사립학교수는 초등학교가 75개교, 중학교 727개교, 고등학교가 1034개교, 전문대학이 143개교, 개방대학이 10개교, 대학이 145개교 총 2134개 학교가 현재 우리나라 사립교육을 감당하면서 오늘에 이른 것이다. 그러나 국민부담 교육재정은 국공립학교 위주로 되어 있기 때문에 지금의 사학은 경영 적신호는 물론 사회적 공헌도까지 실추되어 심각한 기로에서 있는 것이다. 교육 일선을 지키는 교직원들의 사기 역시 말이 아니다.

이런 와중에서 정부, 여당은 사립학교법 개정안을 놓고 또다시 거론하고 있으니 걱정스런 일이 아닐 수 없다. 교육인적자원부가 국회 교육위원회 업무 보고에서 제출한 사립학교법 개정안을 보면, 현재 사립학교법인이 가지고 있었던 교직원 임면권은 앞으로는 학교장에게 넘어간다는 것을 중심으로, 비리재단 관련자의 학교 복귀 제한기간을 현재 2년에서 5년 이상으로 늘렸고, 또한 학교법인 이사회의 친·인척 비율을 현재 33%에서 20~25%로 줄이고, 비리가 적발된 사학법인은 엄단 그리고 이사진의 33% 가량은 교직원이 추천한다는 것 등이 주된 내용으로 되어 있기 때문에 결국 '사학재단 존립 위기' 라는 시점에서 사학재단은 물론 관련된 시민단체와의 첨예한 대립을 예고하고 있어 귀추가 주목되는 대목이다. 필자는 '사학비리' 를 외면하자는 것은 아니고 다만 '건전한 사학의 경영구조' 까지 흔들어 놓는 결과가 되어서는 안 된다는 논리다. 즉

'사학의 존립근거' 를 흔드는 일, 한국 교육의 입지를 곤란케 만드는 결과가 되면 큰 혼란이 있을 뿐이다. 경영 차원에서 법 개정이 필요하다는 것이다.

이제 주요 쟁점으로 부각되고 있는 교직원 임면권 그리고 이사회 구성의 제한조건이나 학교운영위원회의 역할 등 이러한 것들로 하여금 사학경영에 상당한 제약을 받는다면 한국 교육의 미래는 어떻게 될 것인가? 사립학교 건학이념은 고사하고 사학 운영을 포기할 수밖에 없는 상황이 될 것이다. 사립학교법 개정은 바로 한국 교육의 '존립 위기' 와도 관련이 큰 사안이기 때문에 '정중동' 예리한 시각으로 지켜봐야 할 것이다.

누가 교육자인가?

누가 교육자인가. '선생은 있어도 스승은 없다' 라는 세상, 이런 불신시대에 도대체 누가 교육자란 말인가? 하여, 연일 보도되고 있는 정년퇴임 프로필을 관심 있게 지켜보고 있다.

교장, 교감 그리고 교수 이러한 직함들이 무게가 있어 보이겠지만 그러나 '선생님' 이라는 어사에 대한 매력이 더 큰 것이 아니던가. 자신을 돌아보게 하는 대목이 아닐 수 없다.

유행가 중에 '이 생명 다 바쳐서 죽도록 사랑하고…' 사실 이러한 각오가 전부였을 그들의 교육인생이었다. 그러나 지금은, 서리 낀 빈 머리만을 만지작거리면서 현장에서 물러나고 있지 않는가. 얻은 것은 무엇이고 남긴 것은 무엇이란 말인가? 알 수 없는 회심에 세월만을 한탄하고 있을 것이다. '아니 벌써' 영원한 퇴근시간이 되어 버렸다. 대단한 의욕과 열정을 가지고 교육만을 위하여 한 평생을 바치겠노라 나섰던 그 분들이었다.

교육자의 길은 오직 인류의 미래를 위한 그 자체인 것이다.

평생을 연구하고 땀을 흘려 가르치고 사랑을 위하여 희생코자 하는 정신 그것뿐이었다. 여기에 그 어떤 사람이 있을 수 있겠는가? 그러나 간혹은, 속보이는 정치성을 가지고 남의 어깨 위를 넘나드는 속물들도 있었다. 급기야는 개인의 입지만을 위하여 양심을 팔고 사는 그러한 사이비 족속들도 판을 치고 있었다. 가치는 곧 교육자들이 버릴 수 없는 소중한 정신개념인데... 여기서부터 불신의 고리는 시작되었다. 양두구육(羊頭狗肉)격인 인간들 정말 한심한 일이 아닐 수 없다. 교육철학의 효시인 소크라테스(socrates)는, 신을 모독했다는 죄상으로 소피스트들에게 순사(殉死)했지만 그는 지행일치(知行一致)를 주장하면서 한결같이 진리의 절대성을 주장한 것이다. 이것이 바로 제자인 플라톤의 〈대화편〉에서 정리되어 새로운 문답 교수법이 탄생된 것이 아니던가. 신성중시 사상에서 인성중시 사상으로 전환하는 데에는 역시 교육적인 희생밖에는 아무것도 없었던 것이다.

소위 불확실성을 확실성으로 바꾸는 참되고 올바른 인간으로 이끄는 훌륭한 변증술로 발전한 것이다. 중국 춘추시대의 대 철학자 공자(孔子) 역시 마찬가지였을 것이다.

그는 여러 나라를 두루 돌아다니면서 치국의 도를 설파하고 인(仁)을 이상의 도덕으로 설정하여 충과 효를 갈파하면서 보낸 세월이 30여 년, 그 뒤에 그의 제자들은 스승의 언행을 길이 전수키 위하여 〈논어〉 7권을 세상에 남겼던 것이다. 이것이 곧 동양철학의 근간을 이루게 된 것이다.

순수와 열정 그 자체였다. 동서고금을 통해서 이 이상의 학문, 이 이상의 교육이 또 어디에 존재했겠는가? 숱한 변화와 어쩔 수 없는 위기 속에서도 교육은 이렇게 살아 있었다. 때문에 교육은 성숙하지 못한 모든 사람들에게는 일상적인 지식과 심신의 모든 것을 주어 그들로 하여금 새로운 눈과 입을 열게 하는 것이다. 여기에는 그 어떤 오류나 시행착오가 있을 수 없는 것이다.

지금도 교육일선은 항상 태풍권이다. 신문들은 어김없이 '또 바꿔?' 정부의 교육정책 입시제도에 대한 불신과 항변이 대단한 것이다. 정년퇴임 하시는 선생님들께서는 이런 시점을 슬기롭게 극복하여 지금은 영원한 '스승의 노래' 를 듣고 있다.

제도는 당혹스러울 정도로 변화가 심하여 선생님들은 기대 반 우려 반 초조함이 전부였겠지만…. 때문에 그들의 정년은 더욱 값진 영광인 것이다. 나무는 흙에서 자라고 인간은 교육을 통해서 사람을 만드는 것이다.

때문에 '교육자' 로서의 자긍심 영원히 잃지 않기를 기원 드린다.

살려면 손잡고, 아니면 말고

대학가의 구조조정이 급 물살을 타고 있다. 교육대학과 사범대학과의 통폐합, 전문대학과 일반대학과의 특성화 합병 내지는 조직·기능조정·인력감축 같은 것들이 바로 그것들인데 이것은 결국 '개혁' 이라는 기치 아래 진행되고 있어 주목되는 대목이다. 그리고 경쟁력 강화라는 측면에서 어쩔 수 없는 현실이 되고 만 것이다. 큰 변화인 것이다.

우리 제주는 특히 '국제자유도시' 라는 지방자치의 비전이 있다. 때문에 와싱턴 대학에서는 이민 분교설립을 협약했고, 캐나다 벤쿠버에서도 4000억 투자를 밝힌 상태이기 때문에 우리 제주의 교육은 당황할 수밖에 없는 실정이다. 정부측에서도, 소득 2만불 시대를 겨냥한 가장 중요한 개혁은 대학 경쟁력을 선행시킨 '특성화' 통폐합으로 간주하여 공부하는 대학, 연구하는 대학, 지역사회와 함께하는 대학을 만들기 위한 과감한 개혁을 추진하고 있다. 대학의 신뢰 뿐만 아니라 교육의 질적인 수준을 의식한 데서 비롯된 대학특성화 및 지역산업과 연계한 기능별 대학으로 재조정한다는 것인데, 정부의 적극적인 행·재정 지원과 함께 '지속적인 개혁' 이라 하는 데 의미가 큰 것이다. 10월중에 확정·시행한다는 것이다.

대학규모의 적정화를 위한 외국의 구조조정의 예를 잠시 알아볼 필요가 있다. 경제강국인 일본의 경우는, 소위 '도야마 플랜(2001~)' 에 의하여 국·공립 대학의 수를 이미 12개를 감축했고, 사립대학인 경우도, 동일법인에 속하는 3개 대학을 합병하여 '오사카국제대학' (2002~)으로 거듭나게 되었으며, 인수·합병된 릿시칸 대학의 통폐합 역시 지켜 볼만한 사례가 될 것이다. 그리고 중국의 경우도 시장경제 도입 후 세계적인 '신기술 혁명' 을 위하여 총 733개 대학을 288개 대학으로 합병했고, 핀란드나 기타 선진국에서도 대대적인 교육개혁을 단행하는 형편이다.

우리 역시 예외는 아니다. 동일 법인인 경우 고려대+고려대병설보건대학, 영남대+영남이공대학, 우송대학+우송공업대학+우송정보대학 등이 통합 후에 이미 4년제 대학으로 개편되었고, 충남대학+충북대학 통합 등 많은 대학들이 M&A를 추진하는 대상이 되고 있다는데 주목해야 할 것이다. 우리 제주 역시 어쩔 수 없는 상황이다.

구조개혁 특별법은 이달 중에 통과될 가능성이 아주 높다. 그렇게 되었을 경우 일차적인 행정은, 해당 대학의 위기수준을 즉각 경고하면서 '집중자문팀' (대학교수, 변호사, 회계사, 지역인사, 동문대표)으로 하여금 법률 및 행정절차를 지원하게 될 것이다. 그러나 이러한 절차에도 불구하고 정상적인 교육기능을 수행하기 어려운 법인에 대해서는 '적기시정조치' 즉 임원 및 학교의 장에 대한 직무정지, 임시이사 선임, 학생모집 중단, 학교재산 매각 등의 명령이 이어진다는 사실이다. 이에 해당하는 대학 수는 무려 358개나 된다고 하니 얼마나 큰 변화인가. 재정지원 방안 역시 10월 중에 마무리된다면 향후 '대학 구조조정'은 무서운 태풍이다.

그래서 현실은, '살려면 손잡고 아니면 말고' 이러한 흐름이 되어 버렸다.

이제 우리 제주는, 외국의 교육투자 바람까지 세차게 받고 있다. 기득권을 위한 몸싸움이나 개인적 입지만을 위할 때가 아니다. 때문에 자체로서는 (가칭) '대학구조조정위원회'를 조속히 구성하여 특성화 작업이나 명예퇴직제도 또는 연구교수제도 같은 인센티브를 제공하여 이를 원만히 수용할 수 있도록 만전을 기해야 할 것이다.

왜(?)를 찾아라

영국의 비평가 카알라일은, '옷은 벗는 것이다' 라고 외친다. 왜 그랬을까? 그래서 우리는 '옷의 철학' 을 공부하고 있다. 위선의 탈, 사이비, 그래서 왜(?)가 필요한 것일까? 하여, 왜(?)를 통해서 자신을 찾자는 것이다. 그러면 내가 어디에 있는지를 알 수 있다.

또한 어디로 갈 것인지를 설정하게 될 것이다. 보이지 않은 오묘한 마음까지도 찾을 수 있는 것이다. 때문에 왜(?)를 생활 속에 품고 살아야 된다는 것이다.

왜(?)는 이렇게, 인생에 대한 재발견이면서 제반 이론에 있어서 기발한 성숙을 의미하는 것이다. 이것은, 바로 새 시대의 눈이 되는 것이요 모든 사고의 원천이 된다는 논리다.

나는 왜 대통령이 되었는가? 스스로에게 물어보아라. 그러면 권력에 대한 두려움을 의식하게 될 것이다.

나는 왜 국회의원이 되었는가? 하여 자신에게 물어 보아라. 그러면, 곧바로 권위에 대한 수치스러움을 느끼게 될 것이다. '실속' 은 비우게 되어 있기 때문에 그럴 수밖에 없는 것이다.

권력, 그것은 두려움의 원류인 '오만' 이요, 신분에 힘을 주어 입을 떠벌리게 되면 그것은 '자만' 일 뿐이다. 그래서 '나' 를 찾는 왜(?)의 이론은 필요한 것 같다.

공직사회에서 부는 바람 역시 그러한 것이다. 공무원이란 개념은, 국가 또는 지방 공공단체의 공무를 담당하면서 오직 국민들의 복지만을 위하여 봉사하는 자를 말한다. 결국 법률에 의해서 공무에 종사하는 자들을 말하는데, 그런데 노동법을 배경으로 단체행동 운운하는 것은 이해할 수가 없다.

국민들이 낸 세금으로 노비를 받고 있는 공무원들이 개인적인 '실속' 이나 '기득권' 을 주장하는 것은 봉사가 아니기 때문에 이해가 어렵다는 것이다.

교육 일선에서 부는 바람 역시 예사롭지 않다. 학교운영위원회가 법률적으로 인정받으면서 학교경영은 감시를 당하고, 교사들의 사기는 수렁에서 벗어나지 못한다면 어떻게 될 것인가? 물론 비리들을 의식한 데서 나타난 제도이지만, 그러나 자율이나 사기는 찾을 길이 없다.

경영의 비리나 교사들의 잘못은, 공무원법이나 교육법에 의하여 민·형사상의 책임을 물으면 될 것을 되레 불신만을 조장하는 꼴이 되었다.

사립학교법만 보더라도, 일부 사고재단 때문에 전체 사학을 매도하는 것은 큰 오류인 것이다. 사립교육은 교육이념이 분명하고 또한 교육사에 남긴 업적도 대단하다.

그런데, 지금은 어떻게 되고 있는가? 대학 구조조정 바람까지 포함하면 정말 교육현장은 숨이 가쁘다. 문학 역시 예외는 아닌 상 싶다.

문학은 뭐니 뭐니해도 '순수' 와 '진실' 그 자체인데, 이것 역시 그것이 아니다. 명예와 기득권을 위해서는 온갖 수단과 방법을 가리지 않고 있는 게 현실이다. 어쩌다가 이렇게 되고 만 것일까? 심히, 안타까운 일이 아닐 수 없다.

우리는, 눈 밝은 과학과 메카니즘 때문에 순수와 진리는 이렇게 외면당하고 있다. 그 잘난 권위 때문에 오만의 울타리에서 벗어나지 못하고 있다.

가정도 없이 병고와 가난에 시달리다가, 결국 파리 거리에서 타계한 존 하워드를 생각하고 있다. 그의 '즐거운 나의 집 '을 영원한 노래로 품고 살아야 한다. 정치는 상생의 길을 찾아야 하고, 공직자들은 오직 서민을 위한 봉사 자체에 머물고 있어야 한다. 이렇게, 왜(?)를 통해서 나(我)를 찾아야 하는 것이다.

미래는 오는 것이 아니라 만드는 것임을 잊어서는 안 될 것이다.

국회의원의 자격증

벽에는 달력 한 장이다. 우리 나라 부패지수까지 기억하고 있는 2004년의 마지막 달력이다. 머리가 무겁다. 우리네 생활도 그렇지만 마음까지도 이렇게 찹찹한 처지이고보면 알 수 없는 그 무엇이 있는 것이다. 벽에 걸린 저 달력 한 장만이 기억하고 있을 것이다.

경제는 불황이다. 상인들은 정치인들만 보면 '소금을 확 뿌린다' 고 한다. 실업자들은 방문을 걸어잠그고, 낮에는 밤잠에서 머물다가 밤이되면 겨우 문을 열고는 주변에 있는 P/C방에서 구직을 살피다가 또 괴로운 아침을 마지한다고 한다. 이 얼마나 안타까운 현실인가?

교육은 실망이다. 교육은 그 나라의 홍망을 가늠하는 척도이기 때문에 백년대계라 했다. 그런데 12년 간을 땀 흘리면서 버겁게 걸어온 학생들은 소위 '수능시험 사건' 때문에 하루 아침에 물거품이 되고 만 것이다. 학교와 부모님들의 심기까지 헤아려 볼 필요가 있지 않을까? 정말 황당한 일이 아닐 수 없다. 더 마음 아픈 것은, 여섯 살 백이 한 아기의 죽음이다. 가난 때문이었다. 그의 아버지는 불편한 몸과 허기진 배를 움켜잡고 동사무소를 찾아 살려달라고 애원한 것이다. 그러나 동사무소

측은 규정이 없다고 거절을 당했다. 아버지가 집에 왔을 때는 아기는 이미 죽어 있었다는 뉴스다. 그 뿐이던가? 급식비를 내지 못하는 학생들이 많다는 기사를 읽었다. 점심시간이 되면 그 학생들은 조심스럽게 몸을 숨기면서 조용히 수돗가로 모인다. 물로 허기진 배를 달랜다는 것이다. 쌀, 먹을 것은 남아 돈다고 하는데…….

이러한 상황들은, 바로 행정과 제도의 실종을 의미하는 것이다. 개혁과 민생을 겨냥한다는 17대 국회의원들의 몫이 이것이었다는 말인가? 상임위원회는 한 번도 열지 않은 상태에서, 회의비로 200만원 씩을 국회는 지불했다. 굶주려 죽는 아기가 있었는데, 물로 배를 채우는 학생들이 있었는데, 결국 국회만이 부자였던 것이다. 의원들은 '나 몰라라' 이게 뭡니까?

그래서 '국회의원 자격증' 은 필요한 것이다. 지금의 법률은, 일반 공무원은 물론 교육자나 여러 기업에 이르기까지도 실형이나 전과가 있는 사람은 취업이 불가능하다. 그런데, 국회의원의 자격에는 그런 제약이 없는 게 이상한 것이다. 때문에 간첩도 국회의원이 될 수 있고, 여타 공안 사범이나 실형을 받은 민·형사상의 전과자들도 국회의원이 될 수 있으니 이 얼마나 아이러니한 상황인가? 출마해서 당선만 되다면, 그 이상의 권력은 없는 것이 현실이다.

그 한 예로, 지난 12월 9일 문화일보 사설에서 "이철우 의원 파문, 진실은 무엇인가"라는 기사를 참고할 필요가 있다. 한나라당 주성영 의원은, '열린우리당 이철우 의원은 1992년 노동당원으로 현지 입당해 당원부호 802호를 부여받아 암약하고 있다' 고 공개한다. 그리고 조선일보를 비롯한 모든 신문들에서는, "…는 수령님의 戰士로서" 이러한 내용의 선서문이 공개된다. 그리고 각종 뉴스에서도 연일 특종 보도로 쉴 틈이 없었다. 물론, 열린 우리당 측에서는 즉각 '불순한 의도의 백색테러' 라며 맞대응은 하고 있었지만 그러나 예사롭지 않은 대목임에는 틀림이 없다. 특히 정국은, "국가 보안법"을 놓고 여당은 폐지, 야당은 수정반대 이러한 첨예한 대립구도 속에서 등장된 예민한 사안이기 때문에 이에 대한 파장은 가늠하기조차 어려운 것이다. 파문 진실은 도대체 무엇인가? 어쨌든 입법부의 신뢰실추, 문제가 있다.

분명한 것은 "국회의원의 자격"인 것이다. 법을 만들고 행정을 지도감독하는 최고의 기관이 국회이기 때문에 더욱 참신하면서 전문성을 지닌 학자적인 인물들이 필요한 것이다.

사면과 무죄는 다르다. 의식관리에 문제가 발생하기 쉽상인데, 법은 어디에 존재하는가.

광복 60년!, 빛과 그리고 그림자

광복 60년! 민족문화연구소는 친일인명사전을 출판하기 위하여 1차 명단 3090명을 공개했다.

관료급인 도지사, 고등문관으로 시작해서 문화예술 언론 출판에 이르기까지 총 29개 직종별로 거명되었다. 그렇다면 친북인명사전까지도 가능하다는 말인가? 때문에 술렁거림이 말이 아니니다.

종교나 종친들은 불명예를 거론할 것이고, 문화 예술 차원에서는 정체성을 걱정할 것이 분명하다. 또 대립, 이 얼마나 불행스러운 상황들인가?

시중에는 많은 책들이 있다. 그러나 욕설집 만큼은 아직 접하지 못한 것 같다. 웬 일일까? 한 예로, '몽곤 놈의 X으로 막생겨버린 자식아' 이 욕설에는 몽고침략이라는 역사적인 배경도 그렇지만 특히 아녀자들이 당한 추한 상황과 한숨이 고스란히 베어 나타나고 있다.

이런 아픔을 어떻게 활자에다 보관하라는 말인가? 친일인명사전! 과거사 과거반성 차원에서 이해 못하는 바는 아니지만 이것 역시 이에 다를 바 없는 것이다.

활자의 고통은 지울 수 없다. 활자 속에 이런 불행을 안고 살아간다는 것이 얼마나 수치스러운 일인가?

한일 합방을 주도한 원흉, 이완용을 중심으로 거명된 을사오적신이나 정미칠적, 경술국적 이런 매국노들은 이미 확인된 인물들인데, 여기에다 굳이 이광수를 끌어들여야 하고 홍난파와 박정희를 이야기 한다는 것이 너무나 어처구니없다는 생각이다.

역사는 바로 기록인 것이다.

강제징병 이것도 전쟁 협력자인가? 긍정적인 사고가 필요한 때이다.

문학 분야에는 김동인, 김기진, 노천명, 모윤숙, 정비석, 서정주, 채만식 등 많은 작가들이 친일로 거명되었다.

그렇다면 대한민국 문학은 무엇이란 말인가? 이광수 그는 신문화 운동의 선구자요, 한국 소설의 새 경지를 개척한 분이다.

또 상해로 건너가서는 임시정부에서 활약도 했고, 귀국해서는 동아일보 조선일보를 두루 거치면서 한국 언론창달에 지대한 역할을 하신 분이다. 다만 태평양 전쟁이 발발하자 일제를 위해 유세하였다하여 친일파로 내모는 것은 문제가 있다. 일제강점기, 어쩔 수 없었던 게 사실인데….

홍난파 역시 유사할 것이다. 작곡가 홍난파는 일본 미국을 유학했고, 귀국해서는 교수직과 경성중앙방송국 양악부 책임자로 활약하면서 서양음악 보급에 선구적 역할을 했던 분이다. 어째서 친일파란 말인가?

박시춘, 남인수같은 분들도 포함되어 있었다.

그리고 박정희 전 대통령은, 일본사관학교 그리고 만주행보 그것이 문제였다.

물론, 혁명과 테러(?)라는 저울대 여론과 장기집권이라는 시각은 인정한다. 그러나 그는 일국의 대통령이었고 한국경제의 눈을 만들어 주신 분이다.

역도의 흔적이나 전범의 근거도 없이 어째서 친일이란 말인가? 일본군에 강제징병 된 조선인들은 모두다 친일이란 말인가? 박 마리아, 장면까지 포함한다면 도대체 우리 정체성은 무엇이란 말인가? 통탄할 일이다.

과거사! 우리 역사는 왜 이렇게 슬프기만 한가? 고통과 괴로움으로 점철된 역사 이제는 지워져야 한다.

때문에, 노무현 정부가 이를 막아줘야 한다. 이승만 정권도 이를 막았기 때문이다. "역시 조선은 일본의 속국일 수밖에 없었다" 이러한 일본의 비웃음을 또 당하란 말인가?

기필코 막아야 할 것이다. 광복은 결국 빛과 그림자일 수밖에 없었다.

물이 인간들에게 주는 교훈

물은 모든 생명체의 원천적 존재가 된다. 때문에 두려움의 대상도 된다는 논리에 접하게 되는데 이는 결국 우리를 지배하고 있다는 결론이다.

그래서 물은 삶과 죽음 즉 존재가치를 가늠케 하는 엄숙한 경고라는 의미가 더 큰 대목이 아닐까?

지구나 인체 역시 전체의 70%가 물로 형성되어 있다는 사실이 이를 입증하고도 남는 것이다. 묘한 일이 아닐 수 없다.

예로부터 이를 증명할 수 있는 기록들은 많이 나타난다. 바로 노아의 홍수가 그것이었고 샤면의 고향인 바이칼 호수의 두려움 역시 그 한 예가 될 것이다. 노아의 홍수는 150일이나 계속되었다고 전하고 있다.

그래서 방주(方舟)에 의존한 노아의 가족들만이 생사의 흔적으로 가늠하게 되었다. 시베리아의 바이칼 호수 수심은 세계에서는 가장 깊은 1620m나 되기 때문에 우리 인간들은 이를 두려움의 대상으로 택하게 된다. 이 기원의식이 바로 오늘에 전해지고 있는 샤머니즘의 원류가 되는 것이다.

그래서 무속에서 무녀들은 새벽 4시에 기상을 하면서 정성된 목욕을 하고서야 하루 일과가 시작된다는 것이고, 기제사 때 부인들 역시 3일전서부터 몸에 정성을 들이는 데도 또한 물이었다.

어디 그뿐이던가? 부엌이나 마당에다 정한수(井華水) 떠 놓고 외아들의 공도 빌고 모든 액운과 장수를 기원 드린다. 동제(洞祭) 역시 다를 바 없는 것이다. 종교에서 세례를 줄 때도 역시 물이었고, 부처님 오신 날 동자승의 물의 의식까지도 결국 물이 아니었던가? 아니면, 마음의 응어리나 한의 원류를 논할 때도 결국은 늙은 뱃사공 카론(chalon)을 강물에 띄어 놓는 의식 역시 그러한 맥락이다.

지금 전국은, 중부 홍수피해에 이어 남부장마로 이어지는 물난리로 수해정도는 말이 아니다. 잠기고 끊기고, 깨지고 부서지고, 잘리고 찢기고 이러한 와중에 재산은 온통 쓰레기로 변했고 또한 상당한 인명피해까지 발생하면서 큰 재앙을 예고하고 있다.

이러한 재해는, 북핵문제로 굵어진 6자회담 제 문제와 맞물린 북한의 미사일 발사로 인하여 북한제재 결의안까지 채택되어 초조함 역시 말이 아니었는데 그런데 이제는 수해까지도 함께 어우러져 상심이 말이 아니다. 황당하다. 말 그대로 엎친 데 덮친 격, 매우 안타까운 일이 아닐 수 없다.

자연은 언제나 거짓을 말하지 않는다. 섭리는 언제나 우리 인간들에게 좋은 교훈을 주고 있는데 그런데 우리 인간들은 이를 외면하고 있었던 것이다. 자연을 이길 수 없는 것이다. 또한 이를 합법화시킬 수도 없는 것이다.

문학에 있어서도 물은 아주 다양한 공간으로 묘사되어 나타난다.

강물은 시간이나 세월로 묘사되어 생사를 구분 짓는 저승사자의 공간으로도 나타나고, 수평의 개념이나 물소리의 유형에 따라 마음을 사로잡기도 한다. 아니면 사색이나 고독, 기다림의 정서로 표출되기도 한다. 하지만 가끔은, 태양의 에너지를 받으면 회오리의 파워를 만들면서 모진 태풍우로 변신도 한다. 인간들을 나약한 존재로 만들고 만다.

이제 지구는, 오존층 파괴로 인해서 내일을 알 수 없는 위기를 맞고 있다. 가까이는 이용이다 뭐다 하면서 자신의 치부만을 노리고 있어 상태는 막바지를 걷고 있음이 사실이다. 어떻게 생각할 것인가? 때문에 모든 재해들은 우리 인간들 자신이다. 물은 이렇게 우리 인간들에게 많은 교훈을 주고 있다. 인간들은 이를 지키지 않고 무시한 데서 나타나는 섭리의 역류를 인간들은 책임을 져야 한다. 물은 결코 수마가 아닌 죄상일 수도 있다. 우리 인간들은 엄숙하게 머리 숙여 자신을 질타해야 할 것이다.

6월의 시·6월의 노래

시인 이해인은 "하늘은 고요하고 땅은 향기롭고 마음은 뜨겁다 / 눈물 속에 피워 낸 기쁜 한 송이 6월의 장미" 이렇게 꿈과 사랑을 음미하면서 행복을 찾고 있었다. 시인 김남조는 "잔물결 큰 물결이 / 출렁이는 비단가도 싫고 / 은물결 금물결의 강물인가도 싫어……" 비록 가난은 했어도 보릿고개 옛 고향 옛 추억을 이렇게 유추한다. 6월의 고향을 찾고 있었던 것이다. 이렇게 6월의 시는 사랑과 희망이 있었지만 그러나 6월의 노래들은 한결같이 고통과 슬픔 그 자체였던 것이다. 결국 김일성의 남침 암호 "폭풍"이 이렇게 만든 것이었다.

6월 25일 새벽 4시, 북한 정규군이 38도선을 기습남침하면서 전쟁을 일으킨 것이다. 단잠에 있었던 우리는 혼비백산, 죽고 넘어지고 하면서 말 그대로 아비규환(阿鼻叫喚)의 생지옥을 걸었던 것이다. 시인 박두진은 〈6·25의 노래〉를 지어 이날의 울분을 이렇게 토로한다. "아아 잊으랴 어찌 우리 이 날을 / 조국의 원수들이 짓밟아 오던 날을 / 맨주먹 붉은 피로 원수를 막아내어 / 발을 굴러 땅을 치며 의분에 떤 날을…" 또한, 피난살이의 설움을 가수 남인수는 "한 많은 피난살이 설움도 많아 그래도 잊지 못할 판잣집이여…, / 서울 가는 12열차에 기대앉은 젊은 나그네 기적도 목이 메어 소리높이 우는구나 이별의 부산 정거장" 졸지에 길 잃은 당시의 정황을 이렇게 노래한다. 그러나 더욱 우리마음을 아프게 만든 것은, 당시 이승만 대통령은 아무런 조치도 취하지 못한 상태에서 서울을 떠남으로 해서 북괴는 쉽게 서울을 점령했고 서울시청에는 "서울시 인민위원회" 간판을 내걸었다. 그리고 인민재판을 열면서 사형 고문 등을 자행했고 특히 고위급 인사 1500여 명을 북으로 끌고 간 것이다. 그리고 북으로 걸었던 그때 그 단장의 미아리는 바로 눈물고개가 되어버린 것이다. "미아리 눈물고개 임이 떠난 눈물고개 / 화약연기 앞을 가려 눈 못 뜨고 헤매일 때 / 당신은 감옥살이 그 얼마나 고생을 하오 / 십년이 가도 백년이 가도 살아만 돌아오소 / 임이 넘던 눈물고개 한 많은 미아리 고개" 찢기는 그 아픔과 안타까움이 어느 정도였을까? 어디 그뿐이던가? 6월이 들면 산하는 온통 침묵으로 할 말을 잊고 만다. 포성과 함께 피로 물들게 했던 한국전쟁, 내가 자란 정든 고향산천은 살을 찢던 설한풍에 기약 없이 멀어지고 이었다. 1·4후퇴, 흥남부두에서 부른 노래 〈굳세어라 금순아〉가 그것이었다. "눈보라가 휘날리는 바람찬 흥남부두에 목을 놓아 불러봤다 찾아를 봤다" 살아만 있어달라고 몸부림하는 그 아우성들과 그 손짓들이 지금도 눈에 선한 것이다. 이것이 바로 1·4후퇴 때 모질게 치른 탈출과 피난의 아픔 그 자체였던 것이다. 지금도 〈전선야곡〉과 〈전우여 잘 자라〉 〈꿈에 본 내 고향〉과 〈삼팔선의 봄〉같은 노래들은 부를 때마다 가슴은 찢기는 눈물바다 범벅이다.

이제 한국전쟁은 휴전과 함께 반세기를 넘기고 있다. 아득한 피어린

600리가 눈에 선하다. 녹슨 가시철조망은 언제 걷힐 것인가? 잃어버린 30년! 헤어진 30년 이산가족 찾기 방송은 1년 이상을 함께 울어버린 참담한 비극 그 자체였다. "비가 오나 눈이오나 바람이 부나 그리웠던 30년 세월 / 의지할 곳 없는 이 몸 서러워하며 그 얼마나 울었던가요 / 이제라도 다시 만나서 못 다한 정 나누는데 / 어머님 아버님 그 어디에 계십니까 목 메이게 불러봅니다." 분단의 아픔, 이산의 아픔, 고향에 대한 그리움이었지만 지금은 점점 사라지고 있어 마음은 더욱 공허할 뿐이다. 친미다 친북이다 할 때마다 마음은 천 갈래 만 갈래 소름뿐이다. 「차라투스트라는 이렇게 말하였다」 니체는 무엇을 말하려 했을까? 이 역사를 살펴주소서.

7월은 장마와 여름 사이

정치 속성들이다. 하늘인가 했더니 금세 먹장구름이 해를 가린다. 보슬비인가 했더니 또 안개도 는개도 아니다. 나도 나도, 혼란뿐이다. 바람까지도 방향을 잃어버린다. 이러한 장마권이 이 7월을 덮고 있지 않는가? 늪에서는 알 수 없는 개구리 울음소리들이 요란하다. 범여권의 대통합을 위한 탈당 그리고 결별, 짧은 악수 긴 침묵으로만 일관하는 대립적 갈등들이다. 불안함이 있어 국민들의 시각은 카멜레온 형 정치속성으로 볼 수밖에 없다는 논리다.

또 한쪽은 각종 설전으로 한여름 열기를 방불케 한다. 독이냐 약이냐 네거티브 선거학이 만연한 제1 야권은 잇단 부동산의혹, 목적성 위장전입, 5·16의 실체규명 등 각종 비리로 가득하다. 갈등의 주체는 동상이몽! 오직 대선장악을 위한 결투의 현장이다. 먹느냐 아니면 먹히느냐 하는 기로에서의 정치상황은 그저 두렵고 안타깝기만 하다. 사자型 정치속성이 아니고 무엇이란 말인가? 벼랑 끝 승부를 내걸고 이판사판 대립하는 여름철의 열고라 해 두자.

어쨌든 전자는, "이미"는 존재하지만 "아직"은 얻지 못하여 방황하는

B형 정치속성 즉 한다고 해놓고 반대로 하는 형이다. 그래서 잡탕식 통합, 싸잡아 비판하는 여론에 시달리고 있지 않은가? 입술에는 반웃음 달고 이리저리 살펴보는 그런 안타까움이 눈에 선하다. 그리고 후자는 어떠한가? 한 치의 부끄러움도 없다고들 한다. 그래서 한다면 반드시 하는 A형 정치 속성들이다. 도대체 "반드시"와 "반듯이"까지도 구분 못하는 현실 정치속성들이 만연한 것이다. 나라를 위하고 국민을 위하여 희생하고 봉사하는 그러한 정신들이 없어 허할 뿐이다. 일편단심 민들레야… 일엽편주, 외롭지만 마음을 비우고 재물을 버리고자 하여 입산수도하면 참 좋겠는데… 비는 마음으로 또 성찰하는 마음으로 어려운 운(韻)만을 띠울 뿐이다.

이 7월에, 이준 열사를 만나고 싶은 충동이다. 그는 고종의 신임장을 들고 네델란드 헤이그에서 열리고 있는 만국평화회의에 참석한다. 그래서 그는 강제 체결된 한·일 의정서를 놓고 반기를 들어 일제침략을 규탄하고 을사조약이 무효임을 만천하에 선언한 것이다. 자신을 버린 것이다. 그러나 그의 죽음을 놓고 혹자들은 할복자살 아니면 자객에 의한 살해일 수도 있다는 해석을 한다. 자신을 희생시킨 것이다. 우리는 구국운동가로 받들면서 순국 100주년을 맞이하고 있지 않은가? 역사나 정치흐름 모든 것들 역시 부정적인 측면보다는 긍정적으로 접근하자는 의미가 성립된다. 1961년도에 군에 입대를 했다. 당시 군의 정황은 말이 아니었다. 이후 비리척결과 병사들 소원수리 제도까지 이어지면서 군 생활은 한결 밝아진 것이다. 정부 역시 농촌계몽운동으로 시작하여 경제개발계획 여타 수출까지 더욱 박차를 가했던 것이 오늘의 우리들 세상 그래서 어깨를 펴면서 "아 대한민국"이 존재하고 있지 않는가?

이제 우리는 12월 대선을 앞두고 있다. 특히, 탈레반 23명 인질사건으로 불안 초조가 말이 아닌데 각 정당들의 정치속성들까지 살펴본다는 게 그렇게 쉽지 않다. 대립 갈등 고발 음해 등 이 정국을 이대로 볼 수만은 없는 상황들이다. 이대로 방관만 할 것인가? 하여, 국회부터 살리자는 것이다. 긴 장마 속에 헤매고 있는 범여권 창당을 도와서 소위 대의 민주주의를 발전시켜 여·야가 공생하는 국회를 만들자는 것이고, 야권 역시 부정하게 축적한 재산과 각종 비리 의혹 같은 것들을 법률적으로 철저히 규명하여 도덕성을 회복시켜줘야 할 것이다. 그래서 떳떳한 대통령으로 탄생할 수 있도록 우리 모두는 그들을 도와야 한다. 이것이 바로 우리들의 몫이 아니고 무엇이란 말인가? 이해 설득, 아니면 말고 식은 절대로 용납할 수 없다. 쓰라린 민족사, 계속되는 낡은 정치속성들은 하루속히 제거되어야 할 것이다.

8월은 휘날리는 태극기

오동나무는 천년을 지나도 곡조를 머금고 있고, 매화는 일생을 춥지만 향기를 팔지 않는다. 멋진 말이다. 자연의 정도와 인간의 속성들을 사려 깊게 음미할 수 있는 그런 문맥이라 여겨보자. 아스라했던 우리 민족의 슬픈 역사들, 절개와 삶의 의지를 조명하려는 그런 시각이 될 수도 있고, 기미 3·1의 절규와 8·15의 휘날리는 함성에 빗대어 볼 수도 있을 것이다.

그렇다. 휘날리는 태극기! 푸르른 하늘에 젊음들도 넘실대고 그래서 태극기는 더욱 휘날리며 손짓하고 있었으니 이 8월의 정취란 흥분된 마음 그 자체가 아니고 무엇이란 말인가? 내 어렸을 때부터 줄곧 불러왔던 노랫말이 생각난다. “휘날리는 태극기는 우리들의 표상이다 / 힘차게 약진하는 우리 대한민국이다 / 너도나도 손을 잡고…” 한결같은 것은, 3·1 운동과 8·15 광복에 이르기까지 일제침략에 숨고 살았던 우리 태극기의 모습이었다. 일본 식민지 통치하에서 무자비하게 자행되었던 탄압과 말살정책, 조선민족이 당한 어처구니없는 모진 수모와 위협은 말로는 다 표현 못할 생지옥과 같은 그런 고통 그 자체였다. 그래서 〈3·1절 노래〉는 더더욱 겨레의 슬픈 절규가 되었던 것이다. "기미년 3월 1일 정오 / 터지자 밀물 같은 대한독립만세 / 태극기 손 손마다 삼천만의 하나로" 이렇게 외침했던 것이다. 식민통치에서 벗어날려는 민족적 절규와 외침으로 항거한 독립운동이 되었던 것이다. 그렇게 누볐던 태극기 물결은 민족 원혼들의 아우성이었고, 일제의 총칼 앞에서 쓰러져 간 마지막 항변이었던 것이다. 그 때 그 깃발 그 태극기는 바로 조선인들의 절규 그 자체였던 것이다.

지금도 중국 장강 유역에는, 조선족 여성들까지 합세하여 싸웠던 항일 원혼들 무덤들이 방치된 채로 그대로 남아 있다고 한다. 하지만 중국인들은 이를 안타까이 여겨 그곳에 "들국화 씨"를 뿌려주었고 그 곳에 핀 꽃들을 가리켜 그들은 "조선화"라 불러준다고 한다. 이 얼마나 통탄스러운 일이던가? 마음이 아프다. 조선인들이 한을 품고 함께 잠들어 있는 묘지들이 어찌나 한스러운지 할 말을 잃고 만다. 이러한 상황에서 피어난 광복함성이 바로 8·15의 태극기 물결인 것이다. 온갖 고난과 모진 역경 속에서 피어난 무궁화 꽃 그 자체가 아니고 무엇이란 말인가? "흙 다시 만져보자 바닷물도 춤을 춘다. / 기어이 보시려 던 어른님 벗님 어찌하리 / 이 날은 사십년 뜨거운 피 엉긴 자취니 / 길이길이 지키세 길이길이 지키세." 이 〈광복절 노래〉는 슬픔과 영광을 함께 지니고 있다. 그렇지만 되찾은 태극기는 또다시 나락으로 떨어져 기를 잃고 만다. 바로 1950년 6월 25일 발발한 남침전쟁이 원인이었다. 양극화의 대립관계로 광복의 기쁨은 금세 사라져버리고 국기는 반쪽 되어 외딴 이념별로 변신되고 말았다. 조선민족의 상징인 이 태극기는 고종 20년에 국기로 채택된 것인데…….

필자가 현해탄을 처음 건넌 것은 1972년이었다. 당시는, 조총련계의 두려움도 그렇지만 특히 외교가 불안했던 일본국이었기 때문에 기대는 커녕 걱정이 큰 것이다. 그런데 갑자기 "태극기"가 눈앞에서 펄럭이고 있었다. 그 때 그 감격 그 흥분은 지금도 잊혀지질 않는다. 한국대사관 앞이었다. 어머님, 그 어떤 말로도 다 채워놓지 못할 그러한 추억이 된 것이다.

이제 우리는 자주독립을 외치며 절규했던 당시의 태극기를 잊지 말아야 한다. 해방과 더불어 휘날리던 광복의 태극기를 버리지 말아야 한다. 그리고 대립과 이념의 고리를 끊고 함께 가야할 통일된 태극기를 찾아야 한다는 것이다. 그래서 하늘과 땅에 비상하는 이 8월의 푸르른 태극기를 들고 이 8월의 물결로 방방곡곡을 누비면서 응어리진 한민족의 한을 푸는 것이다. 어쨌든 민족은 영원한 것이다. 그래서 우리 민족의 역사를 다시 쓰자는 것이다.

9월은, 달아달아 밝은 달아

예수의 성광(聖光)이나 부처의 원광(圓光)과 같은 원의 개념은 바로 둥근 달이나 빛의 원리를 나타낸 것이다. 때문에 원(圓)의 종교적 의미는 모나지 않은 둥글고 가득 찬 사랑이란 의미로 접근할 수 있다. 이별과 그리움도 위안이 되어 주었고 고통까지도 이 달은 오직 사랑을 만드는 벗이 돼 주었다. 결국 고향과 추억도 함께 하는 어머님과 같은 사랑인 것이다.

여기서, 원만(圓滿)이란 어사를 잠시 살펴 볼 필요가 있다. 가득 차다 또는 조금도 결함이나 부족함이 없음을 뜻하는 말로 원숙(圓熟)으로 발전되어 결국 자비나 사랑에 안착한다. 둥근 달처럼 모나지 않고 그저 순리대로 자연과 더불어 세월을 살아가는 지혜로운 공간을 말하고 있다. 다행한 일이다. 시선 이백의 놀던 달까지 유추하면서 우리나라 사람들의 순수한 심성을 그대로 읽어 볼 수 있는 그러한 대목이 아니던가? '한가위' 의 어원 역시 맥락을 같이 한다. 신라시대 궁중놀이였던 가배(嘉俳) 즉 7월 보름에서 시작한 길쌈놀이를 8월 보름날 평가하여 즐겼다는 데서 유래한다. 가배의 무성자음 'ㅂ' 이 모음사이에서 유성음화 된 'ㅸ'

이 오/우로 변천되면서 '가위' 가 된다. 일각에서는 '가위' 를 놓고 '한가운데' 란 뜻으로 해석하는 경우를 보고 있는데 이것은 잘못된 견해다. 그리고 '한' 은 'ᄒᆞ다' 와는 달리 '크다' 의 뜻으로 해석하는 것이 중세국어의 정석이기 때문에 결국 한가위는 큰 명절이란 뜻이 된다. 그래서 둥근달을 마중하는 추석날 아침에는 차례를 지내고 성묘를 가는 게 일반적이지만 그러나 우리 제주는 8월 초하루를 전후하여 벌초를 하고 묘제를 지낸다. 이런 의식들이 바로 우리 후손들과 정을 나누는 일 년의 마지막 순간이 되는데 이 현실은 많이 변해 버렸다.

그렇지만, 우리는 덜 채워진 이 상태 그대로 둥근 달 둥근 마음만큼은 져버리지 않으려 노력한다. 추석에 먹는 반월형 송편이 이를 입증하고 있다. 즉 송편은 꽉 찬 달이 아니라 하루하루 둥근 달로 채워진다는 기대이기 때문에 그 흐름이 더 큰 것이다. 또한 추석놀이에서 동네마다 빼놓을 수 없는 강강술래가 또한 그것이다. 마음을 비우고 서로서로 손을 잡고 둥근 원을 그리면서 둥근 달밤을 즐긴다. 여기서 나옹선사의 시를 읽어본다.

「청산은 나를 보고 말없이 살라하고 / 창공은 나를 보고 티 없이 살라하네 / 탐욕도 벗어놓고 미움도 벗어놓고 / 물같이 바람같이 살다가 가라하네.」

사무사(思無邪) 곧 거짓생각을 버리고 잠시 위안을 얻고자하는 고승의 심산이다. 이 작품은 불심도 그렇지만 속정에 빠져 있는 우리네 인간들의 사념의식이 그대로 반영되고 있는 곧은 정서임에 틀림없다. 자연을 멀리하는 부질없는 생각들이 이렇게 눈을 멀게 한 것이다. 인간사에 대한 교훈이다. 마음을 비우고 자연으로 회귀한다는 불변 섭리다. '나'를 찾고 서로를 소중히 여기자는 오늘의 성찰도 될 것이다.

조용히 눈을 감는다. 언젠가 접했던 시시한 문장 하나가 생각난다. '과거는 괴롭지만 추억은 아름다운 것' 이런 문구다. 저 둥근 달을 볼 때면 언제나 이 글을 뇌이면서 잠시 침묵했던 기억이 새삼스럽다. 추억은 언제나 살아 숨쉬고 있다는 것, 일상적인 말이겠지만 그러나 순수하고 착한 본심들은 죽지 않고 존재하는데 다만 환경적인 요인들이 우리 눈을 이렇게 만들고 있다는 것을 터득한 말이다. 지금 세상은 온통 부정심리와 권모술수로 우리를 우롱하고 있고, 생각은 가차 없는 위장으로 가득 차 있어 우리네 마음을 허하게 만든다. 민초들은 갈피를 잡지 못한다. 혼란들뿐이다. 어찌 그뿐이던가? 세상에는 명예를 좋아하는 사람들 그 불쌍한 허상들까지 가면을 쓰고 득실대고 있다. 정도를 버리면서 살아가고 있으니 이 어찌 안타까운 일이라 아니 할 수 있겠는가? 슬픈 일이다. 모두 부질없는 일들인데 말이다.

10월은 나랏말쓰미

10월은 개천절이 있고 한글날이 있는 달이다. 때문에 나랏말씀은, "너희들은 도대체 무엇들 하는 것이냐? 나라도 그렇지만 나랏말까지도 지키지 못하고 무슨 꼴들인가?" 호통이 이만저만 아니다. 얼은 할아버지라 않았던가? 말은 아버지라 했고 글은 아들과 딸 이렇게 비유한다면 이해도 될 법하다. 결국 말과 글의 뿌리에는 바로 민족이란 실체가 살아 숨쉬고 있다는 사실이다. 지난 역사를 성찰하면서 언어의 존재가치를 재인식한 대목이 될 것이다.

민족! 그렇다. 그것은 곧 같은 조상, 같은 영토, 같은 언어와 전통 이렇게 네 가지 조건이 합일치 되지 않고서는 민족이란 개념은 성립될 수 없는 것이다. 그래서 언어는 문화의 축이요 단일민족의 상징이 되는 것이다. 장구한 순수역사를 이끌었던 큰 유산이 아닐 수 없다. 그러나 우리 역사는 계속되는 내·외란 때문에 상당한 시련과 고통을 겪으면서 살아온 민족이다. 하지만 이런 와중에서도 우리말과 글이 존재하고 있었기 때문에 다행히도 중국화나 몽골화 아니면 일본화 되는 것을 막을 수 있었다. 그러나 우리말과 글에는 어쩔 수 없는 차용어와 외래어의 남용 특히 이념어의 깊은 골 때문에 민족의 혼은 시들대로 시들어버리고 말았다. 매우 안타깝고 황당한 일이라 아니할 수 없다. 혼란 갈등일 수밖에 없었던 것이다.

이러한 시점에서 밝혀두고 싶은 게 있다. 바로 우리말과 글은 세종이 전부터 이미 존재하고 있었다는 사실이다. 그것은, 단군 3세기 즉 지금으로부터 약 4200년 전에 자·모 38자로 형성된 가림다(加臨多)문자를 말하고 있는데 아주 긍정적인 설로 보고 있다. 이러한 사실은, 미국 S 베일러 대학 송호수 교수의 논문을 접하면서 알게 된 사실이지만 〈태백일사〉나 〈단군세기〉같은 고증할 수 있는 사료(史料)에서도 충분했고 특히 일본의 오향(吾鄕)이란 학자도 "아이누 문자와 가림다 문자와의 친자관계"란 연구 논문에서도 이를 입증해주고 있었다.

결국 중국 은나라 갑골문자보다도 1000년 앞서 가림다 자형은 이미 존재하고 있었다는 사실을 알게 된 것이다. 바로 민족적 자긍심을 회복코자하는 우리 역사의 큰 힘이 된 것이다.

그러나 우리나라는 봉건주의 사상과 사대주의 사상을 지닌 일부 사대부들의 사이비적인 행보들 때문에 역사는 지울 수 없는 수치스러운 과거로 변절되어 버렸다. 원망과 한숨뿐이다.

각설하고, 우리네 사회주변을 배회하고 있는 주체성 없는 제도들도 그렇지만 무절제한 신조어로 등장하는 댓글? 역시 걱정거리다. 옛 간신들의 행보 역시 그렇지만 최만리의 한글반대 상소문이 눈에 선하다. 아니면 근대사의 매국노 이완용이를 기억하고 있는가? 때문에 김구 선생과 외솔 최현배 선생은 더욱 그리워지는 시점이 된다. 그런데 더 분노를 느끼는 것은 행정명칭에서 '스쿨 죤' 이다 '로스쿨' 과 같은 어사들은 또 무엇들이며, 동 명칭을 '주민센터' 로 개명하면서 팀장님 뭐니 뭐니 하는 것들이 참으로 가관이요 어처구니없는 일들이다. 길거리에 코딱지처럼 나붙어 있는 주체성 없는 간판들을 볼 때마다 마음은 천 갈래 만 갈래다. 차라리 삭풍을 안고 시베리아 러시아 일대를 전전하면서 살아가는 우리 고려(Korea)인들이 그렇게 떳떳하게 느껴진다. 비록 중국국적으로 살고는 있지만 우리말과 글 그리고 전통과 풍습을 그대로 승계시키면서 살고 있는 연변 조선족들이 그렇게 자랑스러운 것이다.

하여, 이 10월의 말씀은 참으로 의미 있는 호통이 되고 말았다. 우리 민족의 혼과 전통을 지켜왔던 역사의 버팀목은 바로 우리말과 글이요 우리 조상의 체온인데 어쩌다 이렇게 홀대받는 말과 글이 되어 버렸고 홀대받는 10월이 돼버린 것일까? 개천절이 있다. 기원전 2333년 단군이 건국한 날이 앞서 있기 때문에 10월에 나랏말쓰미 더욱 그리워지는 달이 된다.

건강한 대통령

과학은, 목소리 샘플만을 가지고도 상대방의 병이나 건강상태를 진단할 수 있다고 한다. 그런데 양심을 촬영할 수 있는 기술은 없으니 얼마나 답답한 일인가? 욕심일까? 지금은 대선정국, 거침없이 나돌고 있는 사건과 의혹들, 모략과 음해, 갈등들이 이렇게 만들고 있다.

전국은 요동치는 대선정국이다. 그래서 좋은 대통령, 건강한 대통령을 찾는 게 화두의 패러다임이 되고 있지만 그러나 건강한 대통령후보는 아예 찾아볼 수 없으니 답답할 수밖에 없다. 아는 것도 모르쇠로만 일관하는 정치권들이 이렇게 만들고 있고, 사실인 것도 한결같이 위장 변명해 버리면 그만인 고질화된 지금의 정치 상황들이 또한 그렇게 만든 것이다.

쿤의 패러다임은 결국 구성원에 의해 공유되고 있는 문제제시와 검증과정에서 일고 있는 해법의 개념을 뜻하는데, 치고 박고 그리고 돌아서 버리면 그만인 정치권들을 대상으로 필요로 하는 과학논리라 해도 과언은 아니다. 어쩌면 지금의 대선정국을 의식한 데서 비롯된 말일 게다. 말 그대로 혼돈과 혼란뿐 도대체 정도란 무엇을 놓고 하는 말인지, 그래서 고지 점령만을 위한 덧셈정치가 꼴불견이요, 온갖 의혹과 연루로 얼룩진 민란공세들이 또한 가증스러울 뿐이다. 보편적인 잣대도 없다. 당위성이나 필연적인 국민적 관점은 아예 뒷전이 되고 만 것이다. 창과 방패, 화살과 과녁, 어느 하나 방치할 수 없는 일고 나 뿌리는 흙바람들뿐이다. 몸통들은 간 데 없고 양심들은 병이 깊어 내일이 안 보인다. 그렇다면 차라리 국수나 먹어볼까? 콧대를 치면서 국물에 빨려 들어가는 면발의 촉감으로 지금의 대선정국을 평정할 수 있을지, 묘안을 찾아보자는 것이다. 국수에는 판도라의 궤도 없고, 유언비어는 더욱 있을 수 없고, 허위의 공세라는 것은 더더욱 없을 테니까 그래서 깊게 숨겨진 양심을 찾아보자는 것이다. 건강한 대통령을 찾기 위해서 후보 검증은 이러한 시점에서 가치를 지닌다.

대통령 선거는 이제 코앞이다. 대선 정치권에서는 BBK 실체를 포함한 각종 의혹사건들을 놓고 막바지 판세를 기대하고 있고, 또 한편에서는 표류나 난파를 예고하면서 온갖 실정을 거명하고 나선다. 건강한 대통령은 어디서 찾을 것인가? 분명한 것은 현실성 문제를 거론한다는 사실인데 우리 국민들은 이것이 큰 고민이요 두려움인 것이다. 그래서 초조한 마음으로 기대하는 것은 공정한 검찰수사뿐이다. 그나마 확인하면서 도덕성이나 신뢰성을 고루 갖춘 건강한 대통령 후보를 찾아보자는 심산이다. 그 무엇을 더 바랄 것인가? 그러면 균형을 고루 갖춘 미래가 보이지 않겠는가? 그리고 정의로운 시민사회도 만날 수 있을 것이다. 어린이들 기대치도, 더 밝고 건강한 사회에서 건강한 꿈과 이상을 펼치고 싶은 그런 사회를 갈망하고 있었다. 그래서 개인주의나 이기주의가 판치는 어른들의 세계를 고발하고 싶다는 것이 그들의 외침인 것이다. 미래는 오는 것이 아니라 우리 스스로가 만드는 것이다.

이제 선택의 날은 쉼 없이 다가오고 있다. 어떤 후보가 대통령이 될 것인가? 하지만 정치 현장에서 휘젓는 가면극들 때문에 우리 서민들 층은 분별이 퍽이나 어렵다. 그래서 우리들은 치유할 수 없는 정치 불감증에서 벗어나지를 못한다. 결국 건강한 대통령 찾는 길은 이렇게 어렵게 된 것이다. 혼란과 갈등이다. 한 치의 앞날도 가늠하기 힘든 처지가 되었다. 하지만 거짓과 진실은 엄연히 가려진다는 사실을 우리는 믿고 있다. 예부터 어른들께서도 "좋은 끝은 없어도 나쁜 끝은 있다."하지 않았던가? 죄짓고는 못사는 그런 정직한 사회는 분명 도래할 것이다. 때문에 학덕과 전문성을 겸비한 강직한 대통령 그리고 도덕성과 참신성을 고루 갖춘 신성한 대통령을 찾아야 하는 것이다. 건강한 대통령? 선택은 우리 몫이다.

선구자

비경까지 간직한 일송정! 3월이 되면 어느 누구 할 것 없이 한 번쯤은 다 불러보는 노래 〈선구자〉가 있다. 그것은 조국을 위해 순국한 선열들의 영혼을 가슴으로 만나는 순간도 되겠지만 허허한 만주 벌판에서 말달리던 독립투사들이 눈에 선하기 때문에 더욱 그러한 것이다. 얼마나 엄숙한 일인가? 그래서 겨레의 울분이 되는 이 노래를 함께 불러보자는 것이다.

"일송정 푸른 솔은 늙어 늙어 갔어도/한줄기 해란강은 천년 두고 흐른다./지난날 강가에서 말달리던 선구자/지금은 어느 곳에 거친 꿈이 깊었나." 그 선구자들이 여기 있었던 것이다. 특히 용두레 우물은 독립투사들의 목마름을 해소시켜주던 쉼터이면서 아낙네들의 생명의 밥을 짓던 용정에 있었기 때문에 더 남다른 데가 있다. 우리 민족시인 윤동주 생가와 시비도 인접돼 있었기 때문에 더욱 그런 것이다. 하여 이 〈선구자〉의 노래는 감동과 통분을 버릴 수 없는 가슴 뭉클한 노래가 되고 말았다. 민족숨결이 서려있는 선구자들의 고향 일송정, 저 멀리 흐르는 해란강과 겨레의 정기를 내뿜던 그 소나무 한 그루, 그리고 독립투사들의 비밀리에 만나는 장소, 때문에 영원히 버릴 수 없는 아주 절실한 역사공간이 되고 말았다.

그런데 문제는 필자가 지났던 길에 또 있었다. 외로운 침묵속의 백두산과 두만강을 뒤로 하면서 압록강 줄기 따라 단동으로 향하고 있었을 때였다. 나는 가이드에게 〈선구자〉의 노래를 아느냐(?)고 조심스럽게 청했다. 그도 그럴 것이, 그 가이드는 북한에서 온 유학생이었기 때문에 조심스러울 수밖에 없었던 것이다. 그는 노랫말 하나 놓치지 않고 정성스럽게 잘 불러 주었다. 합창까지 두세 번 반복하는 바람에 분위기는 온통 가슴 뭉클한 겨레의 체온으로 이어지고 있었다. 그리고 일송정 그 소나무를 소개해 주었다. 1910년 일제강점기가 시작되면서 일본 제국주의자들이 그 오래된 소나무 허리에 구멍을 뚫고는 고춧가루를 여지없이 집어넣어 죽여 버렸다는 것이다. 그것은 독립투사들이 비밀리에 만나는 장소였기 때문이었다. 이 얼마나 잔인하고 가경할 일이던가? 백두대간에 지맥까지 망치질하는 그런 아이러니한 일이 아닐 수 없었다. 선구자의 노래와 그 소나무는 그래서 독립운동의 상징이 되어 버렸다. 그러나 혹자들은, 일제시대 조선의 정기를 끊는다는 이유로 일본군에 의해 폭격을 가했다는 설도 있고, 선구자의 노래까지 친일작곡가가 만든 것이라는 등 여러 시각도 있다. 하지만, 일송정 그 소나무에 우리 국민들은 어떤 관심들이 있었느냐가 더 중요한 것이다.

이제 우리는, 일제에 항거하여 일으킨 우리 민족의 숭고한 자주독립 그 운동을 접하고 있다. 방방곡곡 태극기를 들고 죽음을 각오한 처절한 만세운동을 기억한다. 어떻게 잊을 수 있단 말인가? 자주독립운동 그 정신 그 함성 그래서 〈3·1절노래〉는 더욱 간절한 것이리라!

"기미년 3월 1일 정오/터지자 밀물 같은 대한독립만세/태극기 곳곳마다 삼천만이 하나로/이날은 우리의 의요 생명이요 교훈이다./한강은 다시 흐르고 백두산 높았다/선열아 이 나라를 보소서/동포야 이 날을 길이 빛내자." 일제 망령에 나라를 빼앗긴 그 아픈 수난의 역사를 어찌 잊으랸 말인가? 때문에 3·1정신과 그 함성들은 우리 역사에서 결코 지워버릴 수 없는 것이다. 그 결과로 상해 임시정부 그리고 1948년 정부수립의 큰 초석이 되어있지 않았던가? 또한 아시아 전역에 식미지 및 반식민지 민족운동에 강한 영향을 주었던 것이다. 중국의 5·4운동이나 인도의 배영운동 내지는 이집트의 반영 자주운동 같은 것들이 이에 속할 것이다. 일송정 그 소나무! 백설이 만건곤할 제 독야청청하리라. 그 혼은 영원히 우리 곁에서 살아지지 않을 것이다. 어찌하여 우리 정치권은 과거를 외면코자 하는 것인가? 일본의 독도입질은 땅값이 결코 아니다. 그들의 전략적인 긴 정치속셈임을 잊어서는 안 될 것이다.

칼라일의 의상철학

최초의 옷은 에덴(Eden)동산? 그렇다. 그렇다면 옷은 원죄의 유산이요 욕망의 시조일 수도 있다. 그래서 자신을 숨기려는 행위가 두려움으로 발전된 것이리라. 그렇다면 '옷'이란 피복에 불과하며 자기 본래의 본 모습을 숨기려는 마음의 위장이라 생각해보자. 아니면, 또 다른 사회적인 의미에서 그것은 바로 인간의 그 무엇을 찾고자하는 총명함이 돋보이는 대목일 수도 있다. 이러한 논리로 옷과 색상의 상징적 의미를 다변적으로 살펴 볼 수 있다.

먼저, 가톨릭에서 볼 수 있는 검정색은 죽음을 뜻하는 것으로 사제는 이를 입고서 죽음을 향해 가고 있다는 행위의 표현이며, 세상에서 누릴 수 있는 모든 것에 대한 포기의 개념까지 포함된다는 것이다. 그리고 성직의 상징처럼 여겨지는 흰 색의 로만칼라는 "주님의 뜻대로 살게 하소서"란 간절한 의미가 있어 엄숙한 마음까지 들게 만든다. 추기경의 붉은 색은 순교자의 피, 교황의 흰색은 하느님의 대리자를 상징화한 의미가 있어 더욱 숙연함을 돋보이게 한다. 그러나 개신교는 그렇지 않다. 사제라는 중간 매개단계가 있을 수 없다는 전제하에 하나님 앞에서는 일대일 관계라는 측면에서 가톨릭하고는 다른 형태들이다. 여기서도 '하느님' 과 '하나님' 두 얼굴이 존재한다. 그리고 불교에서 말하는 가사 즉 승복은 회색이나 황토색인데 이것은 곧 무소유(無所有)를 뜻하는데, 과거에는 25개의 천 조각을 붙여서 만든 것으로 본래는 7조 가사부터 25조 가사까지 품계로 나누기도 했던 것들이다. 시신을 쌌던 천이나 버려진 천 조각을 기워 만든 옷인데 현재는 너무나 판이하게 달라진 모습이다. 원불교 역시 형식에 연연하지 않고 본질로 바로 들라는 가르침 속에서 생활화 간결화 그 자체에서 현대화를 주장한다. 그래서 옷의 형태나 옷의 색감은 불길함에서 숙연함까지 아니면 간결함에서 고귀함에 이르기까지 흐름의 추이에 따라 색의 의미는 다양하게 변모되어 있다. 문제는 옷의 형태나 색의 상징적 의미는 바로 우리 인간들의 죄상과 업보에 준한다는 사실이다. 결국 옷과 색 안에는 소용돌이치는 정 반대의 강렬한 이율배반도 존재하는 것이다.

영국의 비평가 칼라일(Carlyle, Tomas)의 〈의상철학〉은 여기에서 존재 가치를 지닌다.

이 작품은, 그의 향리인 스코트랜드의 작은 마을에 은거하면서 자서전적인 이 작품을 완성하여 유명하다. 소위 '악마가 버린 자식' 이란 뜻을 지닌 가공인물 토이펠쯔 드레크 교수의 사색을 통하여 모든 형식과 제도는 '옷' 과 같은 것이라 전제하면서 자신의 정신적 사고(思考)의 회심한 사실이나 시대상황에 대한 반역정신에 넘친 사회관을 피력한 것이 의상철학의 특징인 것이다. 결국 '옷' 이란 생각과 마음 사이에서 일고 있는 갈등적 요인이나, 대립적 관계를 나타내는 외적인 요인, 이런 논리는 오늘의 시점에서 매우 흥미로운 시사성을 지닌다.

주변국에도 위장된 무서운 옷들이 있다. 한 예로, 제주 모 호텔에서 "서복국제학술대회"에서 있었던 일이지만, 중국의 학자는 "高·梁·夫 삼성들까지 서복의 후예들"이라고 말한다. 도대체 웬 망언인가? 수치스럽지 않는가? 학술은 기록이요 기록은 또한 역사가 아니던가? "서복재단 설립취지"가 의심스러운 것이다. 일본의 역사왜곡들이 그것이요, 독도나 이어도까지 예사롭지 않다. 北은 이념의 옷 때문에 마음을 쉽게 열지 못한다. 지금의 정치권 역할 역시 걱정이다. 쇠고기 광우병? 그래서 촛불시위인가? 가려진 또 무엇을 밝히려는 것일까?

더 무서운 것은 "색깔도 빛도 없는 색"이다. 이를 어떻게 밝힐 것인가? 연일 계속되는 촛불시위를 지켜보면서 안타까운 것이다. "길 먼 무거운 옷은 벗어던져라 그리고 한 줌 넉넉한 옷은 갈아입어라." 하여 또 천년을 함께 걸어갈 나의 조국 대한민국을 지켜야 할 것이다.

日本은 군국주의의 중증환자

"독도는 우리 땅" 그런데 어찌된 일인가? 미국 지명위에서는 '독도'를 리앙쿠르 록스(바위)로 공식화시켜 분쟁지역으로 결정했다가 다시 7일 만에 한국령으로 원상복귀 시켰다. 美CIA·美항공국까지 독도는 분쟁지역으로 명기되었던 것이다. 일본의 집요한 로비에 의한 성공? 그래서 독도는 일본의 불꽃 놀이패가 되었던 것이다. 뒷북정책 외교부재, 국민적 질타는 불가피한 상황이 되었고 미국한테 뒤통수까지 맞는 망신외교란 여론뿐이었다. 책임은 없고 변명으로만 일관하는 정부가 한심스러웠다. 그렇다면 일본은 어떠한 나라인가? 차제에 일본의 군국주의적 역사관과 그 정체를 살펴봐야 한다.

먼저 일본의 개국신이 내려온 산 이름을 보자. 바로 한국악(韓國岳 1700m)이라 되어 있고 그 밑에 제단을 꾸민 산은 고천수봉(高千穗峯 1574m)으로 일본지도에 명확히 나타난다. 이해를 돕기 위해 일본의 고어사전을 보면, '한국악'의 일본명은 "가라구니다께"로 표기되어 있고, '고천수봉'의 일본명은 "구지후루"로 표기되어 있는데 이것은 바로 가락국의 시조 신화인 '가락국'과 '구지봉'에 일치하고 있다는 사실이다.

결국 그들 일본의 역사는 한 민족의 얼을 그렇게 숭상했다는 한 예가 될 것이다.

그런데 지금의 일본은 그것이 아니다. 군국주의에 의하여 역사까지 왜곡 종속시키려는 정책이나 제도로 그대로 일관되고 있다는 사실이다. 1952년부터 있었던 임진왜란도 그렇지만 '러·일전쟁' 은 일본의 영토확장 야욕의 일환으로 한국과 만주에 대한 지배권을 놓고 1904년 2월에 러시아를 기습했던 전쟁이다. 결과는 일본이 승리하면서 그들 일본은 또 1905년 '강화조약' 을 공포 성사시키면서 한국에 대한 정치 군사 경제상의 통치를 감행하게 된 것이다. 또한 '중·일전쟁' 은 어떠한가? 1937년 소위 베이징 루거우차오 사건을 꾸며서 도발시킨 중국에 대한 일본의 침략이었다. 결국 그들은 1941년 '태평양전쟁' 으로 발전시켜 태평양권 하와이 진주만을 기습 공격하면서 위력을 과시했었다. 그러나 1945년 히로시마와 낭아사끼 원자탄 투하로 인하여 일본은 이에 항복하게 된 전쟁이다. 이 결과로 한국은 광복을, 대만은 중국으로, 사할린 남부와 쿠릴열도는 소련으로 환부되면서 평온을 찾게 된 것이다. 이때부터 일본은 군국주의로부터 민주주의 국가로 전환되어 새로운 출발을 하게 되었지만 그러나 일본은 왜곡된 역사관에 의한 밀리터리즘(Militarism)은 지금도 계속되고 있다. 이것이 곧 일본국의 정체인 것이다. 일본의 어떤 교사는 "나는 어쩌다 전쟁으로만 점철된 이 나라에서 태어났는가? 죄로만 가득한 이 나라 일본 땅에서 존재하는가? 잔인하고 왜곡된 역사로 지탄받는 이 땅에서 살아야만 하는가?" 그래서 그는 교단을 떠났지만 그의 긴 한숨과 침통한 눈물을 우리는 어떻게 읽어야 할 것인가?

이제 남은 것은 우리 정부의 대응책이다. "독도공중전" 전쟁설까지 나돌고 있다. 그런데 대북관계가 그렇고, 대미관계, 대일관계까지 답보상태이고 보면 숨까지 고를 수 없어 답답하다. 미국 지리원에서 독도를 리앙쿠르(Liancourt Rocks)로 바꿨던 것도 1977년 전부터인데 우리정부는 무엇을 했단 말인가? 그 이전은 분명 "독도"라고 명기되어 있었다는 것이다. 1849년(헌종15년) 프랑스 포경선 리앙쿠르호가 이 섬을 발견하여 배이름을 따서 외국지도에서 흔히 사용되었다는 일본의 로비가 그렇게 큰 자료였던가? 1787년(正祖11년) 5월, 프랑스 함대 페르즈 일행이 제주도를 측량하고 울릉도에 접근한 사실이나, 1853년(哲宗4년) 4월, 러시아 함선 팔라다호가 영일만까지 남하하여 동해안을 측량했고, 1855년(哲宗6년) 6월, 영국함대 호네트호가 독도를 측량했고, 또한 프랑스 함대 비르지니호 역시 동해안을 측량했다. 그 이상의 고증사료들이 많이 발견되고 있지 않은가? 역사는 결국 거짓이 될 수 없다. 문제는 소극적인 대응책이 문제였다. 정부는 흙 한 줌, 풀 한 포기라도 우리 영토임을 잊어서는 안 된다. 우리 대한민국은 국민과 함께하는 지혜를 모아 "독도 지키기" 에 온 힘을 모아야 할 것이다.

中國은 이어도를? "서복재단"은 또 무엇인가?

일본은 독도를, 중국은 이어도를, 도대체 어찌된 상황들인가? 게다가 高·梁·夫 삼성까지도 중국 서복(徐福)의 후예들이라 주장하고 나섰으니 우리나라 우리 역사는 도대체 무엇인가? 통탄할 일이 아닐 수 없다. 이렇게 우리 주변은 온통 "보이지 않는 검은 손들" 뿐이다.

그렇다면 서복((徐福)은 누구인가? 일명 서불(徐市)이라고도 하는데, 이는 진시황의 명을 받들어 불로초를 구하려 이곳 제주에 잠시 체류했다는 인물이다. 일설은 전설적인 존재로도 나타나지만 어쨌든 그는 불사약인 선약을 캐고 돌아가는 길에 바다로 직접 떨어지는 기이한 폭포를 보고 잠시 머물다가 정방 절벽에 "서불과지(徐市過之)" 즉 '서쪽으로 돌아간다(?)' 라는 글을 남겼다는 이유로 서복전설의 주인공이 되기도 했다. 문제는 '서불' 은 바로 '서복' 인데 어째서 서쪽(西)이라는 방위개념이 되었는지 이해가 어렵고, 더 중요한 것은 H씨의 저서 〈서복집단과 제주도〉(P65~67)에 있는 서복전설 접근에도 문제가 있지 않은가? 그런 생각도 있다. 그 내용을 보면, 서복집단 중 3인의 잔류자와 일본왕이 보냈다는 3인의 처녀를 삼성개벽설화에 결부시키고 있다는 사실이다. 이것은 곧 삼성개벽설화에 순수성이 상실되었다는 의미다. 얼마 전 "서복국제학술세미나"에서 중국의 한 학자는, "高·梁·夫 삼성들도 서복의 후예들"이라고 당당하게 주장한 당시의 정황을 져버릴 수가 없다. 어쨌든 이어도와 삼성까지 노리는 그들의 검은 속셈은 이렇게 집요하고 무서운 것이었다. 학술에도 영토분쟁은 이어지고 있다는 사실이다. 학술은 기록이요 기록은 또한 역사가 아니던가? 먼 훗날을 그들은 보고 있다. 일본의 역사왜곡이 그것이요, 중국의 동북공정이 그런 것들이 아니던가?

홍분과 열기로 가득했던 베이징 올림픽도 이제 끝났다. 한국의 성과 역시 기대 이상이었지만 자긍심 또한 '아 대한민국' '오오 코리아' 얼마나 가슴 벅찬 함성들이었던가? 그런데 8월 24일 오후 9시, 올림픽 폐막식 1부 서곡에 비친 영상에는 그것이 아니었다. 소위 '각국에서 솟아난 빛이 중국으로 모여든다.'라는 의미를 담은 화면에는 동해표기는 없고 일본해로 표기된 지도 장면만이 뚜렷한 것이다. 반한정서로 간주될 수 밖에 없었다. 日本은 우리 독도를 그들의 자위대 국방백서에 자국의 영토로 등재시켰다. 결국 전쟁까지 불사한다는 의미로 해석되는 상황이고, 중국 역시 속셈은 다를 바 없을 것이다. 특히 지난 25일 후진타오 중국 국가주석이 우리나라 방문을 하루 앞둔 시점인데, 올림픽 폐막식 서곡에 비친 '일본해' 표기를 놓고 그들은 국제적으로 통용되는 명칭이라고 당당하게 주장했다. 한국을 가소롭게 넘보는 아주 심각한 위협이 아닐 수 없다. 역사적으로 이어지는 대립적 갈등인 것이다.

이어도를 본격 탐사한 것은 1951년이다. 우리는 "대한민국 영토 이어도"라고 새긴 동판표지판을 현지 수중에 고정시켰고, 2003년엔 암반 위에 해수면 높이 36m 규모의 해양과학기지를 건설하여 기상관측은 물론 대한민국의 마지막 국토로 버팀목 역할을 할 수 있도록 조치한 것이다. 그래서 '이어도'를 지키는 것은 바로 우리 국토를 지키는 일이요, 高·梁·夫 삼성을 지키는 일은 제주의 상징성 그 자체를 지키는 일이기 때문에 매사에 신중을 기하자는 것이다. 그리고 이어도는 제주도 뱃사람들의 이상향이요 제주 해녀들의 고향이라는 의미 역시 버릴 수 없다. "이어도"와 "삼성(三姓)"은 살아 있는 제주의 역사라는 이유는 여기서 성립되는 것이다. 때문에 서복의 세 잔류자와 일본왕이 보낸 세 처녀를 삼성개벽설화와 결부시키는 논리는 결코 있을 수 없는 일이다. 자성할 부분들이 많다는 대목도 될 것이다.

변화와 그리고 엇박자

변화란 개념은 너무나 일상적인 말이면서도 그러나 쓰이는 범주나 속성 자체는 그것이 아니다. 잠재돼 있는 생각과 마음까지 이어가는 보이지 않는 심리적 가치기준들이 그것이요, 쉬이 접할 수 없는 자연이란 공간까지 포함한다면 감히 이해될 것이다. 우리네 삶은 이러한 속성 속에서 상당한 고민과 갈등을 체험하게 된다. 이것이 바로 존재이유인 것이다.

변화! '분열의 시대' 에서 '통합의 시대' 로, 그래서 미국의 오바마 흑인 대통령 탄생이 주는 그 의미는 큰 것이다. 미국의 역사 232년만의 '검은 혁명' 이 그것이요, 남북전쟁 137년 만에 일궈낸 '통합과 상생의 신세계' 가 바로 이것이 아니던가? 세계의 시각은 21세기 초 역사적인 선거혁명에 기초한 상징적인 변화로 읽고 있다. 89년도? 필자가 접했던 뉴욕 할렘가의 흑인들 모습이 눈에 선하다. 워싱턴과 뉴욕을 오가는 14일간의 워크숍을 마치고 관광길에서 잠시 머물렀던 할렘가의 당시 모습은, 흑인들의 빈민촌, 마약과 화마의 소굴, 그리고 환각상태의 그림자들 그러한 상황들뿐이었다. 뉴욕하면 세계경제가 집합되어 있는 곳이면서 최고의 부를 자랑하는 곳이 아니던가? 조용한 호수와 공원을 끼고 있는 이

곳은, 본시는 흑인들을 노예로 삼고 백인들이 공유했던 최고의 부유층 주택가였는데 언제부터인지는 알 수 없으나 백인들은 속속 살해를 당했고 거리는 온통 방화와 공포로 인해서 그들은 종적을 감춰야 했던 그런 살벌한 곳이었다. 그러나 지금은 그 곳을 가리켜 '흑인들의 정신적 성지' 로 지칭되면서 노예제도 폐지 143년 만에 이런 변화가 일궈낸 상징적인 공간이 된 것이다.

그렇다면 우리는 어떠한가? 아니 '나' 와 '나라' 는 지금 어떤 상황인가? 미국의 남북전쟁은 이제 막을 내렸는데, 우리들 남북냉전은 도대체 언제 끝날 것인가? 금강산 총격사건, 그나마 숨통이 트이나 했던 금강산 관광마저 금지돼 버렸다. 정책기조가 성미에 맞지 않다 해서 득도 없는 개성공단 폐쇄까지 예견하고 나섰으니 얼마나 한심스런 상황인가? 급기야는 남북적십자 직통전화까지 단절한다고 엄포하고 나섰으니 이 또한 가경할 일이 아닐 수 없다. 일본은 물론 중국이나 러시아만 보더라도, 그들은 사상이나 이념에서 완전히 벗어나면서부터 시장경제는 물론 떳떳한 다국적 외교를 통해서 미래의 부를 예견하고 있다. 그러나 북한은 어떠한가? 답보상태 그대로 기로에 선 밀폐된 집단, 변화부재의 엇박자일 뿐이다.

또 한번 이념논리를 대비시키면서 그들 북한의 정체성을 분석해 볼 필요가 있다. 민주주의의 이념은 '자유' 다. 때문에 지나친 분방을 막기 위해서 법치를 중시하는 제도인데 공산주의 이념은 '평등' 이다. 다같이 나누면서 산다는 분배가 원칙이다. 참 좋다. 그러나 모든 것은 중앙통제 속에서 어버이의 수령은혜로 발전되었고, 김일성 사상은 신격화 되면서 김정일 유일사상은 지속되고 있다는 게 작금의 현실이다. UN이 인권과 가난을 걱정하는 이유도 여기에 있다. 더더욱 비극적인 것은, 그들에게 '자유' 를 주어도 그들은 자유를 모른다는 사실이다. 정서교육을 배제한 사상교육만을 독식하는 그들 전략에서 비롯된 체제이기 때문에 여기서 변화란 좀처럼 쉽지 않다는 논리다. 평등은 결국 허수아비 엇박자일 수 밖에 없었다.

벽에 걸린 12월 달력 한 장이 춥게 느껴진다. 통일은 요원하지만 그러나 노력해야 한다. 오직 기대하는 것은 원만한 남북관계 공생뿐인데 냉전기류로만 지속되는 지금의 현실을 어떻게 극복할 것인가? 우리는 지혜로운 정책기조로 해법을 찾아야 한다. 고질화된 사상이나 이념을 변화시켜 진정한 상생을 도모하자는 것이다. 역사는 불행을 원치 않기 때문이다.

바람의 나라

국회에 이는 반목바람이 예사롭지 않다. 도라산 철길까지 돌아서 버린 이런 시점이고 보면 더욱 할 말이 없다. 바람 앞에서만 시달려 온 우리 역사를 다시 한번 실감케 하는 순간이다. 그래서 우리 영토를 가리켜 한반도(韓半島)라 했던가? "반쪽 섬" 그렇다. 반세기의 일제 식민지통치가 그랬고, 이념으로 맞댄 南과 北, 반 조각이 된 지금 상황이 또한 그렇게 되었으니 그럴 법도 하리라. 어쨌든 우리는 바람의 나라에 살고 있음을 부인할 수가 없다.

필자는 요즘, 인기리에 방송되고 있는 KBS 기획드라마 〈바람의 나라〉를 즐겨 보고 있다. 주몽이 고구려를 건국하면서 이어진 그의 아들 유리왕과 무휼태자의 파란만장한 일대기를 다룬 역사 드라마지만 특히 신탁이라는 샤먼을 두어 갓 태어난 무휼왕자에게 불길한 운명의 굴레를 만든다. 그는 어미의 생을 끊고, 형을 죽이고, 아비를 죽이고, 그래서 나라까지 망하게 할 그런 운명을 안고 태어났으니 제물로 죽이도록 명한다. 그래서 그의 이름은 뜨거운 피와 심장이 없는 무휼(無恤)이라 하여 평생을 '죽은 자'로 살게 했다. 권력을 놓고 일고 있는 바람들이 그것이요, 흉심을 품는 자들의 모략과 잔인함이 또한 그것이었다. 밖으로는 부여 대소왕의 끊임없는 위협과, 안으로는 왕가의 권위를 위협하는 비류부의 내압으로 일고 있는 돌풍들이다. 왕비인 미유부인은 제 아들 여진왕자 태자책봉을 위하여 꾸미는 온갖 계략들이 회오리가 되어 있었지만 결국 여진왕자와 남편까지 죽음으로 몰고 간 죄인이 되고 말았다. 참담함, 후회는 이미 늦은 것이었다. 그리고 도진과 배극의 반란계획, 도진과 무휼과의 우정의 실체도 또한 그런 것이다. 결국 부여 공주인 연이를 놓고 일고 있는 사랑바람 역시 긴장감 그 자체로 이어졌다. 이렇게 전개되는 〈바람의 나라〉는 이 시대를 살아가는 우리들에게 그 어떤 메시지를 주는 그러한 드라마가 아닐 수 없다. 그리고 형인 해명의 사랑으로 불길한 운명의 굴레는 사라지고 이 나라의 태왕이 되긴 했지만 기로에 서 있었던 고구려의 미래는 어떠했을까? 지금의 정치사나 당시 사상논리들이 그렇게 다를 바 없었다.

우리들 시점은, 사라져가는 장대한 고조선의 역사와 고구려의 건국정신을 생각해 볼 때다. 우리나라 혼이 살아 숨쉬고 있는 곳, 그러나 지금은 무서운 황사바람 속으로 영원히 사라질 운명에 처해 있지 않은가? 독도를 넘보는 죽도바람 역시 예사롭지 않은데 그런데 우리는 그저 지켜만 보고 있다. 북쪽에서 이는 이념바람은 또 어떠한가? 바람만 타는 세월이 되고 말 것인가? 역사 교과서에 이는 이적 바람 역시 걱정이 아닐 수 없다. 좌편향성 역사관 논란 때문에 역시 괴롭다. MB에 이는 바람, 언론바람, 4·3에 이는 바람까지 오직 돌풍뿐이다. 그렇다면 혹하는 해법으로 "한반도"란 말은 쓰지 말고 "한영토(韓領土)"라 명명하면 어떠할까? 한반도 '반쪽' 에 이는 바람소리를 잠재우기 위해서라는 안타까움일 것이다. 하지만, 예로부터 '타성' 이란 게 있어 어렵지 않겠는가(?) 하는 생각이다. 너무나 부질없는 생각일까?

이제 2008년 12월의 달력도 하루를 남겨놓고 있다. 어떤 두려움들을 안고 지나고 있을까? 모진 회한과 아쉬움들은 없었는지 허공만 맴돌고 있다. 혹이면 이념논리나 대립적 갈등 그리고 온갖 시행착오나 멋쩍은 응어리까지라도 좀하면 품에 안고 천길 물속으로 영원히 사라졌으면 하는 마음 간절하다. 황사바람도 그렇고, 핵을 자본으로 일고 있는 이념바람이나 죽도바람까지 그래서 남으로 불어오는 따뜻한 봄바람으로 새해를 마중했으면 얼마나 좋을까(?)하는 기대뿐이다. 비는 마음이다. 국회에 이는 바람부터 가늠되기를 일단 기원해 본다.

나의 할아버지 그 깊은 뜻은?

"할아버지는 학교에 없는 훌륭한 교과서"라는 말이 있다. 요즘 세상에 어쩌면 허구일 수도 있는 말이겠지만 왜 이런 말들이 회자하는 것일까? 엊그제 설을 새면서 자신에게도 던져 본 물음이 된다. 할아버지는 아버지의 아버지 즉 '한 아버지' 에서 온 말이기 때문에 한자로는 祖父 또는 王父라는 큰 의미를 지니고 있다. 결국 혈연관계나 민족사적 측면에서도 버릴 수 없는 절대적인 호칭이면서 관계성립에도 필수적인 높임 어사임에 틀림없는 것이다.

언제나 제사상 앞에 앉으면 와 닿는 회환과 연민들이 있다. 역시 할아버지의 충고로 가득하다. 도대체 나는 누구이며 어디서 이어진 존재란 말인가? 할아버지 할아버지하면서 앞 뒤 없이 재롱을 떠는 귀여운 손자 손녀들을 품으면서 잠시 제 모습을 살피는 기회도 되었다.

일상적으로 주고받는 말들이 있다. 민족의 할아버지는 단군 할아버지, 국가의 할아버지는 대통령 할아버지 그리고 집안의 할아버지는 우리 할아버지임에 틀림없다. 그런데 북한인 경우, 김일성 수령·김정일 장군 이런 호칭에서 '수령' 이나 '장군' 이란 어사에는 할아버지란 개념은 존재하지 않는다. 그것은 바로 수령이나 장군이란 호칭은 권력 집권만을 위한 독재이거나, 남의 영역침탈만을 위한 전략적 무기인 물리적인 힘에 의해서 존재하는 말들이기 때문에 그런 것이 아닐까(?)하는 생각이다. 나폴레옹이나 칭기즈칸 아니면 히틀러와 같은 맥락 역시 그런 것이어서 '할아버지'라는 호칭은 있을 수 없는 것이다. 레닌이나 마오이즘 또한 사상이란 이념으로 지배하는 그런 측면이기 때문이다. 이런 시점에서 볼 때, 일본의 역사도 그랬지만 극우파인 이시하라의 망언 역시 그런 측면으로 접근한다면 일본의 국민성까지 감지되는 대목이다. 그는 "북한은 중국에 통합돼야 한다."고 주장했었다. 그것은 곧 중국의 역사왜곡에 불을 지피면서 다시 침탈하려는 과거망상이 아직도 살아있다는 증거다.

이렇게 할아버지라는 말은 그렇게 쉽게 사용할 수 없는 말이다. 엊그제 보낸 설은 그래서 남 다른 데가 있었던 것이다. 먼 데 가까운 데 할 것 없이 손자손녀들과 함께 차례를 지내면서 그 표정과 애교들이 절절하여 더욱 자성시킨다. 영문학자인 이양하의 작품 〈늙어감에 대하여〉나 〈나무〉와 같은 작품들 속에 잠재된 문학적 가치들이 새삼스럽게 떠오른다. 자연의 섭리처럼 손자손녀들이 나에게 선물하는 그 순수들이 얼마나 값진 것이던가? 그 어디서도 찾아볼 수 없는 그런 관계, 그래서 할아버지란 존재는 더욱 감회가 남다른 것이다.

마음에 두고 싶은 글귀가 있다. "때가 얼마 남지 않았습니다. 이제부터는, 아내가 있는 사람은 아내가 없는 사람처럼, 우는 사람은 울지 않는 사람처럼, 기뻐하는 사람은 기뻐하지 않는 사람처럼, 물건을 산 사람은 그것을 가지지 않는 사람처럼, 세상을 이용하는 사람은 이용하지 않는 사람처럼 사십시오. 그것은 곧 이 세상의 형체가 사라지고 있기 때문입니다." 시행착오적인 세상사를 요지경속에서 내다본 삶의 모습들을 지적한 교훈적인 말이다.

할아버지는 결국 우리 민족의 젖줄이 된다. 때문에 그는 역사의 숨골이면서 영원한 체온으로 살아 있는 버릴 수 없는 산 존재다. 그런데 요즘의 세상은 어떠한가? 철저한 개인주의나 이기심이 문제다. 알게 모르게 끼어드는 색다른 서구 풍조들이 어렵게 만들고 있다. 광우병이 그래서 문제였던가? 소(牛)는 오직 인간만을 위해서 봉사하다가 인간을 위해서 희생되고 마는 그런 가축이 아니던가? 우리 할아버지 모습이다. 사무사(思無邪), 생각함에 거짓이 없어야 한다는 글귀가 생생하다. 할아버지의 기침소리가 더욱 그리워지는 순간이다.

개성공단은 짝사랑이 만들어낸 착각의 유산

삶에 있어서의 "착각"은 잠시 쉴 수 있는 공간으로 좋을 수 있다. 그러나 길어지면 그것은 영영 지울 수 없는 오점이 되고 말 것이다. "시행착오" 역시 그렇다. 이것이 계속된다면 그것 역시 씻을 수 없는 큰 상처일 뿐이다. 폐쇄일로인 개성공단 사태를 두고 하는 말이다.

요즘 관심거리로 연일 뜨고 있는 개성공단 사태는 北이 노리는 전략적인 노림수로 간주할 수밖에 없다. 세계가 지켜보고 있는데, 하늘에서도 감시하고 있는데 그들은 거침없이 막가는 정책? 도대체 이해할 수가 없다. 그렇다면 우리는 무엇인가? 마치 그물에 걸려 든 고기떼처럼 속수무책? 우리 정부의 단호한 대책은 없는지 궁금하다. 어쩌면 민족이라는 짝사랑을 교묘히 이용하여 이런 치졸한 장난을 꾸밀 수도 있지만 그러나 분노를 버릴 수는 없다. 왜냐하면 개성공단 육로를 일방적으로 차단시켰고, 그리고 개성공단에 투자한 상당수의 입주자들에게는 주문취소와 함께 나타난 손실과 피해가 많았기 때문이다. 더 큰 관심은 신원 안전문제와 공단존속 문제를 맞물려 꾸미는 행각들이다. 이것들이 우리 정책을 혼란스럽게 쥐락펴락 하고 있으니 얼마나 한심스럽고 통탄할 일이라 아니 할 수 있겠는가? 그리고 지난 김대중 정권과 노무현 정권 10년과 동일한 대북정책을 복구하라는 전략적인 요구였다. 이런 전략이면 우리도 그대로 있을 수는 없다. 시급한 대응책이 필요한 시점이 된 것이다.

우리 민족은 예로부터 짝사랑에 약한 감성을 지니고 있다. 좀하면 그냥 마음을 줘 버리는 그런 약한 마음이다. 민족에 대한 필연적 짝사랑이 그것이요, 통일에 대한 기대치 짝사랑 또한 그런 것이 아닐까? 그래서 목적성을 지닌 사상이나 이념 앞에서는 그렇게 약할 수밖에 없다는 것을 늦게야 체험하고 있다. 지난 10년 대북정책이 그것이요 오늘의 정황이 또한 그러하다. 결국 실속 없는 짝사랑에만 취해 있었던 것이다. 그 엄청난 KAL기 폭파사건이나 해변을 거닐던 여인이 피살당했어도 사과 한 마디 받아내지 못하는 작금의 남북관계가 이를 입증하고 있다. 그렇다면 대북 협력기금 1조 5000억 원은 왜 필요한 것일까?

이제 우리는 새로운 눈과 새로운 정책 마련에 고민해야 한다. 개성은 역사적으로 고려의 도읍지이기 때문에 당초부터 이곳에 산업공단을 설계했다는 자체부터 잘못된 것으로 인지해야 한다. 신라 도읍지가 경주인데 이곳에 산업공단을 두었다면 어떻게 되었을까? 어쨌든, 개성은 민족의 문화유산으로서 보존 또는 보전하는 차원에서도 개성공단은 무조건 철수돼야 할 것이다. 언젠가는 또 분명히 폐쇄될 터이니까 지체할 시간까지도 필요 없다는 견해다. 북한 주민들을 돕는 사업에서 이를 외면하는 것은 아니지만 그러나 사상적으로 이념노선이 분명히 존재하는 北의 속성에서는 무엇보다도 우리 측 근로자들의 안전도 도모해야 한다는 국민적 여론은 이런 데서도 설득력을 얻고 있다. 현재 일본은 北의 미사일에 요격명령이 발효돼 있다. 미국의 이지스함 역시 현재 동해상에서 北의 동태를 탐지 추적에 나섰다. 이러한 긴장된 분위기 속에서도 北은 탈북자 문제를 취재하던 미국 여기자까지 납치 억류시켰다. 북의 행보를 도저히 이해할 수 없는 불모의 땅, 더 이상 어떤 수순을 기다릴 것인가?

어쨌든 개성공단 카드는 시도 때도 없이 계속 난발할 것이다. 비핵화 논조는 물론 4월의 미사일 사태추이도 예외는 아니다. 때문에 대북정책 재조정은 불가피한 상황이 아니던가. 그래서 고구려 인맥이 살아 있는 연변 조선족들을 중시하는 "광개토대왕 공단"을 설계하자는 제안이다. 우리 선구자들이 말달리던 그곳이면 어느 누구도 맘 놓고 오갈 수 있는 교량도 가능하고, 그들이 번창하면 바로 고구려의 왕성한 세력을 만들면서 단군왕검의 정신을 도모하게 될 것이다. 잃어버린 고구려의 역사와 정신을 되찾자는 것이다. 우리는 할 수 있다는 저력이 충분한 나라가 아니던가. 미래는 오는 것이 아니라 만드는 것이다. 혹 외람된 생각이겠지만, 독립을 외치는 티벳트 민족을 연상하면서 옛 고조선을 그려보자는 것이다.

대통령의 죽음과 사마르칸트의 전설

삶과 죽음이 공존하는 곳, 운명과 숙명이 함께 어우러져 실존하는 곳이 사마르칸트다. 이곳은, 기원전 8세기경 도시국가로 출발한 고대 실크로드의 교차지로서 동서 문화교류의 중심지는 물론, 14세기말부터 15세기 중엽까지는 중앙아시아와 아랍 일대에 대제국을 건설한 티무르 제국의 수도이기도 했다. 전쟁도 심했던 곳이어서 그래서 오래된 무덤들로 유명하여 죽음에 연관된 전설들 역시 많은 곳이다. 나의 문학강의에서 자주 접근했던 곳이다.

지금은 우즈베키스탄의 고도 사마르칸트다. 때문에 이곳 사마르칸트에는, 티무르 왕 자신과 아들 손자 스승의 석관까지 안치되어 있다. 그래서 여기 석관을 열면 큰 전쟁이 일어난다는 전설도 있어 티무르왕의 묘를 가리켜 "전쟁의 영혼"이라 말하는 이유도 여기서 기인한 것이다. 사마르칸트란 의미 역시 "사람이 모이는 곳"이란 뜻으로 그 설득력을 얻는다.

이곳을 지난 달 12일, 이명박 대통령이 방문했다는 보도를 기억해보는 것이다. 예감도 그렇지만 마음까지 불안을 몰고 있었는데, 우연일까?

노무현 전 대통령의 자살 그 죽음으로 큰 충격을 받았다. 게다가 北의 핵실험으로 굵어진 UN 안보리의 결정내용과 개성공단 철수여부를 놓고 이어지는 살벌한 분위기 역시 우리를 불안하게 만들고 있으니 이런 상황과 정국을 어떻게 풀어가야 할 것인지 한 치의 앞도 예상키 힘든 분위기다. 물론 인간이란 생명을 가지고 태어났기 때문에 죽음을 통해서 인생을 마감하게 되어 있다. 이것을 일생이라 한다면 결국 인간이란 바로 이러한 숙명과 운명 사이에서 잠시 존재하는 것은 사실이다. 그러나 준비가 덜 된 우리들의 현실이기 때문에 얼마나 불안하고 두려운 처지란 말인가?

잔인한 달, 4월이 이어지면서 北의 핵실험과 미사일발사 개성공단 사태까지 겹치면서 불안은 말이 아닌데, 국민과 민생을 걱정해야 할 국회까지 진보와 보수 대립으로 중심을 잃었고, 노무현 전 대통령의 자살로 붉어진 좌파세력 운운하는 여론 역시 기회를 놓칠세라 난리들이다. 어디 그뿐이던가? 北의 핵실험과 미사일 시험발사를 견제하기 위한 UN안보리 결의까지 나선 지금의 南北 대치상황은 6·25전란을 방불케 할 정도로 불안 위태 말이 아니다. 기로에 선 전시적(?) 상황인지라 사마르칸트의 전설을 접해보기로 어렵게 판단한 것이다.

「죽음이 대문 앞에서 나를 부른다. 주인은 두려움이 컸기 때문에 이에 응하지 않고 그대로 뒷문을 통해서 달아나기 시작했다. 아주 날렵한 말을 이용해서 3일 밤 3일을 달린 후 사마르칸트에 도착했다. 이제는 죽음을 멀리했거니 생각을 하면서 조용한 숙소를 찾았다. 그리고 이제는 편히 쉴 수 있는 곳 아주 조용한 호실로 들어섰다. 그런데 웬 일인가? 바로

3일전에 내 집 앞에 있었던 그 죽음이 바로 내가 쉬어야 할 그 침대에 그대로 앉아 있는 게 아니던가? 이어서 그 죽음은 엄숙하면서도 침착한 어조로 말을 꺼냈다. "바로 이날, 이 시간, 이 장소에서 만나야 한다."는 이 말을 전하려 했는데 당신은 그대로 달아나 버려 무척이나 걱정했다는 것이다.」 물론 우연일 수 있겠지만 어쨌든 기막힌 일이 아닐 수 없었다.

이제 우리는 "나"를 찾아야 할 때다. 그것도 전쟁을 체험한 "나"를 찾아야 하는 것이다. 권력이나 금력 그리고 명예 같은 것들이 얼마나 부질없는 것인지를 공부한 "나"를 찾아야 한다는 시점이다. 모든 것은 마음이 만든다는 것이다. 생각이 마음까지 가는 여행길이 가장 어려운 여행길이라 했지만, 정치나 종교 할 것 없이 우리들에게 믿음을 주는 그런 순리가 얼마나 절박한 것인지를 깨달아야 한다. 6월 12일, UN안보리에서는 대북 제재결의안이 만장일치로 채택되었다. 무기수출 금지, 금융제재, 화물검색 등으로 북한의 입지는 완전히 고립된 것이다. 이러한 상황속에서 남북관계는 어떻게 될 것인가? 이런데다 목적성 집회나 선동적 발언과 같은 일각의 힘을 얻어 어떤 착각이나 오판으로 상상도 못할 비극적 상황을 만들 수도 있다. 사마르칸트의 전설처럼 무덤으로 가는 그런 역사의 행보가 두려울 뿐이다.

제주를 지키는 보편적 가치

빌 클린턴 미국 前 대통령은 北에 억류 중인 두 여기자를 미국과 가족의 품으로 안겨다 줬다. 엊그제 평양의 공항 모습이다. 그런데, 우리는 무엇인가? 되레 제주는, 도지사의 불신을 묻는 '주민소환제' 발의를 통해 도지사의 직무를 정지시켰다. 이것이 바로 노블레스 오블리주 즉 사회지도층에 요구되는 높은 수준의 도덕적 의무 지수인지 한심스러울 뿐이다.

가치의 개념은 바로 정신 그 자체다. 이는 '얼' 이나 '넋' 아니면 '혼' 이 전제되지 않고서는 성립될 수 없는 의미를 지닌다. 때문에 정신의 바탕인 가치 곧 '혼' 을 기초로 하는 일상에서는 인간의 수준과 됨됨을 더불어 저울질하는 소중한 지렛대가 아닐 수 없는 말이다.

가치는 결국 꿈을 푸는 열쇠인 것이다. 생명을 탄생시키는 원천 그래서 생명은 희망이요 미래가 아니던가? 아니 우리가 존재한다는 아주 소중한 증거가 아니던가? 바다와 바람과 돌 그리고 흙과 여자 어느 것 하나 빼 버릴 수 없는 생명을 만드는 보편적 씨앗들인 것이다. 제주 섬이 지닐 수 있는 천혜의 자원 그 자체가 보존되고 있어야 하는데 그런데 그것들이 사라지고 있다. 왜 이런 현상들이 나타나고 있는가? 그것은 결국 '가치실종' 에서 비롯되고 있음을 깨달아야 한다. 곧, 섬 속에는 섬이 있어야 하는데 그 섬이 보이질 않는다는 논리다. 우리 제주만이 지니고 있는 가치들이 알게 모르게 죽어간다는 매우 안타까운 이야기다. 제주 섬만이 지닐 수 있는 보편적인 가치가 있어야 한다. 그것은 바로 제주를 제주답게 꾸며주는 변질되지 않은 원초적인 씨앗들이 아니던가? 그 생산적인 보편적 가치들이 이제는 서서히 사라지고 죽어가고 있다는 슬픈 상황이다. 결국 돈과 인간이 이렇게 만들어 버렸다.

하여, 잠시 '나' 를 찾아보기로 했다. 시점도 여름인지라 옷부터 훨훨 벗어버렸다. 보이지 않는 마음까지 열어보기로 했다. 생각과 말과 행위들, 너무나 많은 것들이 위선으로 포장돼 있었다. 그래서 '나' 부터 아니 "나"를 끌어내어 자기성찰의 기회를 갖자는 나름대로의 시도였다. 죽어버린 국회를 보면서, 시행착오적인 이념논리를 지켜보면서 나름대로의 초조도 있었다. 게다가 돈과 명예와 권력, 이런 것들이 얼마나 부질없는 것들인지를 새삼 느껴보면서 반 미소 쓴 웃음을 혼자 지어보는 자신을 발견하게 되었다. '옷의 철학' 이 그것이다.

그렇다면 제주의 기류는 어떠한가? 도지사는 시민소환제 발의 그래서 투표로 시민재판을 받는다. 교육현장은 온통 영어도시 운운하면서 뒤범벅이다. 여기에다 카지노의 도박바람이 또한 혼란스럽고 한라산 케이블카 시설 아니 풍광 좋은 해안가는 풍력발전 시설 등등으로 마치 현대판 블랙홀을 방불케 하고 있다. 어디 그뿐이던가? 각종 양식어업으로 나타나는 백화현상은 섬의 유일한 고향인 제주바다를 다 죽이고 있다. 이제는 고등어 양식까지 현실화시키면서 경제성만을 위하는 인허가 정책뿐이다. 가치의 기준은 도대체 어디서 찾는다는 말인가? 더더욱 꼴불견인 것은 각종 양식장들의 위치와 경관문제다. 해안도로를 오가다보면 제일 먼저 시야를 가로막는 것이 바로 양식장들의 검붉은 시설물들이다. 파란 하늘 드넓은 바다는 제주만이 지니는 천혜의 유산인데 이러한 경관들을 가로막는 주범들이 바로 양식장들의 실체인 것이다. 이어도의 전설도, 숨비소리도 간 데 온 데 없고, 순수성 내지는 처녀성을 상징하는 제주의 오름까지도 발밑에서 깨지고 부서지고 터지고 하면서 고통뿐이다.

이제 제주의 정도는, 훼손되지 않은 자연과 변질되지 않은 전통적인 제주의 정서를 보전하는 데 가치를 두어야 한다. 이러한 흐름 속에서 의무지수인 역사의식과 제주정신을 조화롭게 이어가야 우리 미래는 승계될 것이다. '녹색성장 계획' 은 바로 자연보존을 전제로 하는 가치기준이다. 특히 우리 제주는 섬 자체가 '세계자연유산' 으로 등록되어 있기 때문에 더욱 큰 보전계획을 요하고 있다. 이를 극복하는 길은 오직 지도층 인사들의 높은 관심과 지혜와 엄격한 행정력뿐이다. 여기서부터 제주를 지키는 '보편적 가치' 는 힘을 얻을 것이다.

"교원평가제"는 교육자의 도덕적 의무지수

나무는 흙에서 자라고 사람은 교육을 통해서 성장하는 것이다. 그래서 교육은 역사라는 가속화의 바람을 타면서 숱한 변화를 몰고 다닌다. 미래학자 토인비의 '문명주기설' 이 그것이요, 앨빈 토플러의 「제3의 물결」 또한 이를 입증하고 나선다. 문명의 핵은 결국 교육을 통해서만이 존재하기 때문에 우리 교육자들은 이를 위하여 많은 고민을 해야 할 것이다.

이러한 시점에서 교원평가법은 질 높은 교육을 주문하고 있다. 하여, 내년 3월부터 모든 학교에서 시행하겠다는 교육과기부의 애초 방침을 재확인 강조했다. 안일무사, 사명감 결여, 온갖 질타와 여타 성향으로 인한 국민들의 불신 앞에서 시행하는 이 교원평가제는 그래서 국민들의 관심거리로 부각되고 있다. 다행스런 일이 아닐 수 없다. 평가결과는 우수한 교원에게는 학습연구 안식년 등의 인센티브를 주고, 실력이 부족한 교원들에게는 장기 집중연수를 받도록 하는 방안과 함께 전문성 신장을 도모코자 하는 제도이기 때문에 긍정적으로 수용해야 할 것이다. 다만 문제가 있다면, 평가를 가지고 인사에 반영한다는 것 때문에 일부는 이를 반대하면서 다른 속내를 보이고 있지만 대세가 아니던가? 특히 전교조까지도 지금까지 고수해 온 교원평가제 반대 견해에서 급선회 하면서 새로운 대안을 제시한다는 방침을 정했다. 그러나 시국선언 교사 징계에 대한 투쟁계획 등 또 다른 유형의 문제들과 맞물려 절대 수용불가 역시 주목되고는 있지만 사명감이란 현실론은 이를 외면할 수 없을 것이다.

조심스럽게 요즘 사람들의 생활을 지켜보고 있다. 컴퓨터 하나만 있으면 볼거리로 시작해서 먹을거리 읽을거리 할 것 없이 모든 구도들이 아주 넉넉하게 공유되고 있어 부러울 것 없는 삶을 누리고 있다. 그렇지만 교육은 그러한 맥락 때문에 나태해지고 있음을 부인할 수 없다. 그래서 어떤 학자는 컴퓨터를 가리켜 "인간이 스스로 만든 무덤"이라고까지 강조하고 나선다. 의존도 때문에 인성교육에 악영향을 주고 있다는 논리다. 결국 교육은 인간이 인간을 가르치는 영역이기 때문에 교육자들은 한 치의 꾸밈도 없는 언제나 노력하고 고민하는 데 거짓이 있어서는 안 된다는 교훈이다. 그래서 교육자도 성직자라는 논리를 자신 있게 펴고 있다. 영국의 문예비평가 아놀드의 「교양론」에서도 정신적 가치를 돌보지 않는 잘못된 교육을 지적한다. 즉 인간 스스로 만드는 속물주의를 걱정한 것이다. 교육자로서의 도덕적 의무지수 개념은 이런 차원에서 매우 중요한 위상이 될 것이다. 가치를 돌보지 않는 교육 때문에 발생하는 제반 오류를 유감없이 지적한 대목이다. 사필귀정이 아니었던가?

어느 교수의 이야기다. 그의 강의에서 첫 말은 언제나 "질문을 개방한다."는 말로 시작하여 수업을 꾸며간다. 대중성을 지닌 교육이다. 얼마나 떳떳하고 멋진 수업인가? 어쩌면 개방된 질문을 통해서 자신도 노력하고 공부하면서 함께 가자는 체험교육이었던 것이다.

이제 걱정은 쓸데없는 자존심이 문제다. 하지만 사려 깊게 존중해야 할 것은 바로 교육자라는 사실이 아니던가? 그래서 교육자들은 연구하면서 노력하는 자세로 이를 긍정적으로 수용해야 할 것이다. 교육자들 앞에는 미래를 기대하는 국민들이 있고, 한 인생을 걱정하는 학부모들이 지켜보고 있다. 그들에게 연구를 기피하는 상습적 핑계쟁이 아니면 또 다른 차원의 자기방어로 인식되는 그런 교사가 있다면 얼마나 수치스럽고 불행한 교육자란 말인가? 실력이 떨어지는 데도 자기 연마에 게으른 일부 교사들 때문에 교육전체가 외면당하는 일이 되어서도 절대 안 된다. 그대로 방치해서도 안 될 일이다. 이렇게 되면 공교육이 사교육에 밀리는 고질적인 상황까지 어느 정도 줄일 수도 있지 않을까(?)하는 생각도 든다. 하지만 사립학교의 위상이 위축된다던지 아니면 인사문제까지 불합리한 흐름으로 이어지는 것은 용납될 수 없다. 때문에 평가위 구성문제로 시작해서 결과처리에 이르기까지 모든 것은 정교하면서도 과학적인 방법에 의하여 처리돼야 한다. 이것이 바로 미래를 여는 지름길이다.

신승행(愼勝行) 프로필

· 1941. 1. 1. 제주시 출생
· 호 : 구산(龜山)
· 전직 대학교수
시조시인, 문학평론가, 문인화 초대작가, 서예 초대작가
· 010-9986-2544 / shin2544@nate.com

<시집>

· 『섬바다 숨비소리』, 『문풍지』, 『억새에 이는 바람소리』

<저서>

· 『언어와 문학의 만남』, 『시가문학의 정체성』
· 『문학과 사랑』, 『문학과 비평이론』, 시론집 『바람따라 구름따라』

<문학 부문>

· 시조 신인문학상 「숨비소리」 (계간 현대시조)
· 평론 신인문학상 「물의 상상력과 한(恨)의 미학」 (월간 문학세계)
· 한국문인협회 평론분과 회원
· 한국문학비평가협회 전부회장
· 세계시인협회 회원
· 국제펜클럽 회원
· 한국시조시인협회 회원
· 제주문인협회 평론분과
· 제주시조문학회 전회장
· 제27대 한국문인탄생100주년기념사업위원회 위원

<문인화 부문>

· 제27회 2009예술대제전 특선 (2009)
· 제28회 한국미술제 입선 (2010)

· 세계서법문화예술대선 입선 (2010)
· 제29회 한국미술제 동상 (2011)
· 제30회 2012예술대제전 추천작가 (2012)
· 제30회 한국미술제 추천작가 (2012)
· 제31회 예술대제전 문인화 초대작가 (2013)
· 제31회 한국미술제 문인화 초대작가 (2013)
· 현 제주도문인화연구회 회원

<서예 부문>

· 한국서예협회 제주특별자치도 서예대전 입선 (2008)
· 제7회 대한민국 서예문인화대전 입선 (2014)
· 제32회 2014예술대제전 서예부문 특선 (2014)
· 제32회 한국미술제 대상 (2014)
· 제33회 2015예술대제전 추천작가 (2015)
· 제33회 한국미술제 추천작가 (2016)
· 제34회 2016예술대대전 추천작가 (2016)
· 제34회 한국미술제 서예부문 초대작가 (2016)
· 현 제주 월대묵향회 고문

<가곡부문>

·「월대송(月臺訟)」: 신승행 詩, 심진석 곡, Sop김수정 노래
·「이어도 아리랑」: 신승행 詩, 김현옥 곡, Sop박혜진 노래
·「지사포 아리랑」: 신승행 詩, 김현옥 곡, Bar송기창 노래

<수상>

·「대통령 표창장」 대통령 김영삼 (1994)
·「황조근정훈장」 대통령 노무현 (2006)

<기타활동>

· 한국어문교육학회 지도위원
· 한국국어교육학회 이사
· 제주도 교육연합회 전 부회장
· 제주일보 전 논설위원

【시집 詩集】

섬바다 숨비소리
신승행 저 / 144면

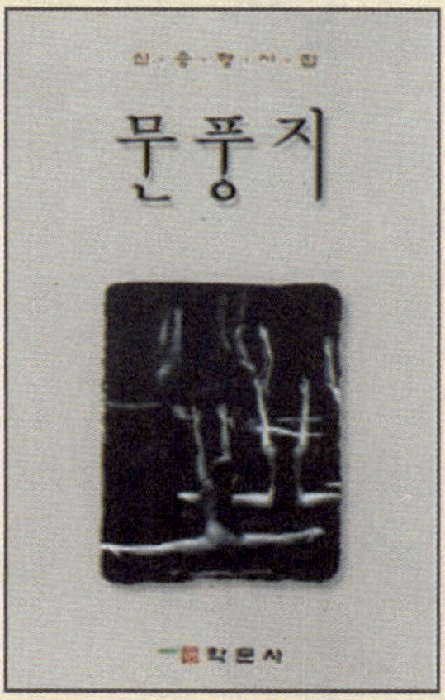

문풍지
신승행 저 / 117면

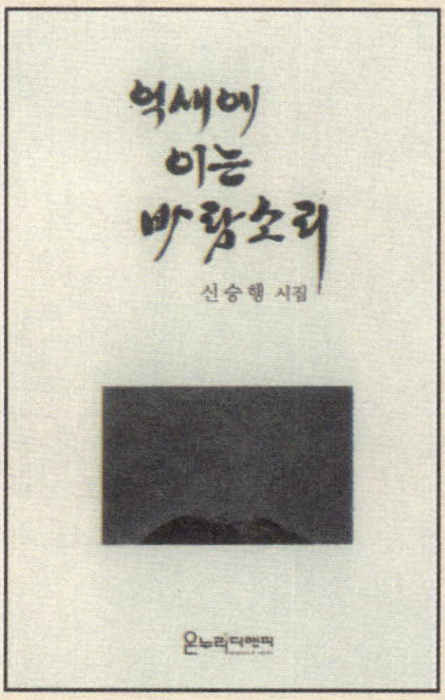

억새에 이는 바람소리
신승행 저 / 128면

【저서 著書】

언어와 문학의 만남
신승행 저 / 440면

시가문학의 정체성
신승행 저 / 288면

문학과 비평이론
신승행 저 / 410면

문학과 사랑
신승행 저 / 332면

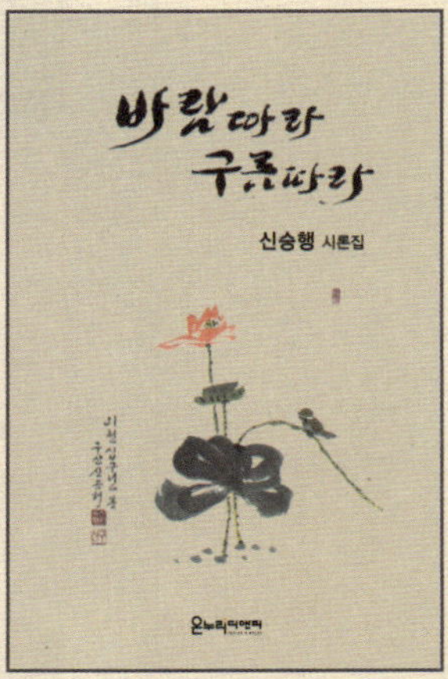

바람따라 구름따라
신승행 저 / 344면

바람따라 구름따라

신승행 시론집

글쓴이 신승행
펴낸이 김용택
펴낸곳 온누리디앤피

초판인쇄 2019년 4월
주 소 제주시 신성로12길 21-2
전 화 064-722-0086
팩 스 064-755-3380
등록번호 제51호(1995년 8월 31일)

ISBN 978-89-94495-58-3

값 18,000원

이 도서의 국립중앙도서관 출판예정도서목록(CIP)은 서지정보유통지원시스템 홈페이지(http://seoji.nl.go.kr)와 국가자료종합목록시스템(http://www.nl.go.kr/kolisnet)에서 이용하실 수 있습니다. (CIP제어번호 : CIP2019014277)

※ 문화체육관광부, 제주특별자치도, 제주문화예술재단의 기금을 지원받아 제작되었습니다.